丛书由信阳师范学院资助出版

中国工作环境研究丛书

工作质量与雇佣关系

对中国城市受雇人口的考察

THE QUALITY OF WORKING LIFE
AND EMPLOYMENT RELATIONS

A Survey of the Urban Employed
Population in China

陈建伟　著

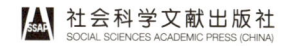

社会科学文献出版社
SOCIAL SCIENCES ACADEMIC PRESS (CHINA)

编委会

丛 书 主 编　宋争辉　李汉林　夏传玲
丛书执行主编　余本海　张　彦
丛 书 编 委　金荣权　李凌静　董金秋
　　　　　　　刘　萍　吴建平　陈华珊
学 术 顾 问　宋争辉　折晓叶　李路路　蔡　禾
　　　　　　　Nikolaus Simon　Nobert Kluge
　　　　　　　Gudmund Hernes

编者序

工作环境（working conditions）主要指的是从业者在其工作单位中，从主观上所感受到的一种工作氛围（working climate）与工作状态（working state）。工作组织与单位作为一个社会中重要的制度载体，主要是通过其所形成和营造的独特的社会环境或者组织文化影响和规范员工的组织行为。在欧洲，工作环境研究已经初具规模，成为一个很重要的交叉学科领域。在中国，对工作环境的研究才刚刚开始，目前主要从工作时间、工作报偿、工作场所以及工作中的员工参与四个方面展开研究。

从历史发展的过程来看，工业文明的一个重要特点，就是使人们从农业文明中互不关联的"个体劳动"脱离出来，走向互为关联的"集体劳动"。人们在"集体劳动"过程中不断互动，社会交往日益频繁。这种不断互动与频繁交往使人们产生对公共品的要求，同时也发展出公共道德规范。随着公共（集体）空间和公共品在质量与数量上不断提高与增加，"集体劳动"的效率会不断提高，与此同时，"集体劳动"的环境以及公共空间的环境也会不断改善，这既是文明发展的历史趋势，也是文明发展的条件和前提[1]。在现代社会，工作组织是各类组织的最主要形式，也是多数社会成员的主要"栖身"场所。人们生活在社会里和工作中，工作是人们一生最重要的组成部分，它会给人们带来完全的满足与

---

[1] 郑永年：《当代中国个体道德下沉根源》，《联合早报》2019年7月23日。

充分的意义。一方面，人们的工作以及工作的环境深深地影响着人们的行为，这样的组织及其环境实际上是人们在社会生活中价值观与行为取向重塑的社会场所；另一方面，人们的行为也深深地嵌入了他们工作的那个单位或者说他们的职业或工作之中。在很多情况下，人们在这种环境中完成他们的社会化过程。恰恰在这个意义上，人们在工作单位中感受到的组织氛围与工作状态，对人们在组织中的行为会产生举足轻重的影响。

事实上，经济增长的质量和效率取决于参与经济活动劳动者的质量，取决于这种经济活动组织者所营造的工作环境的质量。良好的工作环境，能够造就有质量的工作，它既是一个社会高质量发展的前提，也是条件。一个高质量发展的中国，首先需要创新劳动者的工作环境，同时需要提高劳动者工作的质量，这是当今中国发展的重要基础。

不少的研究告诉我们，一个好的工作环境，在微观个体层面，能够为人们获得幸福与满足提供必要的物质保障和前提，为人们的情感满足提供必要的社会归属，能够帮助个体更好地在组织中实现自我，激发潜能，为人们的自我成长和满足提供必要的公共场所；在中观组织层面，能够促进良好的组织文化构建，提高组织成员对组织的认同感和满意度，提高组织效率，进而快速推动组织的创新与发展；在宏观社会层面，有助于我国的经济与社会实现"新常态"下的健康、平稳，同时也能够为高质量发展提供合理的预期。

按照社会学的理论，在一个组织的发展过程中，人们的行为结构总是嵌入组织的结构之中。在这个意义上，工作环境作为组织员工行为的结构性因素，同样也发挥着至关重要的作用。毋庸置疑，好的工作环境、工作质量，作为衡量人类福祉的重要指标，不应该也不能够被忽略在社会发展的关注范畴之外。

从学科特点来说，组织"工作环境"问题是社会学研究的重要内容，特别是从组织社会学角度出发进行研究具有明显的学科特长和优势。就研究路径而言，将组织社会学的相关理论、方法和观点运用于对"工作环境"问题的研究，不仅使我们从学术视角对组织环境变迁的结构特征及影响机制有更为深入的认识，而且由于"工作环境"贴近现实生活实践，勾连社会成员与各类工作组织，因而也使其成为宏观与微观社会治理的一个重要环节。

在很多情况下，我们还可以观察到，一个社会的景气离不开这个社会中各种不同类型组织的景气，或者组织中良好的工作环境。当一些社会成员在自己所隶属的组织中不愉快、不满意，感受不到组织的激励，体会不到其他组织成员的帮助和支持，那么，他们这种不满的感受和情绪就会或多或少地以各种不同的方式宣泄到社会当中去，在一定程度上会影响一个社会的景气。所以，从某种意义上说，研究一个组织的景气以及组织的工作环境能够使我们在更深层次上理解一个社会的景气，这恰恰也是我们研究组织景气与工作环境的学术意义[①]。

另外，对工作环境研究的深入，能够为组织的评估提供一个良好的学术与方法的基础。事实上，如何运用科学的方法对一个组织的景气状况进行评估，这对于提高组织的效率、增强员工的满意度和获得感、加强员工对组织的认同与归属，都能够起到很重要的作用。

正是从工作环境研究的重要学术意义和应用价值出发，我们从2013年开始，对中国的工作环境问题进行了深入研究。这套丛书，就是试图根据我们的田野调查和研究数据，从各个不同的角度对中国的工作环境问题进行深入的观察与分析，同时也对我们

---

① 所以，这套丛书也可看作两个国家社会科学基金课题研究的进一步深入和延续：张彦，2015年国家社会科学基金一般项目"中国企业工作环境研究：概念、量表与指数构建"（项目编号：15BH05）；李汉林，2018年国家社会科学基金重大项目"中国社会景气与社会信心研究：理论与方法"（项目编号：18ZDA164）。

前一段时期的研究工作进行一个小结。

我们衷心地期望，这套丛书的出版，能够进一步推动中国工作环境的研究和深入。

是为序。

前　言

　　本书以中国城市中的受雇人口为观察对象，利用全国性的调查数据对他们的工作质量进行了全面系统的研究。本书共分为七章，外加一个附录。第一章以时间为主要线索，回顾了工作质量研究的起源和发展历程；然后对工作质量的定义、维度和因果关系等进行了分析，并提出了本书研究的主题、视角和逻辑。第二章从客观工作质量的角度，利用调查数据和潜在类别分析技术，考察了工作质量各维度的组合模式和类型分布，并且用雇佣关系分化的相关理论从微观层面对此进行了解释。第三章从主观工作质量的角度，辨析了几对重要概念之间的关系，对影响雇员工作特征感知的因素进行了分析；然后利用两组调查数据对主客观工作质量和整体工作满意度之间的关系进行了分析。第四章、第五章和第六章都是围绕客观工作质量的分析，并且都把工作质量模式的成因归结为雇佣关系的分化。具体来说，第四章考察了工资、劳动合同和工作保障等问题。这一章通过梳理补偿工资理论和内部劳动力市场理论等提出的工资决定机制，把工资与工作条件和工人权力联系起来，并借此讨论了工资与其他工作生活质量维度之间的组合模式。这一章还利用两部门模型，考察了在不同部门（以有无劳动合同为界）中的工资决定机制。第五章考察了雇员的工作技能、流动和晋升机会。工作流动是衡量工作匹配质量的一个重要指标，这一章使用生存分析方法对调查数据进行分析，考察了影响雇员工作流动的几组重要因素。研究结果揭示了人力资本和位置资本对工作流动具有完全相反的作用。第六章考察了雇员的工作参与、权威和工作自主权。作为提高工作生活质量的重要手段和衡量工作生活质量的重要指标，工作参与和工作自主权受到该领域研究者格外多的关注。这一章的分析把焦点放在工作自主权上，利用调查数据和相应的统计技术，对工作自主权的模式和影响因素进行了分析，统计结果发现，我国城市雇员的工作自主权主要表现为以权力为中心的分布模式，而非以任务（技能）为中心的分布模式。此外，这一章还对工作自主权与工作中人际交往之间的关系进行了分析，间接对工人异化和工人团结等话题进行了讨论。第七章是对工作质量状况的历时和跨国比较，我们利用多个数据集建构了工作质量指数，比较了2006~2017年十余年的工作质量变化，此外这一章还从技能匹配和时间匹配的角度比较了我国的工作质量状况与欧洲和美国之间的差异。最后，附录部分展示了若干常见的工作生活质量（工作特征、工作满意度）量表，以及近年来欧洲等国家和地区常用的工作生活质量测量指标和量表。本书的写作除参考公开的《中国统计年鉴》数据外，主要使用了中国人民大学中国综合社会调查（CGSS）数据、中国社会科学院社会发展战略研究院中国城镇居民工作环境调查（CWES）数据以及中山大学中国劳动力动态调查（CLDS）数据。

目 录

第一章 工作质量概述 …………………………………… 1
- 第一节 工作与工作质量 …………………………………… 1
- 第二节 工作质量的定义和维度 …………………………… 8
- 第三节 工作质量的原因与结果：一个分析框架 ……… 17
- 第四节 本书的主题、视角与逻辑 ………………………… 24

第二章 客观工作质量 …………………………………… 29
- 第一节 好工作 VS 坏工作 ………………………………… 29
- 第二节 中国经济结构和劳动力市场 ……………………… 37
- 第三节 模型：潜在类别分析 ……………………………… 45
- 第四节 客观工作质量的分化 ……………………………… 51
- 第五节 雇佣关系分化：对工作质量模式的一种解释 …………………………………………………… 62

第三章 主观工作质量 …………………………………… 68
- 第一节 主观工作质量及其测量 …………………………… 68
- 第二节 主观的塑造：人际关系、技术因素和工作价值观 …………………………………………… 81
- 第三节 工作生活质量和工作满意度 ……………………… 87

第四章 报酬、劳动合同与工作保障 ……………… 100
- 第一节 工作生活质量与工资结构 ………………………… 100
- 第二节 工资结构的基本形态 ……………………………… 112

第三节　模型：转换回归 …………………………………… 117
　　　第四节　两部门的工资决定 ………………………………… 120
　　　第五节　讨论与小结 ………………………………………… 137

第五章　技能、流动与晋升机会 ……………………………………… 139
　　　第一节　工作生活质量与工作流动 ………………………… 139
　　　第二节　对时间建模：生存模型 …………………………… 147
　　　第三节　工作生存分析 ……………………………………… 149
　　　第四节　晋升分析 …………………………………………… 165
　　　第五节　讨论与小结 ………………………………………… 167

第六章　参与、权威和工作自主权 …………………………………… 170
　　　第一节　工作生活质量和雇员参与 ………………………… 170
　　　第二节　工作自主权和工作中的权威关系 ………………… 176
　　　第三节　工作自主权的决定因素 …………………………… 182
　　　第四节　工作自主权、信任与人际交往 …………………… 192
　　　第五节　讨论与小结 ………………………………………… 205

第七章　工作质量状况的历时和跨国比较 …………………………… 207
　　　第一节　工作质量状况的比较 ……………………………… 207
　　　第二节　工作质量状况的历时比较 ………………………… 209
　　　第三节　工作质量状况的跨国比较 ………………………… 214
　　　第四节　讨论与小结 ………………………………………… 224

附录　工作生活质量指标和量表 ……………………………………… 226
　　　第一节　工作生活质量量表：回顾 ………………………… 226
　　　第二节　常见的工作生活质量量表：1960~2010年 ……… 231
　　　第三节　欧洲的工作生活质量量表 ………………………… 254

参考文献 ………………………………………………………………… 256

第一章 工作质量概述

第一节 工作与工作质量

在现代社会中，工作是绝大多数人口赖以谋生的最重要手段。从工作中，人们获得工资报酬，并用于支付其生活所需。我们完全可以说，从个体层次来讲，工作是个人社会生活的最重要经济基础。不仅如此，工作的重要性还体现在它在个人的全部生命周期中占据相当长的一段时间。假设个人18岁参加工作，年满60岁时退休，那么一个人生命中将有超过40年属于工作生涯；又假设我国人民的平均预期寿命为75岁，那么一个人的工作生涯将占到其全部生命周期的一半还要多。从更精确的每周工作时间来看，根据中国人民大学中国综合社会调查（CGSS）2012年的数据，可知总计7149个有效样本的平均每周工作时间是49.6小时；根据上述同一调查的2013年的数据，总计可知6692个有效样本的平均每周工作时间稍有下降，但也达到了48.9小时。即使是在经济发达的欧洲国家和地区，全职工作者每周工作时间平均也将近42小时，占到一星期的四分之一（Bustillo et al., 2011）。在这漫长的四分之一的时间内，无论发生什么，都会对工作者的福利以及社会生活产生重要影响。正因为如此，工作和职业一直是社会学家所关注的研究对象（Korczynski et al., 2006）。

一般认为，从质量的角度来对工作进行研究是从20世纪50年代晚期逐步在工业化国家形成的（Martel & Dupuis, 2006）。马泰尔（Martel）和杜普伊斯（Dupuis）把工作质量研究的开端追溯到乔治·梅奥（George Mayo）等人在 1927～1933 年开展的霍桑实验。梅奥（2013）的研究关注工人的态度和行为与企业生产率之间的关系，证实了工作环境因素对工人绩效的影响。马泰尔和杜普伊斯指出，正是在梅奥开创的人际关系学派（Human Relations Approach）研究之后，泰勒制管理规则受到挑战，致力于改善雇员工作条件的人道主义运动开始兴起（Martel & Dupuis，2006）。霍夫斯泰德甚至认为，工作质量改善和工作的人性化是 20 世纪四五十年代开始的第三次工业革命在工作领域的核心议题（Hofstede，1979）。然而，直到 20 世纪 60 年代，尽管随着服务业部门的极大发展，劳动力市场中出现了巨大的变化，大多数组织却仍继续使用陈旧的泰勒制模式来管理公司，由此带来的结果就是工作变得越来越失去人性（dehumanized）。正如诺埃尔·梯凯（Noel Tichy）所指出的，工作质量项目是西方工业化国家中一系列问题所导致的结果。这些问题包括工人异化、蓝领工人的痛苦以及不满。这些问题被归因于如下一些因素，即受教育程度提高、财富和保障水平提高、不再强调顺从权威、成就动机下降，以及从强调个人奉献转向强调社会奉献。它们构成了工作质量项目的基础原因（Tichy，1978）。

从 20 世纪 60 年代开始，欧美国家的政策界和企业界逐渐重视工作质量这一议题，而其最早的政策实践是瑞典政府当时实行的社会民主主义政策，该政策面向工作条件，并集中于工人福利的改善。更重要的是，这一政策方案得到了瑞典工会、雇主和主要政治党派的支持（Martel & Dupuis，2006）。与此同时，在荷兰、丹麦、法国、爱尔兰、英格兰和挪威，政策界也都对工作质量议题投入了某种程度的关注。在美国，来自欧洲的上述风气逐渐浸染开来。在 20 世纪 60 年代晚期，埃尔文·布鲁斯顿（Irving Bluestone）第一次使用了"工作质量"（quality of work life）这一说法。1970～1980 年，布鲁斯顿担任全美汽车工人联合会（United Auto

Workers）的副主席，领导通用汽车公司的几十万名工人与管理方进行谈判。这一时期的工作质量项目主要强调"工人参与管理"[①]（worker participation in management），在欧洲国家和地区还被视为"产业民主"（industrial democracy）运动的一部分。

　　实践中对工作质量的关注，很快就在学术界引起了回应。正如马泰尔和杜普伊斯所指出的，20世纪70年代早期是一个多产时期，研究者纷纷试图澄清工作质量的定义（Martel & Dupuis, 2006）。1971年，《职业行为杂志》（*Journal of Vocational Behavior*）的创办，为有关工作质量的讨论提供了重要平台。1972年9月，在纽约召开了关于工作质量的国际会议。1973年，加拿大劳工部举办了名为"工作质量的社会指标"（Social Indicators of the Quality of Working Life）的研讨会。1973年8月，国际工作质量委员会（International Council for the Quality of Working Life）创立，其宗旨是促进有关工作场所精神健康的研究和信息交流。1975年，美国加州大学的产业关系研究所成立了工作质量研究中心（Center of Quality of Working Life）。1969~1973年，密歇根大学执行了一系列全国性的态度调查，其中就包括由罗伯特·奎因（Robert Quinn）、托马斯·曼吉欧尼（Thomas Mangione）和斯坦利·西肖尔（Stanley Seashore）等领导的"就业质量调查"（Quality of Employment Survey），它重点关注的是工作经历对个人的总的影响（Quinn & Shepard, 1974；Quinn et al., 1975）。应该说，在整个20世纪70年代，工作质量得到了开创性的研究（Hackman & Lawler, 1971；Cherns, 1975；Davis & Cherns, 1975；Seashore, 1974；Seachore and Taber, 1975；Sheppard, 1975；Locke, 1976；Gardell, 1977；Taylor, 1978）。不仅如此，工作质量此时已经成了组织行

[①] "工人参与管理"又被称作"劳工参与管理"（labour participation in management）或"雇员参与管理"（employee participation in management），在德国被称作"共决制"（co-determination），在南斯拉夫则被称作"自主管理"（self-management）。

为研究中的核心概念（Whyte，1978），学者们越来越关心就业对雇员的健康和福利，以及雇员对工作满意度的影响（Nadler & Lawler，1983）。但必须指出的是，这些研究几乎全部是从心理学、社会心理学以及管理学的角度提出来的。在工作质量研究的奠基人物中，耶鲁大学的理查德·海克曼（J. Richard Hackman）拿的是社会心理学博士学位（1966年）；密歇根大学的劳勒（Edward Lawler）拿的是心理学博士学位（1964年）；瑞典斯德哥尔摩大学的波蒂尔·加戴尔（Bertil Gardell）供职于该校的心理学实验室；美国加州大学洛杉矶分校的路易斯·戴维斯（Louis E. Davis）在攻读博士期间师从著名的社会心理学家库尔特·勒温（Kurt Levin）；英国洛夫博罗技术大学的阿尔伯特·切恩斯（Albert Cherns）虽任职于该校的社会科学系，但他早期关于工作质量的论文（Cherns，1975）发表在《职业心理学杂志》（*Journal of Occupational Psychology*）上。在整个20世纪70年代，关于工作质量的研究，唯一来自社会学的声音大概要归功于阿恩·L. 凯勒伯格（Arne L. Kalleberg）。在威斯康星大学社会学系，凯勒伯格的博士学位论文以《工作价值、工作报酬和工作满意度：一个关于工作经历的质量的理论》为题通过答辩（Kalleberg，1975）。但是，他在后来以博士学位论文为基础而整理发表的一篇重要论文中（Kalleberg，1977），凯勒伯格已经将重点从"工作经历的质量"（quality of work experience）转向了"工作满意度"（job satisfaction）这一概念。正如我们后面将要指出的，工作质量和工作满意度这两个概念的纠缠一直贯穿在工作质量研究之中，而凯勒伯格的研究似乎也预示着在工作质量研究中，心理学视角和社会学视角在今后几十年里将发生严重的分歧。

到20世纪80年代，西方国家面临越来越大的通货膨胀率和国际竞争压力，尤其是日本经济的崛起使得这些国家的政府和企业开始认识到，日本等国家可能在企业管理方面有特别值得学习之处（Tichy，1978；Nadler & Lawler，1983）。也正是在此时，工作质量研究已经发展成为组织行为学（我们可以粗略地将其视作心理学和管理学的交叉学科）的最热门领域之一。1980年1月，出现了另外一本《职业行为杂志》，即由曼彻斯特大学的加里·L. 库珀（Cary L. Cooper）和加州大学洛杉矶分校的詹姆斯·C. 泰勒（James C. Taylor）共同担任主编的《职业行为杂志》（*Journal of Occupational Behaviour*）。该期刊与上述1971年的那本杂志的不同之处在于，它"专门关注与工作质量和工作人性化相关的议题、问题、方法和发展"（Cooper, 2009）。值得指出的是，我们上面提到的几位从社会心理学角度对工作质量进行研究的先行者，大都成了这一新创办的《职业行为杂志》的编委会成员（包括Cherns, Davis, Gardell, Hackman, Lawler等）。在发刊词中，库珀和泰勒罗列了与工作质量有关的主题，包括雇员的管理参与、工作压力、个人在工作场所的成长和发展、家庭—工作连接问题、工作活动改善、致力于工作场所改善的立法和政策，以及工作中的自我管理等。不过，仅仅在两年之后，《职业行为杂志》所关注的主题就发生了变化，它开始超出工作质量领域，而向着一本更宽泛的组织行为学杂志过渡（Cooper, 2009），直到1988年，正式更名为《组织行为杂志》（*Journal of Organizational Behavior*）。与此同时，在社会学领域，围绕工作特征、工作条件和工作满意度之间的关系，学者们也发表了大量研究成果（Miller, 1980; Brass, 1981; Staples et al., 1984; Schwalbe, 1985; Mottaz, 1981; Bokemeier & Lacy, 1987; Gecas & Seff, 1989）。

总的来说，从20世纪60年代到80年代，这一时期的工作质量研究是与传统的"产业民主"运动和"人际关系"运动密切关联的，学者们此时的实践取向和价值观取向非常明显，即致力于实现改善工人工作环境、提高工作质量这一人道主义目标。当然，工作质量项目也是西方工业化国家为应对组织变化所采取的众多新的管理方法之一（Tichy, 1978）。对这些国家的企业组织而言，尤其是在美国，工作质量项目的目的本质上是评估雇员满意度，从而产生一系列用来提高工人生产率的方法（Martel & Dupuis, 2006）。这一时期的工作质量研究的主题也多是宏观层面的，如雇主和雇员关系、集体（劳资）谈判、工人参与、技术发展对工人的影响等。在倡导工作质量研究的学者们看来，改进工作质量的核心举措在于融入合适的价值观，并且采取恰当的社会技术设计。当正确的心理学理论被融入社会技术设计之中时，先进技术就可以提供丰富的选项，进而增进工作质量（Roberts, 1978）。然而，工作质量研究在实践层面面临两个困难。第一，改进工作质量的实践措施主要包括工作的丰富化、雇员参与、取消压迫性的官僚控制、加大工人小组的责任等。但这些措施对于研究产业关系的社会学家来说了无新意。第二，除了北欧国家之外，整个欧洲世界的工会对工作质量实验的态度都显得不冷不热。因为要想把这一议题插入集体谈判，会面临各种困难，所以工会不愿意为了工作满意度而进行谈判；另外，企业也不愿意承认工会是工人利益的唯一保护者（Roberts, 1978）。不过，对于研究者来说更重要的是，在理论层面上，工作质量研究此时已经展现出了概念的混乱和测量的困难。最为明显的是，工作质量与工作满意度这两个概念的关系没有被充分地加以阐释。大多数学者把工作满意度作为评价工作质量的一个指标（Kalleberg, 1977; Loscocoo & Roschelle, 1991），但似乎越来越多的学者逐渐意识到，将工作满意度作为工作质量的评价指标是不充分的、不适当的（Seashore, 1974; Roberts, 1978; Martel & Dupuis, 2006）。此外，工作质量是一个范围广泛的概念，它包括诸如适当和公平的报酬、安全健康的工作条件、工作组织中的社会整合，以及其他一些目标，例如鼓励个人发展并充分使用他们的能力等。而如何对工作质量的这些维度进行清晰界定并恰当地加以测量，构成了理论和方法上的难题。

进入20世纪90年代之后，学者们继续沿着前人所开创的道路推进工作质量研究，但是各学科之间的隔阂不仅没有消失，反而有更加扩大的趋势。一方面，由于在前二三十年所打下的理论基础中存在种种缺陷，对于工作质量的定义和测量一直没有达成共识。另一方面，工作质量研究逐渐从宏观主题向微观主题转移，传统的人道主义关怀逐渐消散。在前述的《职业行为杂志》更名为《组织行为杂志》之后，工作质量研究几乎沦落，而得到大量讨论的主题则换成了以下内容：组织和工作的重新设计、工作—家庭角色、组织承诺的决定因素、雇主—雇员关系、质量研讨小组、组织变迁、工作压力、工作绩效、工作归因、性别角色模式化、工作特征的测量、工作满意度、领导行为、工作任期和参与（Cooper，2009）。在社会学中，人们更加关注工作特征、雇佣关系（雇主—雇员关系）、内部劳动力市场以及更广泛的劳动力市场结构等议题（Kalleberg，1994；Kalleberg & Mastekaasa，1994；Knoke & Kalleberg，1994；Witte & Kalleberg，1995；Cheng & Kalleberg，1996）。在整个20世纪90年代，关于工作质量的研究实际上是停滞不前的。马泰尔和杜普伊斯曾经以1973～2002年为时间范围（见表1-1），对相关文献进行关键词检索，结果发现工作质量研究并未随时间推移而增加。他们还指出，这一事实证明了，比起定义混乱的工作质量概念，研究者更喜欢使用那些定义更加完善的概念，比如工作场所中的精神健康和职业压力等（Martel & Dupuis，2006）。

表1-1 工作质量文献统计（1973～2002年）

	1973～1979年	1980～1984年	1985～1989年	1990～1994年	1995～2002年
A	12	26	54	42	44
B	31	247	392	450	554

注：（1）A指的是工作质量，包括"quality of working life"和"quality of work life"；B指的是工作场所中精神健康和职业压力两项，即"mental health at work"和"occupational stress"。（2）表中数字是平均每年发表的文献数，即单位为篇/年。

资料来源：根据Martel和Dupuis（2006）的研究整理而来。

进入 21 世纪之后，在西方国家，尤其是在欧洲，工作质量（quality of working life/job quality）[①] 这一概念在社会学家和政策制定者中间再次流行开来（Warhurst et al., 2012; Grant et al., 2010; Knox et al., 2011; Kattenbach & O'Reilly, 2011; Findlay et al., 2013; Loughlin & Murray, 2013）。政策制定者认识到，工作质量而非仅仅是工作数量，在提升个人福利和增强国家竞争优势方面非常重要。另外，技术和经济社会变迁使得组织中的雇佣关系形态发生了重大变化，内部劳动力市场和终身雇佣又开始向着灵活雇佣关系悄然回归（Cappelli, 1995, 1999; Kalleberg, 2011: 12-18; Holman, 2013; 斯科特、戴维斯, 2011: 203~205、262~263）。在美国，学者们开始重点关注所谓的"非典型雇佣关系"（nonstandard employment relations），即各种兼职工作、临时工作和合同工等（Kalleberg, 2000; Kalleberg et al., 2000; Houseman et al., 2003; Olsen & Kalleberg, 2004）。伴随而来的就是工作质量这一概念重新回到主流学者们的关注范围之内（Olsen et al., 2010; Kalleberg, 2012）。在欧洲，得益于"欧洲工作条件调查"（European Working Conditions Survey）等大型调查数据集的增多，一些关于工作质量的跨国比较研究开始盛行（Gallie, 2003, 2007a; Holman, 2013）。值得指出的是，与此同时，各种与工作质量相近的概念亦开始泛滥，如体面劳动（decent labor）、好工作（good job）等。这在繁荣工作质量研究方面固然有所助益，但也进一步加剧了该领域中相关概念和定义的混乱。

第二节 工作质量的定义和维度

我们在上面按照年代线索，对欧美国家和地区的工作质量研究历史做了一个简要描述。通过这一描述，我们得出的一个总体

[①] 也译作"工作生活质量"。

印象是，一方面工作质量研究是一个具有很强现实感和人性关怀的学术领域，然而另一方面工作质量概念本身却没有得到很好的定义。不过对于这后一个方面，我们在上面的描述中还只是泛泛而谈。在本节中，我们将对历史上曾经出现的各种工作质量定义进行梳理，并由此讨论工作质量所涵盖的各种维度。

即使对于奠基者和常年研究工作质量的学者来说，要讲清楚工作质量的定义，也是一件极其困难的事情。工作质量被用来指涉一系列范围广泛的关切和项目，倡导者们对工作质量的定义五花八门，而且在不同历史时期，工作质量概念的指涉对象也相差极大（Lawler, 1975; Nadler & Lawler, 1983; Walton, 1975; Westley, 1979; Elizur & Shye, 1990）。为了对此先有一个总体印象，本节开始部分将主要以时间为线索，对一些工作质量定义进行简要回顾。在这之后，本节准备从三个主要方面来进一步梳理和讨论工作质量的定义问题。下面我们先来看不同历史时期曾经出现的有关工作质量的定义。

按照奈德勒和劳勒的观点，1969~1980年总共出现了五种关于工作质量的定义（Nadler & Lawler, 1983）。工作质量的第一种定义（1969~1972年）是将其视作一个变量。也就是说，人们把工作质量看作个人对其工作的反应，或者工作经历给个人带来的各种结果。学者们谈论最多的是如何改进个人的工作质量。这一时期的工作质量研究聚焦于个人结果，如工作满意度或精神健康，强调工作对个人的影响，并且建议应该从工作质量的角度来对企业进行评估。在接下来的第二种定义中（1969~1975年），工作质量成了一种管理方法。此时人们仍然把焦点放在个人结果而非组织结果上，但与此同时，工作质量被视为劳工方和管理方之间的合作项目，其目标是改进个人以及组织的相应结果（如满意度和生产率）。第三种定义（1972~1975年），工作质量被定义为一组方法或技术，人们用它来改善工作环境，使工作环境更具生产力且更加令人满意。此时，工作质量被认为与这样一些概念是同义的，如自主工作小组、工作丰富化或者社会与技术系统整合。第四种定义（1975~1980年），工作质量被视作一场运动。工作质量被更多地看作对工作性质和工人—组织关系的意识形态阐述。在工作质量运动中，参与管理和产业民主经常被作为典范来提及。人们还花费大量精力把工作质量与其他组织管理方法区分开来。第五种定义（1979~1982年），所有的组织发展方法或致力于提高组织效率的努力都成了工作质量的一部分。工作质量被视为一个总括性的概念，并且经常被视作"万灵药"，用来应对诸如外国竞争、工人发牢骚、质量差、生产率低下等问题。实际上，这里所说的五种定义在我们前面一节的历史叙述中都已经被隐约提及了。在我们看来，这些定义更多的是界定了一个模糊的研究领域，而不是一个可以进行操作化的概念。正如上述第五种定义所表明的那样，工作质量在20世纪80年代已经蜕变成了企业管理者口中的一个日常词语，一个无论在什么会议中都心心念念的、时髦的管理方法和企业目标（Nadler & Lawler, 1983）。此时的工作质量研究，正如我们在前面所看到的，也演变成了在"工作质量"这一题项下，对各种组织问题和管理方法的研究，而且很快这些新的主题就把工作质量挤出了舞台的中心（Cooper, 2009）。

在20世纪80年代之后，有关工作质量的定义并没有任何明显的改观。表1-2的内容主要来自马泰尔和杜普伊斯的总结（Martel & Dupuis, 2006），我们可以把这些工作质量的定义分为几个类型：（1）把工作质量作为改善工作环境的管理方法；（2）把工作质量作为雇员、雇主和社会三方的利益关切；（3）把工作质量等同于工作满意度或者个人福利。

表1-2 工作质量的定义

作者	年份	定义
Boisvert	1977	对于个人、组织和社会来说，工作质量意味着工作生活对其所产生的一组有利结果

续表

作者	年份	定义
Carlson	1980	工作质量既是一种目标,也是达成这一目标的一个持续过程。作为目标,工作质量是组织对于工作提升的承诺:为组织中所有层次上的人创造更加融入、满意和有效率的工作环境。作为过程,工作质量是通过使组织中的人积极投入工作从而实现上述目标
Nadler 和 Lawler	1983	工作质量是思考人、工作和组织的一种方式。它的特色元素包括:(1)关注工作对人的影响以及对组织效率的影响;(2)工人要参与组织问题解决和决策制定
Kiernan 和 Knutson	1990	工作质量是个人对他在工作场所中的角色的解释,是这一角色与对他人期待之间的交互作用。工作质量对于每个人来说意味着不同的东西,并且根据个人的年龄、职业生涯阶段,以及在产业中的位置而发生变化
Kerce 和 Boot-Kewley	1993	工作质量是思考人、工作和组织的一种方式
Sirgy 等	2001	工作质量是雇员对于各种需求的满意度,这种满意度通过资源、活动,以及由工作场所参与所导致的结果而实现
Holman	2013	工作质量指的是工作中包含与工作和就业相关因素的程度,这些因素能够促进产生对雇员的有利结果,尤其是心理健康、身体健康,以及积极态度(如工作满意度)

一 工作质量的维度和测量

我们在前面讨论了各种工作质量的定义,它们基本上对测量没有什么帮助(Martel & Dupuis, 2006)。实际上,对工作质量进行定义的另一种方式是,通过指定工作质量的维度来代替对工作质量的定义。这里所谓的"指定"包含两种形式,一种是先验地提出一些工作质量维度,另一种是经验地确定各种工作质量维度(Taylor, 1978)。这两种方式的共同点在于,定义工作质量是从确定工作质量的维度参数开始的,这些维度参数即相关的工作属性,它们被认为整体地反映工人的工作经历(Taylor, 1978)。

顾名思义，先验方法就是学者们根据自己对工作质量概念的理解，以及自己的某种理论框架或者参考前人的研究成果，提出若干工作质量维度（Taylor，1973；Elizur & Shye，1990；Sirgy et al.，2001；Martel & Dupuis，2006）。无论是早期还是现在，先验方法在建立工作质量的定义方面都发挥着重要作用。例如，达夫·以丽佐和塞缪尔·沙耶以行动系统概念（Action Systemic Concepts）为基础，提出了一个工作质量的定义。然后根据该定义，他们对测量工作质量的题项进行选择，并且分析了工作质量各构成维度之间的相互关系结构（Elizur & Shye，1990）。塞尔吉（Sirgy）等人则以需求满足理论（Need Satisfaction Theory）为基础，对工作质量的含义进行了讨论。他们认为工作者是带着一些需求来到工作环境之中的，这些需求通过工作而得到满足的程度直接影响他们对工作质量的感知。因此，工作质量应该从需求满意度的角度进行概念化（Sirgy et al.，2001）。塞尔吉等人提出工作质量应该包含7个维度：（1）健康和安全需求；（2）经济和家庭需求；（3）社会需求；（4）自尊需求；（5）实现需求；（6）知识需求；（7）美学需求。

通过经验分析来确定维度，其典型做法是，选定一组对象（工人或管理者），为他们提供一系列与工作相关的题项，并让他们选择其中他们认为与工作质量相关的题项。然后，利用各种统计技术（主要是因子分析或聚类分析），在这些众多题项中发现潜在的维度，并把这些维度作为工作质量的构成范畴（Walton，1975；Seashore，1975；Taylor，1978；Levine et al.，1984；Mirvis & Lawler，1984；Martel & Dupuis，2006）。下面我们就列举几个典型的研究。

泰勒最早尝试借助统计学方法来确定工作质量的维度（Taylor，1978）。他把沃尔顿用来测量工作质量的26个指标（Walton，1975）与西肖尔提出的16个指标（Seashore，1975）结合在一起，得到了一组由42个指标（题项）构成的量表。然后借助因子分析从中提取出了5个维度：(1) 当前议题；(2) 社会工作环境；(3) 成长与发展；(4) 雇主角度的工作生活质量；(5) 社会层面的工作生活质量。①

莱文、泰勒和戴维斯反对建立普适性的工作质量指标，他们认为工作质量的定义应该是局部的、具体的，应该由组织成员用他们自己的语言和意义来定义工作质量。为此，他们从一家大型保险公司总部中选择了64名雇员组成德尔菲小组，让这些雇员通过六步德尔菲法来定义工作质量（Levine et al., 1984）。他们最终得出了一个由34个题项构成的工作质量问卷，通过多元回归确定了其中包含的7个维度：(1) 上级尊重我的程度以及我对自身能力的信心；(2) 日常工作中的变化；(3) 工作的挑战性；(4) 目前的工作有较好的未来机会；(5) 自尊；(6) 工作外的生活影响工作的程度；(7) 工作对社会的贡献程度。

无论是先验方式还是经验方式，都存在缺陷。第一，正如我们已经看到的，这些定义方式依赖研究者或者所选样本的个人见解。不同的研究者所提出的维度各有不同，而使用经验方法也存在同样的问题，这就使得工作质量的定义从属于识别出的维度，从而使得定义和概念成为一个不断变动的东西。第二，正如马泰尔和杜普伊斯所指出的，确定构成工作质量的维度（领域）是一回事，而定义工作质量概念本身又是另外一回事。通过使用工作质量的维度来定义工作质量概念，无论这些维度多么全面，都不会提供任何关于维度之间关系的信息。他们还用了一个形象的比喻，即我们尽管可以列举一只猫的所有身体组成部分，但这样做是没法定义一只猫的，因为这些身体部分之间的相互作用没有得到清晰阐述（Martel & Dupuis, 2006）。

---

① 为行文简洁起见，我们在这里不展示这些维度的含义及其所包含的具体题项，这些内容将以附录的形式放在文后。对于本节中的其他几个典型研究，也采取这样的处理方式。其中，莱文的研究在附录中列示的是Levine (1983) 的量表，1984年有所更新。

二 工作质量的主观性和客观性

工作质量的主观性问题包括两个方面：第一，对工作质量的主观评价因人而异；第二，是否应该从主观方面来测量工作质量。我们先来看第一个方面。学者们长期以来都没有能够就工作质量的定义达成共识，其中一个重要原因就在于工作质量评价的主观性。具体来说，工作质量评价的主观性体现在以下几个方面：(1) 工作质量包含哪些维度？(2) 每个维度的重要性如何？(3) 每个维度与总体的工作质量之间是什么关系？或者更简单地说，哪些工作是"好工作"？对于这几个问题，不同的人有着不同的观点（Elden，1974；Kochan et al.，1974；Boisvert，1977；Taylor，1978；Levine et al.，1984）。

经验研究已经反复证实，人们对工作质量的主观认知是个体性的、动态性的和情境性的现象，它在个人之间、组织之间、劳动力市场部门之间、社会之间以及各个历史阶段之间都是不同的（Findlay et al.，2013）。所谓个体性，指的是不同的人对工作质量有着不同的观点。如戈登·库克等人的研究认为，尽管工作质量的关键维度能够进行客观定义，但是这些维度如何与个人境况以及偏好相匹配则是主观的和相对的，是由处在社会经济环境中的个人所决定的，因此同样的或类似的工作在不同的个体那里可能得到不同的认知和体验（Cooke et al.，2013）。所谓动态性，指的是对工作质量的评价会随着时间推移而发生变化。在不同年龄、工龄和生命周期阶段，人们对工作的认知以及对工作的满意度都会发生变化。格伦别夫斯基、比斯利列和耶格尔把工作质量的动态性归结为三种变化：阿尔法（alpha）变化，即随着时间的推移，由工作条件的变化导致的变化；贝塔（beta）变化，即随着时间的推移，由工作条件的变化以及评价参照点的变化导致的变化；伽马（gamma）变化，即随着时间的推移，由工作条件的变化、评价参照点的变化，以及个人的观点和优先考虑重点的变化导致的变化（Golembiewski et al.，1976）。所谓情境性，指的是除了上述两种因素所导致的工作质量主观评价差异之外，由国家在经济结构、政治制度和文化规范等方面的不同导致的差异（Gallie，2007a；Holman，2013）。当然，从广义上来说，个人所处的位置和生命周期阶段也构成决定工作质量的微观情境。总之，正如萨金和伯克所总结的，"工作质量对处在不同角色中的不同的人来说意味着不同的东西，即使对处在不同角色中的同一个人来说，其含义也会不同……更麻烦的是，处在相同角色中的不同的人对工作质量会持有不同观点，这不仅仅是由不同的个人价值观所导致的，更是不同能力和天分的结果"（Sashkin & Burke，1987）。

然而，从另一个角度来讲，人们显然会反思并提出这样一个问题，即为什么要从主观方面来测量工作质量呢？假使工作质量研究的目的之一是要分出好工作和坏工作，那么从理论上来讲，除了求助人们对各个指标的主观评价之外，应该还存在一种客观性的测量方法。事实上，在早期，人们的确是从客观标准的角度来测量工作质量的（Martel & Dupuis，2006；Elizur & Shye，1990；Lawler，1975）。不过到后来，工作质量逐渐地从一个客观概念变成了一个主观概念。而其原因就存在于前面有关工作质量主观性的论述之中，也就是说，人们发现，在同一个客观的工作条件下，工人甲的工作质量（评价）可能会非常不同于工人乙的工作质量（评价）。在早期的学者中间曾经流行过这样一种观点，即认为基于组织/雇主视角的工作质量采用的是客观标准，基于个人/雇员视角的工作质量则采用的是主观标准（Walton，1975）。因此，如果从雇员视角来定义工作质量的话，工作质量所测量的就应该是他们对于工作条件的主观感受，这样一来，对于工作质量的评价就完全归属于个人态度的范畴（Loscocoo & Roschelle，1991），从而工作质量也就成了一个主观概念。从这个意义上来看，工作质量和工作满意度之间的关系就成了必须加以探讨的问题，我们下面就来对此简单加以论述。

三 工作质量与工作满意度的关系

如果说工作质量意味着工人对其工作及工作条件的主观感受，那么这种感受具体指的是什么呢？西肖尔指出，关于工作质量的流行观点是建立在这样一个假设之上的，即个人自己对于满意或不满意的经验定义了他的工作质量。也就是说，对于给定个人而言，"好工作"即那个与他的需求、他的偏好以及他的期望相匹配的工作，而匹配的程度则是由该工作的占据者来判断的。与这一命题相关联的是如下两个观点：（1）工作状况的客观特征导致了相应的满意或不满意的态度；（2）工作条件和满意度之间的关联不是恒定的，而是受到个人属性的调节，即与个人的能力、价值观以及期望相关。西肖尔认为，上述命题和观点为大多数关于工作质量的研究提供了框架（Seashore，1974）。由此导致的一个直接结果就是，用工作满意度作为测量工作质量的指标（Kalleberg，1977，2011：16；Loscocoo & Roschelle，1991）。工作满意度指的是一种心理状态，它源于个人实际身处其中的状况与个人希望身处其中的状况之间的差距（Locke，1976；Quilty et al.，2003）。工人对其工作感到满意，就意味着该工作具有高质量的工作条件；相反地，工人对其工作感到不满意，则意味着该工作具有低质量的或者负质量的工作条件（Sheppard，1973）。

实际上，早在20世纪70年代中期，很多研究者就意识到用工作满意度作为工作质量的指标存在严重问题（Lawler，1975；Seashore & Taber，1975；Sheppard，1975）。例如，劳勒认为，从心理学角度来讲，很难设想在缺少自我实现方面的满意度的情况下，存在高的工作质量。基于这一事实，的确应该把工作满意度作为工作质量的一个重要部分（Lawler，1975）。但同时他也强调这一处理具有局限性，因为工作质量和工作满意度并非一个东西。要想激励工人实现他们的目标，诱使他们付出工作努力，那么就需要有一定程度的不满意。从组织视角来看，如果所有工人都达到了满意状态，那么生产率很有可能受到妨碍而非提升。他还指出，工作质量的定义必须包括对工作场所中的压力和紧张的测量，而工作满意度研究通常将其忽略（Lawler, 1975; Nadler & Lawler, 1983）。特里斯特和维斯特里也反对用工作满意度来测量工作质量。他们认为，工作满意度是一个静态概念（它源自现实状态和理想状态之间的差距），它只能测量格伦别夫斯基等人所界定的"阿尔法变化"，因此不适合用来评估作为动态概念的工作质量（Trist & Westley, 1981; Martel & Dupuis, 2006）。

第三节　工作质量的原因与结果：一个分析框架

前面对工作质量研究历史和工作质量定义的梳理，并没有能够让我们确定工作质量"到底是什么"。我们看到的是一个主题和范围不断发展的工作质量研究，一个由各种不同定义所建构的工作质量概念，以及一些充满争议的工作质量测量指标。因此，要想更好地厘清工作质量的定义，厘清工作质量与其他相关概念之间的关系，必须发展一个关于工作质量的理论分析框架。这个理论框架需要阐明影响工作质量的各种因素和工作质量造成的各种结果[①]，并且需要考虑工作质量的客观层面和主观层面的关系，以及工作质量与工作满意度之间的关系。当然，这个理论框架毕竟是研究者的一家之言，由此所定义的工作质量概念以及所提出的工作质量测量指标必然仅仅是在现有的"武器仓库"中增添一件新的"兵器"而已。

一　工作质量的因果性

我们同意马泰尔和杜普伊斯等人的观点，即给工作质量下定

[①] 我们在这里的任务只是辨明并规定因果逻辑链，从而确定哪些属于因、哪些属于果，关于其中的具体因果机制和理论解释，将留待后面的章节中进行讨论。

义和确定工作质量的维度是两个不同的程序，两者不能相互替代。正如马泰尔和杜普伊斯所指出的，列出工作质量的维度并不能真正有助于厘清工作质量是什么，即使人们对工作质量维度的数量和名称都达成了共识，也仍然需要决定如何测量这些维度（Martel & Dupuis, 2006）。我们认为，确定工作质量的维度应该是在明确了工作质量的定义之后才能进行的，而不是相反。而要想给工作质量下定义，就必须阐明工作质量的"前因后果"，即阐明什么因素影响了工作质量，而工作质量又决定了什么其他现象。通过因果机制的指定，我们才可以知道工作质量这个概念到底"意味着什么"。

要想揭示工作质量的因果性，一个好的途径就是回到它的本源——工作。正如我们在本章一开始所指出的，工作是现代社会中一个基本的社会结构和社会事实，而质量则是研究工作的一个视角。从质量的角度来研究工作，其基础是以下两个原则。第一，工作是一个具有异质性的实体（Bustillo et al., 2011），劳动的社会分工和技术分工的性质决定了工作必然存在多种在质上不同的类型，这些类型之间可以是横向的功能差异，也可以是纵向的等级差异，而这些差异可以用工作质量概念来捕捉。第二，工作独立于占据工作的人而存在，它是一个欧文·索伦森所谓的"空的空间"（Sorensen, 1983），作为一种结构性的制约和能动因素，工作的质量维度对占据者的身心健康、态度、行为等具有决定性影响。通过刚才的阐述，我们可以尝试性地把工作质量定义为一组客观的工作特征以及雇员对这些特征的主观认知，这些特征与对它们的认知单独或相互作用，影响着雇员福利，尤其是身心健康、工作态度和组织承诺等，进而对组织结果产生影响。正如我们已经看到的（见表1-2），这个定义接近大卫·霍尔曼等人所给出的定义（Holman, 2013; Warr, 1990; Green, 2006）。根据这一定义，我们得出如下几个可操作化的命题：（1）工作质量的指标是工作特征的一个子集；（2）这些特征的子集能够将受雇者群体显著地区分为不同群体；(3) 这些特征的子集对雇员的工作满意度等具有显著影响。我们把这些命题总称为"工作质量相关性原则"(relevance of job quality)。

在建立了上述原则之后，我们可以更具体地把工作质量的因果逻辑加以阐明。第一，工作质量的原因，指的是造成工作质量分化的那些因素。这里的分化既包括客观工作质量的分化，即工作条件组合在不同群体中的分布；也包括主观工作质量的分化，即雇员对工作质量所做出的不同的评价。第二，客观工作质量和主观工作质量之间不存在确定的因果关系，或者换一种说法，客观工作质量可能会影响雇员对相关工作条件的评价，主观工作质量也可能反过来影响客观工作质量（Kohn & Schooler, 1982）。第三，工作质量的结果，指的是工作质量对雇员的个体层面结果所造成的影响，这种影响既包括工作质量的各个维度单独发挥的作用，也包括整体工作质量所发挥的作用。本节下面的部分将对这三个逻辑进行详细阐释。

二 客观工作质量和主观工作质量

学者们之所以提出工作质量这一概念，固然是想用它作为一个原因（causal force）来解释雇员的个体结果以及组织层面的结果，但我们认为这在逻辑上应该是靠后的一个研究动机。面对工作质量概念，我们首先想到的应该是"质量"一词所蕴含的意义，也就是说，工作存在质量上的分化，在劳动力市场和雇佣组织中，总是存在好工作和坏工作的区分（Kalleberg et al., 2000；Acemoglu, 2001；Matiaske & Royer, 2005；Sengupta et al., 2009），因此才有了各种朝向改善工作质量的努力，如让劳动者拥有体面工作（Anker et al., 2003）、创造更多的好工作（Kalleberg, 2011）等。我们在上面已经指出，工作质量包括两个方面，即客观工作质量和主观工作质量。现在很少有人还在把工作质量作为一个客观概念。马泰尔和杜普伊斯更是认为研究者所应解决的问题是，在不求助客观标准的情况下,从可操作化层面有效地评估工作质量这一主观概念(Martel & Dupuis, 2006)。不过,在我们看来,识别并测量客观工作质量,既在理论上是必要的,也在操作化上是可能的。前面提到,有的学者认为,客观工作质量就是组织或雇主眼中的工作质量(Walton, 1975)。对此观点,我们有不同的看法。我们认为,客观工作质量就是特定的客观工作条件或工作特征,如报酬支付形式、工作时间模式、未来晋升机会等,这些工作特征不会因视角取自雇主还是雇员而变得偏向客观或偏向主观。客观工作质量的客观性体现在它们是各种工作特征的结合模式,这种模式是独立于工作占据者的个人特征而客观存在的。值得指出的是,我们这里的主观工作质量和客观工作质量的区分类似于以丽佐和沙耶提出的区分,即一方面是心理学角度的个人主观所体验的工作质量,另一方面则是工作所在的客观环境条件(Elizur & Shye, 1990)。以丽佐和沙耶认为前者可以称作工作生活质量(quality of work life),而后者最好称作工作环境质量(quality of work environment)。我们基本同意以丽佐和沙耶的观点,不过为了避免增加更多术语的歧义,我们在本书中将使用客观工作质量和主观工作质量这样的表述。

一般来说,客观工作质量主要受到组织层面因素和国家层面因素的影响,前者包括组织规模、所处行业、工作结构以及组织中的雇佣关系等,后者则包括经济结构、劳动力市场结构、劳资关系等(Warhurst et al., 2012)。近年来,欧美等国家和地区的学者相继提出了生产体制理论、就业体制理论和竞争体制理论等,试图从技能形成制度、就业和劳工政策以及企业竞争策略等角度来解释各个国家之间在客观工作质量上所观察到的差异。例如,霍尔曼利用就业体制理论解释了国家之间在工作质量类型模式中的差异。霍尔曼发现,北欧国家(例如丹麦、芬兰、瑞典)具有最高比例的高质量工作,南欧国家(例如意大利、希腊、西班牙)具有较高比例的消极—独立工作和非稳定工作(passive-independent and insecure job），而东欧国家（例如爱沙尼亚、立陶宛）则具有较高比例的高压力工作（high-strain job）。他认为，在工作质量上的这些国家变异主要根植于制度体制的变异，即有关就业政策和劳工的相对组织能力的制度体制（Holman，2013）。关于这些不同的理论，我们将在本书的第二章进行详细的介绍。

关于主观工作质量的研究，是学者们着力最多的方面之一。我们前面已经指出，主观工作质量是雇员对相关工作条件和工作特征的认知或评价。我们在前面论述工作质量的主观性时，一个重要的方面就是在占据工作的人和他对所身处的工作条件的感知之间不存在确定的关系模式，比如不同的人面对相同的工作条件，可能产生不同的主观认知和评价。因此，一般认为，影响主观工作质量的因素，主要应归结于个人特征，尤其是个人的心理特征（Kalleberg，1977）。但是我们必须意识到，个人的心理特征，尤其是工作价值观和工作期望，是与其性别、年龄、受教育程度和工作经验等因素密切相关的（Kalleberg，2011：8，12）。这就意味着，个人差异不单是一个个体心理范畴，还是一个社会范畴。从这一点来看，那么关于主观工作质量的影响因素，就应该不仅限于个人心理特征，而应该包括中观甚至宏观层次的因素。事实上，人口学特征、职业特征或组织特征都可能影响个体对工作质量的评估（Findlay et al.，2013；Cooke et al.，2013）。

总之，正如芬德利等人所指出的，多重因素和力量在多重层次上影响着工作质量。这些影响因素可以划分为：在微观水平上，诸如个性特征和性情倾向等心理特征；在中观结构上，诸如工作在组织劳动分工中如何被安排和布置；在宏观结构上，诸如制度体制、就业政策以及特定国家中的资本—劳工关系等。当解释工作质量中的差异时，我们需要考虑在所有这些分析层次上发挥作用的力量（Findlay et al.，2013）。

三 工作质量的结果

工作质量的结果一直是研究者重点关注的内容。从整合视角来看，工作质量对个人、组织和社会都会产生影响（Seashore，1975）。一般认为，对于个人来说，工作质量是与工作满意度、组织承诺、身体以及心理健康关联在一起的（Findlay et al.，2013）。对于组织来说，工作质量与组织成长和组织绩效是联系在一起的（Nadler & Lawler，1983）。对于社会来说，工作质量与阶层结构、社会稳定以及经济增长等密切相关（Kalleberg，2011：15）。不过，就大多数研究而言，它们主要的关注点仍然是工作质量对个人所产生的影响（Kalleberg，1977；Loscocoo & Roschelle，1991）。在相关学术期刊中，最近几年关于这方面的研究可谓"俯拾皆是"。举例来说，劳夫林和莫瑞研究了公共部门白领工人的工作质量，他们发现，工作质量的各个维度与工作环境以及个人偏好之间缺乏匹配，这对个人结果（例如健康）和组织结果（例如离职率）产生了影响（Loughlin & Murray，2013）。类似地，奥卡萨姆维尔和司考勒里欧斯对新兴的毕业生职业（emerging graduate occupations）进行了分析，他们发现毕业生较少依赖问题解决能力、计划能力和影响能力等所谓的"毕业技能"，毕业生们的工作往往还具有较低限度的工作控制、较少使用其技能的机会，以及较低的工资等特征。通过低劣的工作质量这一媒介，就业不足导致一些毕业生出现负面态度和较低水平的心理健康。此外，毕业生还具有较低的工作满意度和组织承诺（Okaysomerville & Scholarios，2013）。齐朗姆波洛和阿雷尼研究了工作稳定性对工作绩效和精神健康的影响，结果证实工作的不稳定对后两者具有负向影响。他们还证明，工作者对闭合的需要（needs for closure）作为中介变量，影响了工作稳定性的不同维度与工作绩效和精神健康之间的相互作用模式（Chirumbolo & Areni，2010）。凯勒伯格等人研究了工人参与对工作压力的影响，工人参与包括拥有工作自主权、在组织决策中参与意见咨询，以及团队合作三个方面。他们发现，拥有工作自主权和参与意见咨询降低了工作压力，而团队合作则增加了工作压力（Kalleberg et al., 2009）。邓肯·加列同样分析了直接参与对雇员福利的影响，这里的直接参与包括三种形式，即任务的自由裁量权、半自主权的团队合作，以及意见咨询型参与。结果发现，任务自由裁量权的影响最大，其次是意见咨询型参与，而半自主权团队合作的效应则非常小，并且缺乏一致性（Gallie, 2013a）。

在目前的研究中，我们将重点关注工作质量对工作满意度的影响。正如我们前面反复提及的，以往一些研究的一个重要缺陷在于，没有能够在主观工作质量和工作满意度之间进行有效的区分（Kalleberg, 1977；Loscocoo & Roschelle, 1991；Sirgy et al., 2001）。在我们看来，工作满意度既不是工作质量的原因[①]，也并非其组成部分，而应该被认为是工作质量的结果（Vidal, 2013）。关于这方面的研究，我们将放到后面的章节进行讨论，这里不再赘述。

以上就是我们关于工作质量的理论分析框架的主要内容。对于这个理论框架，我们可以用图1-1来直观地表现其中的关键链条。

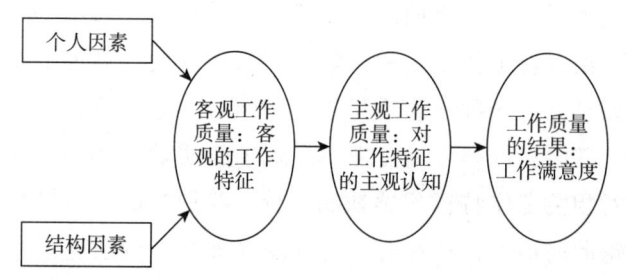

图1-1 工作质量的理论分析框架

[①] 在20世纪70年代，有相当一部分学者认为工作满意度是工作质量的原因而非结果，如Seashore（1975）、Sheppard（1975）。

第四节 本书的主题、视角与逻辑

本章除了介绍研究的缘起、研究对象以及所用的核心概念以外，还必须向读者明确研究的主题、视角与逻辑。在本章的最后这一部分，我们就来处理这个问题。总的来看，工作质量研究所涵盖的主题或者说由工作质量概念所提出的议题，是非常丰富的。比如，有学者从个人对其工作和工作条件的感知角度来研究工作质量；还有学者则关注工作质量在不同职业和劳动力市场分割中的变异；其他人则寻求解释在不同国家和制度体制中的各种不同的工作质量模式；等等（Findlay et al., 2013）。在众多的可能主题中进行选择，是一件颇为艰难的工作。这种选择取决于学者的兴趣、现实的关切、学科的走向，以及研究的视角等诸多因素。在本书中，我们选定的主题是利用全国性调查数据，对客观和主观工作质量的现实状况和相互关系进行描述和分析，并对工作质量的若干主要维度进行分析，以探索其因果机制。

根据前面所述的"工作质量相关性原则"，我们首先需要识别一些相关的工作特征。我们要确保这些工作特征所构成的维度具有很高的区分度，并且这些维度与个体结果（尤其是工作满意度）存在某种关系。在本书的结构安排上，在第二章和第三章，我们将分别讨论客观工作质量和主观工作质量问题。客观工作质量的讨论主要是分析各种工作质量维度的组合形态，研究总体工作质量在各个部门和群体中的分布。主观工作质量的部分将重点关注工作者对相关工作特征的感知和评价，我们尝试在尽量少求助心理学理论的前提下，从社会学的角度（如社会行动理论）对其中所呈现的差异和模式进行解释。在第四章到第六章，我们对工作质量的几个最重要维度进行了研究。具体来说，在第四章，我们关注了报酬、劳动合同和工作保障，具体分析获得报酬的不同方式以及报酬水平上的不平等，并用劳动合同的分化来解释这种差异。在第五章,我们重点分析了雇员的工作技能、流动和晋升机会,这有助于我们区分事业发展型工作(career-type job)和没有晋升机会的工作(dead-end job)。在第六章,我们分析了雇员的工作参与、权威和工作自主权,正如前面所指出的,这个问题也是社会学家最为关注的问题之一。第七章则是对工作质量状况的发展变化趋势及跨国差异的考察,与前面几章集中在组合模式和因果关系上的讨论不同,这一章主要是从时间变化和国别对比的角度对工作质量状况进行综合考察。最后,在附录部分,我们对一些常见的工作生活质量测量指标和量表进行了集中展示,工作质量研究一直没有一个标准的指标或者测量工具,而建构工作质量指标已经成了这一领域中最持之以恒的一项工作(Seashore,1974;Seashore & Taber,1975;Elizur & Shye,1990;Sirgy et al.,2001;Martel & Dupuis,2006;Bustillo et al.,2011;Anton et al.,2012)。但限于篇幅以及获得调查数据的局限性,我们并不尝试自己建构一个工作质量指标。

对总体工作质量和各单独维度的分析需要在一定的研究视角下进行。因此,关于研究视角的选择就显得尤为重要。关于工作质量的研究视角,我们前面已经有所叙述,简单来说,工作质量研究本质上是一个多学科事业(Findlay et al.,2013)。在这里,我们有必要对研究视角中的概念视角(conceptual)和理论视角(theoretical)进行区分。简单来说,概念视角指的是如何看待和定义工作质量,尤其是如何界定工作质量的构成维度;而理论视角则指的是解释方式,即用不同的机制来对工作质量的原因和结果进行解释。概念视角和理论视角是相互关联的,但从分析的意义上区分这两种视角仍然是有意义的。第一,从概念角度来说,在各学科之间存在差异,即它们都倾向于聚焦工作质量的个别维度(Kalleberg,2011:2-3;Findlay et al.,2013)。例如,经济学家主要研究工资和附加报酬(Clark,2005);社会学家强调工作组织中所发生的变迁,并聚焦于技能和自主权(Gallie,2007a);而心理学家从一系列广泛的个人需求和价值观的角度来评价工作质量，他们主要聚焦于工作满意度（Holman，2013）。在各种概念视角下所开展的研究都有助于我们对工作质量现象的理解。第二，从理论视角来看，各个学科都从各自的理论体系出发，用不同的机制来解释工作质量现象（即工作质量的原因和结果）。比如，心理学家主要研究个人的性情倾向和价值观如何影响其对工作的反应，以及其对工作的满意度。社会学家所谈论的是组织如何建立和维持对工作活动的支配和控制系统。经济学家主要使用劳动力市场理论和激励系统理论来解释收入、附加收益和工作的其他经济方面。而政治学家则关注各国间制度体制上的差异如何产生了工作质量模式上的变异（Findlay et al.，2013）。

每个学科的工作质量概念都存在差异，而且它们用来解释工作质量现象的机制也存在差异，正如凯勒伯格所指出的，这些零敲碎打的研究妨碍了对工作质量的综合理解（Kalleberg，2011：2-3）。因此，很多学者敦促要对视角进行整合（Bernhard-Oettel et al.，2005；Osterman，2010；Bustillo et al.，2011；Loughlin & Murray，2013）。尽管如此，本书的研究视角仍将是社会学的，而不追求对各种视角进行综合。但更准确地说，我们对概念视角的综合和理论视角的综合采取了不同的态度。在概念视角方面，正如本研究的结构安排所表明的，我们会关注构成工作质量的各个维度，而不论这些维度属于哪一个学科的专门领域。相反地，在理论视角方面，我们在后面的分析中，虽然可能会参照其他各学科的研究，尤其是经济学的相关理论，但我们不会致力于各视角的综合，不会致力于将各种变量杂糅到一起的解释方式。总之，我们在本书中要做的是对工作质量的"整体维度"进行研究，但不是用所谓的"综合视角"进行这样的研究。

在本书中，我们把社会学视角定义为从社会互动和社会关系的角度来看待社会现象，并从能动与结构两个维度来对其进行解释的一种研究方式。这一定义意味着，凡属社会现象，就必然是超出个体思考和行动范畴的,即必然是多个个体、个体和组织、组织和组织等之间的相互关系的结果。而对于这种关系的结成、发展和后果,我们一方面需要考虑具有相互关系的参与者的行动,另一方面则要考虑结构因素对这些行动的限制和使动作用。具体到本书的工作质量研究,我们选择从雇佣关系(employment relationships)的角度来看待工作质量现象。雇佣关系,一定意义上也可以称之为"雇员—雇主关系"(employee-employer relationships),指的是在劳动力市场和工作单位中,雇员和雇主之间所结成的交换关系,这种交换意味着雇员向雇主让渡部分权利(如劳动、权威、自主权等),以换取来自雇主的物质报酬和附加利益(如技能发展、晋升和决策参与权)。根据这一视角,在解释工作质量现象时,我们就可以把工作质量视作雇员和雇主共同决定的结果。这意味着在解释工作质量现象时,我们特别需要从如下几个方面来考虑问题。

第一,雇员个体特征和工作特征的匹配。工人和工作的匹配(matching)是劳动力市场社会学研究的一个核心议题(Sorensen & Kalleberg, 1981a; Eliason, 1995)。根据约翰·洛根的观点,工人和工作的匹配取决于雇员个人和雇佣组织各自的效用和偏好,它们对双方的选择行为具有决定性影响(Logan, 1996)。从这个意义上来说,匹配过程决定了雇员所能获得的报酬和所处的位置,即客观工作质量。不仅如此,个人偏好和工作因素之间的"配合"(fit)或者"相互适合"(alignment)在评价主观工作质量方面同样具有重要意义,技能、空间、时间、收入以及工作—家庭平衡等方面出现的任何一种工作不匹配,都将不同程度地降低工作者的工作体验感以及工作质量(Kalleberg, 2007, 2008; Findlay et al., 2013; Cooke et al., 2013)。

第二,雇员因占据工作位置而拥有的权力。在组织中,有利的工作位置总是使其占据者获得比处在不利位置上但同等资格的人更多的收入和其他福利。凯勒伯格等人在研究收入不平等问题时提出了工人权力（worker power）的概念。工人权力指的是雇员获取优势地位的能力，它代表了工人不同的"市场能力"，这种市场能力可以为他们带来更高的工资和其他非工资收益。区别于雇员进入劳动力市场之前所获得的属性（如教育、智力），工人权力是通过利用附属于特定工作位置的权力资源——技能、工会、职业资格许可，以及资历等而产生的（Kalleberg et al., 1981; Smith, 1990）。由此可以看出，工作质量的差异不单单是由技术分工和组织的生产属性决定的，它还取决于社会性因素。

第三，组织中的社会心理过程对工作质量的影响。无论是客观工作质量的分化还是主观工作质量的评价，都不仅是由客观结构因素所决定的，还受到组织中的认知和社会心理过程的影响。巴伦和费弗尔认为，组织中的认知和社会心理过程支配着对工作角色的分类和评价，雇员与位置之间的匹配，以及个人在给定环境中对所得报酬的评价（Baron & Pfeffer, 1994）。一个典型的例子就是，如果某一位置之前是由女性所占据的，那么它接下来仍倾向于招聘女性。也就是说，以之前工作占据者的特征为基础，特定的工作位置被类型化和典型化了。我们有理由认为，类似的过程在造成各群体的工作质量分化上将起到重要作用。

在明确了上述诸点之后，我们在剩下的部分就按照上面所述的结构安排来进行关于工作生活质量的讨论。

第二章 客观工作质量

第一节 好工作 VS 坏工作

一 工作质量的现状和变化趋势

假设我们有一条标准,可以明确地将工作区分为好工作和坏工作,那么,我们首先想到的问题也许就是,在一个社会中,好工作有多少,坏工作又有多少,两者的比例如何?也就是说,我们要对一个社会的工作质量情况做一个总体判断。这种判断的意义在于,它可以让我们知道一个社会目前所处的发展阶段和特征,从而为政府的相关政策制定提供参考。然而,以上只能说是一个理想的情形,在现实中很难实现。简要地说,原因包括三个方面:(1)没有一个大家一致认可的判断标准;(2)没有可供使用的大型的全国性调查数据集;(3)缺少用以实现此目标的有效的统计技术。随着时代的向前发展,可用的数据集和统计技术已经越来越多,因此妨碍我们进行总体工作质量判断的关键是第一个原因。

在整个 20 世纪的后 50 年里,有两个学术阵营一直在争论工作质量的未来趋势(Knox et al., 2011)。一个阵营是乐观主义者,他们描绘了一个好工作的上升轨迹。这一阵营认为,随着教育水平的提高、技术进步、技能提升,以及对工作中内在报酬的提高,未来只会变得更好。支持这一阵营的论据存在于二战后西方国家经济和产业结构的巨大变化之中。二战后西方国家以服务业为代表的第三产业急速增长,由此使得这些国家的社会分层结构随之发生了根本性的变化,一些新的职业和社会阶层得以涌现。1959年,彼得·德鲁克(Peter Drucker)在《明天的里程碑》(*Landmarks of Tomorrow*)一书中第一次使用了"知识工人"(knowledge worker)这一术语,德鲁克指出,在21世纪,无论是商业机构还是非商业机构,最有价值的资产是它们的知识工人及其生产力。在1991年出版的《各国的工作:为21世纪资本主义做准备》(*The Work of Nations:Preparing Ourselves for 21st Century Capitalism*)一书中,罗伯特·莱希(Robert Reich)指出,一个国家的竞争力取决于其人民的受教育水平和技能水平,以及把教育和技能连接起来的基础设施。私人资本正在变得越来越全球化和自由流动,而国家的人民,即人力资本构成了国家未来生活标准所仰赖的唯一资源。乐观主义者认为,以知识工人为代表的新阶级和新工作,正是现在各国所大力提倡和发展的知识驱动型经济或者创新型经济所具有的特征(Knox et al., 2011)。与此相对立的则是由悲观主义者构成的阵营,他们认为,由于资本主义的需要,工人的境况只能变得越来越糟(Knox et al., 2011)。哈里·布雷弗曼(Harry Braverman)在1974年出版的《劳动与垄断资本:二十世纪中劳动的退化》(*Labor and Monopoly Capital:The Degradation of Work in the Twentieth Century*)一书中,提出了"去技能化"(deskilling)命题。布雷弗曼认为,泰勒制或科学管理法就是对"资本主义生产方式的不折不扣的供词",它预示了想法和执行之间的分离,预示了工作任务的碎片化和标准化,预示了重复和单调乏味的工作生活。在布雷弗曼之后,一些从事产业和劳动关系学(Industrial and Labor Relations)研究的学者,如安德鲁·弗莱德曼(Andrew L. Friedman)、理查德·爱德华兹(Richard Edwards)、迈克尔·布若威（Michael Burawoy）等人①继续针对资本主义体系下的"劳动过程"进行了大量案例研究，他们发现在垄断资本主义下，劳动控制形式发生了变化，一些新的控制形式得到发展，如由直接控制转向责任自治，由简单控制转向结构控制，以及由市场专制体制转向霸权体制，等等（Friedman, 1977; Edwards, 1979; Burawoy, 1979, 1985）。一般来说，悲观主义者大都持有如下主张，即工人的自主权以及其控制和组织工作的能力正在逐渐被侵蚀，并且存在一个去技能化的一般趋势（Knox et al., 2011; Zimbalist, 1979; Thompson, 1989）。

近年来，有赖于各种全国性的或国际性的大型调查数据集的普及，学者们越来越多地运用定量方法来分析工作质量的总体状况（Gallie, 2007a; Kalleberg, 2011; Anton et al., 2012; Holman, 2013）。部分学者认为，西方资本主义国家的政府和企业面对经济形势变化和经济危机所采取的应对措施对工作质量造成了损害（Cappelli, 1995, 1999; Kalleberg, 2011, 2012; Hauptmeier, 2011; Vidal, 2013）。弗兰克·谢伯恩－托马斯根据对1995~2000年"欧洲社区家庭面板数据"（European Community Household Panel, ECHP）的分析，指出在欧盟国家中，多达四分之一的雇员从事的是低质量的工作，这些工作的报酬较低、不稳定、缺乏培训，并且失业风险较大。谢伯恩－托马斯还特别指出，服务业部门中的工作质量呈现两极分化，虽然该部门创造的很多新工作具有较高工作质量，但在零售业、酒店业、旅馆业，以及健康和社会服务业等行业的大量雇员所从事的是一些具有较低报酬的工作或者没有前途的工作（Siebern-Thomas, 2005）。凯勒伯

---

① 即使仅把这些作者的著作名称列在这里，我们也能强烈感受其颇具整体感的风格。这些著作包括但不限于弗莱德曼的《产业与劳动：工作中的阶级斗争和垄断资本主义》，爱德华兹的《抗争的场所：20 世纪工作场所的变迁》，布若威的《制造同意：垄断资本主义劳动过程的变迁》和《生产的政治：资本主义和社会主义下的工厂政体》。

格对1970~2010年的美国工作质量整体情况进行了研究。他认为美国的工作质量呈现两种趋势,一是两极分化,即好工作和坏工作的比例增大,中间型工作的比例下降,且工作报酬上的不平等程度越来越高;二是工作的不稳定性越来越大,灵活雇佣形式增加,工作保障性不断降低。两极分化和不稳定的就业系统不是商业周期的暂时特征,而是结构转型的结果,即坏工作不再是发育不全的那个部分,相反地,它已经成为美国就业的一个核心组成部分(Kalleberg,2011,2012)。凯勒伯格从宏观结构性因素和劳动力的人口学变化角度来解释这些变迁,前者指的是宏观结构性的经济、政治和社会力量,例如激烈的全球竞争、快速的技术创新和变迁、放宽市场管制、越来越多的资本流动和经济的金融化、工会和工人权力的削弱,以及服务部门的持续发展;后者主要是指劳动力的日益多样化,这产生了大量的非白人、非男性工人,他们更容易遭受剥削。这些宏观结构性因素以及意识形态的相应变化改变了企业所处的宏观经济社会环境,造成了价格竞争的日益扩大和工会权力的不断削弱,从而鼓励并促使雇主采取更加灵活的雇佣关系(比如临时性的或者其他非标准工作协议)。凯勒伯格还指出,所有国家都面临与美国相似的压力,即更激烈的全球化、信息和通信技术方面的技术提升、资本和劳动力的更大规模流动、新的组织相互依赖形式,以及工会权力的削弱等(Kalleberg,2011,2012)。

尽管凯勒伯格认为上述经济社会环境的变化是一种世界性的趋势,但他也明确指出,这种变化并不会以机械的方式造成各国之间就业系统的趋同,因为宏观结构性因素对工作质量的影响会受到各国制度和文化的调节(Kalleberg,2012)。更早之前,弗朗西斯·格林的研究就证实了国家之间在工作质量变化趋势上的多样性。格林利用多种调查数据对欧美国家和地区的工作质量做了较为细致且全面的分析,他认为很难描绘出一般的工作质量的变化趋势,而且各个国家之间存在明显的差异(Green,2006)。第一,就工资来说,大多数欧洲国家和地区的平均工资提高了,但美国的平均工资从1973年直到20世纪90年代都没有实质的增长。另外,虽然大多数国家和地区的平均工资提高了,但工资不平等的程度上升了。1973～1989年,美国收入底端人群的工资下降,而收入顶端人群的工资持续上升。其他国家和地区也出现类似的情况,由于"技能偏向性技术变迁"(skill biased technical change)的加速出现以及市场对熟练工人的需求增长等原因,非熟练工人和低技能工作的相对工资趋于恶化。第二,就技能来说,工作正变得越来越复杂,工作所需的平均技能水平在最近几十年中也逐渐提升。在德国,要求工作者具有高等教育学历作为入职条件的工作比例从1985年的11%上升到2001年的16%。但与之相随的是,工人和工作之间的匹配出现了问题。一方面是那些没有掌握足够技能的工人所面对的压力越来越大,另一方面是那些取得高等教育学历的人从事与其学历不相称的工作。第三,就工作自主权和雇员参与来说,北欧国家的工作自主权与其他国家相比是较高的,但并没有确凿的数据能够证实它存在一般的增长趋势;而从20世纪80年代到90年代,英国工人的工作自主权却持续下降,尽管工人参与决策的机会稍有增长,但他们对日常工作任务的控制和影响下降了。第四,就工作需投入的精力来说,各国的情形趋于一致,随着智能手机和笔记本电脑(这两者使得工作挤占了人们的空闲时间)、呼叫中心(将工作任务瞬间传递给工人,并且能够近乎完美地对工作投入进行监控)、全面质量管理(这需要灵活工作并掌握多方面技能)等新设备和新管理手段的普及,个人的工作投入精力被不断强化。第五,就工作保障性来说,很难认定全球经济的结构性变迁降低了工作稳定性,因为一方面男性工人的平均工作聘期稍有下降,另一方面女性工人的平均工作聘期却增加了。

二 国家之间工作质量模式的差异性

在新制度主义和比较政治经济学(Soskice,1999,2005;Hall &

Soskice, 2001) 的影响下, 近年来很多学者采用"生产体制理论"(Production Regime Theory) 来解释各国之间在工作质量模式上的差异。生产体制理论认为, 雇主协作的模式和技能形成体制的结构在创造各种经济组织模式上起着核心作用。该理论认为, 在协调制市场经济 (coordinated market economies) 和自由市场经济 (liberal market economies) 之间, 工作质量存在重要差异。对前者来说, 通过职业培训系统, 雇员普遍具备专门化的技能, 由于无法有效监督雇员的工作, 雇主需要和雇员分享权力, 这就使得雇员代表机构和行业工会的作用非常突出, 而且技能专门化还使得雇主无法轻易地招聘和解雇雇员, 相反地, 他们需要与雇员发展长期关系并向雇员提供更大的工作保障。但对于后者来说, 由于缺乏强有力的职业培训系统, 雇员普遍缺少专门化技能; 企业强调快速的技术创新, 实施高度的单边管理控制, 造成了工会的边缘化, 而市场规则也允许雇主以较低成本招聘和解雇雇员。由此生产体制理论认为, 在协调制市场经济中, 工作质量的各维度都在"好"的一端聚集, 表现为更高的技能水平、更高的个人工作自主权、更深入的小组工作、更大的工作场所代表权、雇员有效地参与决策制定, 以及更高的工作保障性等。相反地, 自由市场经济则是协调制市场经济的一个镜像, 它在工作质量各维度上的表现与后者刚好相反。

但是, 邓肯·加列研究发现, 生产体制理论对各国工作质量模式的解释力非常有限。加列指出, 两种市场经济之间除了在雇员技能这一维度上显示出差异外, 在其他维度 (工作自主权、工作参与、工作保障等) 上的表现均与该理论不甚相符。比如, 就工作自主权维度来说, 作为协调制市场经济的德国, 在整体工作自主权指数上的得分 (1.83 分) 不仅低于欧盟平均水平 (1.99 分), 而且低于英国 (2.15 分), 而后者作为典型的自由市场经济国家, 其得分和芬兰 (2.16 分) 基本一样。又比如在工作保障维度上, 丹麦虽然属于协调制市场经济, 但它的工作持续期模式与英国类似。加列认为，生产体制理论过于强调雇主在塑造制度结构上的作用，忽视了历史背景、政府政策、产业和劳资关系等因素的影响（Gallie，2003，2007a）。相应地，加列提出了"就业体制理论"（Employment Regime Theory），他认为，就制度因素对工作质量的影响来说，最重要的是政府的就业政策（充分就业政策、就业权益、福利供给）和劳工的相对组织能力（Gallie & Russell，2009）。霍尔曼利用加列的就业体制理论重新解释了欧洲各国之间的工作质量差异。与生产体制理论主要关注协调制市场经济和自由市场经济之间的差异不同，霍尔曼的研究采取了另外一种制度区分，即把27个欧洲国家划分为社会民主体制国家（北欧国家，即丹麦、芬兰和瑞典）、大陆体制国家（德国、法国、奥地利、比利时、卢森堡和荷兰）、自由体制国家（英国和爱尔兰）、南欧体制国家（意大利、西班牙、葡萄牙、塞浦路斯、希腊和马耳他），以及转型体制国家（中东欧国家，包括保加利亚、捷克、爱沙尼亚、匈牙利、拉脱维亚、立陶宛、波兰、罗马尼亚、斯洛伐克和斯洛文尼亚）。霍尔曼发现，高质量和低质量的工作在这些体制中的分布（比例）是不同的。高质量的工作在社会民主体制国家中更为普遍，因为政府的就业政策倾向于促进充分就业，并把就业权益扩展至全体人民，与此同时，组织化的劳工有强大的实力去影响企业和政府内部的决策制定。与此相反，在南欧体制国家和转型体制国家中，低质量的工作更加普遍，因为这些国家的政府很少想着去促进就业权益，并且劳工也缺乏影响就业和工作环境的能力。因此霍尔曼指出，在工作质量上的这些跨国差异模式与加列所提出的就业体制理论是吻合的（Holman，2013）。

最新的一种体制理论，即"竞争体制理论"（Regime Theory Competition）是由马特·维达尔提出的。维达尔认为，影响工作质量类型的是一个国家的竞争体制。竞争体制可以分为福特制和后福特制，这两种体制塑造了雇主的认知和决策，并决定了工作质量各维度之间的组合。具体来说，福特制是由供给驱动的大规模生产和泰勒制管理方法相结合的产物,它奉行凯恩斯的干预主义经济政策以及劳资和谐,这创造了一种寡头垄断竞争的市场结构,在大型的核心企业中,普遍建立了内部劳动力市场,员工有丰富的培训和晋升机会,并且工资是与所处职位而非个人特征相关的。在福特制下,组织起来的劳工在影响管理方提供高质量工作方面具有更重大的作用,即使是低自主权的工作也可以获得体面的工资(decent wage)。但近年来,由于受到高度激烈的国际化竞争的压力,雇主逐渐从福特制转向后福特制。后福特制根植于灵活生产模式,它以新泰勒制或后泰勒制管理方法为基础。在后福特制中,外部化的雇佣关系逻辑占据支配地位。后福特制强调精简的组织结构和市场调节的雇佣关系,后者包括由市场来决定工资、去工会化,以及强调雇员绩效等。后福特制对工作质量的主要方面具有负向影响,在后福特制下,构成高工作质量的各种元素(高工资、培训和晋升机会、工作保障)逐渐消失或者减少(Vidal, 2013; Findlay et al., 2013)。维达尔的理论更多的是一种历时分析,即他隐含地指向了西方国家从福特制竞争体制向后福特制竞争体制的转型,以及由此带来的工作生活质量的恶化趋势。总的来看,维达尔的理论与凯勒伯格等人近年来所强调的西方国家的工作质量变化趋势是较为一致的。

以上我们从工作质量总体分化趋势的角度介绍了西方国家的一些理论和经验研究。这些研究对我们的启示大体有如下几个方面:第一,客观工作质量的类型主要受经济结构(包括产业结构、职业结构和企业结构等)和劳动力市场的影响;第二,宏观结构性因素对客观工作质量的影响是通过调整雇主和雇员的雇佣关系(生产体制)来实现的;第三,各国制度的多样性(就业体制)导致宏观因素所产生的结果并不趋同,即客观工作质量存在诸多可能模式;第四,工作质量的各维度存在多种组合形式,在好工作和坏工作之间存在很多中间类型或者混合类型。下面一节将主要从中国劳动力市场变化的角度来分析影响我国工作质量模式和变迁的宏观因素。之后，我们将利用统计模型来具体分析我国客观工作质量的分化模式。

第二节　中国经济结构和劳动力市场

工作质量研究的一个流行观点认为，国家的产业结构对工作质量模式具有决定性影响，简单来说，即第一产业（农业）和第二产业（工业）造就了大量低质量的工作，而随着第三产业（服务业）的发展，新的工作和职业被创造出来，这些构成了高质量工作的主要来源。我们在第一章中论述工作质量研究的缘起时，就指出服务业的不断扩大及由此带来的管理问题是引发工作质量研究的一个重要原因。事实上，社会学关于中间阶层的大量研究也是在这个背景下进行的，虽然几乎完全没有关注有关工作质量的话题，但是它们对中间阶层生活方式的关注几乎总是需要把因果链的源头拉回到工作场所中去，即回到这些阶层所面临的工作条件和雇佣关系上去（米尔斯，1986；Dahrendorf，1959；Giddens，1973）。另外一种比产业结构视角更细化的观点，则是把工作质量的分布模式与行业和职业分类联系起来。这种观点认为，工作质量是由一系列微观的工作条件和工作特征所决定的，而行业（industries）和职业（occupations）作为各种工作所聚集的小环境，其内部的工作质量分布理应具有相当程度的同质性。在工作质量研究领域，大多数学者是循着职业分类来划分工作质量类型的，因此整个社会中总体工作质量的好坏就与各种职业的成长和衰退密切相关（Kalleberg，2011）。比如，在凯勒伯格的研究中，销售和服务行业构成了低质量工作的来源；行政支持、手工艺和维修、精密仪器生产、机器操作等职业构成了中间质量工作的来源；而管理职业、专业职业以及技术职业则属于高质量工作（Kalleberg，2011：64）。

根据上述两种观点，我们可以尝试推测中国的工作质量分布情况。从产业结构来看（见图 2-1），第一产业和其他两大产业的就业人员数之间长期维持着巨大差距，直到 2002 年左右这种差距才开始缩小。在 1992 年之前，第一产业的就业人员数总体是增长的，而在这之后，则总体上在下降；第二产业和第三产业的就业人员数总体上在上升，不过第二产业的就业人员数一直低于第一产业，直到 2013 年，两者才接近一致；第三产业的就业人员数在 1994 年超过了第二产业，此后直到 2011 年才首次超过第一产业。2006 年，三次产业就业人员数的比例分别为 42.6%、25.2% 和 32.2%（国家统计局，2014），第一产业的就业人员数明显多于其他两大产业。2013 年，三次产业就业人员数的比例分别为 31.4%、30.1% 和 38.5%（国家统计局，2014），基本形成了三分天下的局面，不过第三产业已经逐渐占据优势。如果上述产业结构观点正确的话，那么我们似乎可以说，中国当前的工作质量情况应该也是三分天下的，即好工作、坏工作和中间型工作各占 1/3，而随着第三产业的增长，好工作的数量将越来越多。

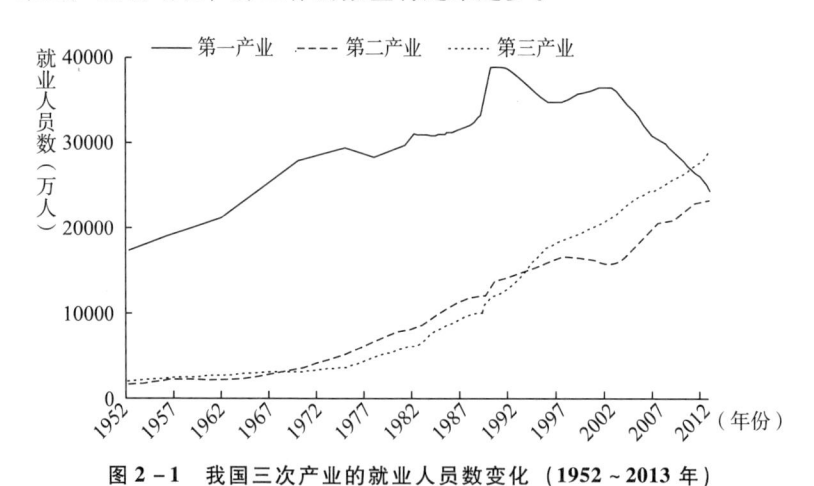

图 2-1 我国三次产业的就业人员数变化（1952~2013 年）

陆学艺（2004）提出的职业结构"趋高级化"命题可以视作从行业或职业结构角度窥探工作质量趋势的一种尝试。该命题认为，随着我国现代化和市场化取向的"双重转型"，产业结构出现重大调整，职业结构也发生显著变化，并且在整体上呈现低层次职业增速减缓，中高层次职业增速加快的发展形态。他发现，在三次全国人口普查期间，企事业管理者、专业技术人员、办事人员、商业人员和服务人员等5种职业的比重呈现上升趋势；工人的比重在1982~1990年下降，在1990~2000年有所回升，但未达到1982年的水平；而农业劳动者的比重则是持续下降的。总体来看，低层次职业从业人数下降了8.1个百分点，而中高层次职业增加了7.2个百分点，整个社会的职业等级结构在向上提升。随着职业等级结构的高级化，整体的工作质量也自然应该向着更好的方向发展。但我们针对全国统计数据的分析得出了与其不同的结论。我们所参考的数据来自《中国统计年鉴2014》中按行业分的城镇单位就业人员数，这一数据只统计城镇单位就业人员，没有纳入农村就业人员。根据图2－2可以明显看出，2006年，制造业、教育、公共管理、建筑业、交通运输业等行业的就业人员数位列前几名，其中制造业为3351万人，比排名第二的教育行业多出1倍有余。图中所表明的行业结构一直比较稳定，但近年来的一个突出变化是建筑业的迅速崛起，2013年，建筑业的就业人员数为2921万人，是排名第三的教育行业的1.73倍。为了清楚工作质量的分布情况，我们对这些行业进行合并，分别生成低工作质量行业、中间型工作质量行业和高工作质量行业。具体合并原则是：第一类，由农业、采矿业、制造业、电热燃气业、建筑业和批发零售业组成；第二类，由交通运输业、住宿餐饮业、信息软件业、房地产业、租赁服务业、水利环境业、居民服务业和文体娱乐业组成；第三类，由金融业、科学技术、教育、卫生和社会工作，以及公共管理组成。① 合并后的结果显示，2006年，三类行业所占比例分别为52.3%、14.4%和33.3%；2013年，这一比例分别为

---

① 这一合并原则基本上相当于国家统计局在1985~2003年所采用的四等级划分法（黄宗智，2010：186）。

57.5%、15.2%和27.3%。从这里我们可以看出，工作质量的分布呈现了"两头大、中间小"的形态，即低工作质量和高工作质量的职业多，而中间型工作质量的职业少。实际上，这一结论与凯勒伯格关于美国工作质量模式的研究结果非常一致，即出现了他所谓的"两极分化的职业结构"（Kalleberg，2011：63-71）。

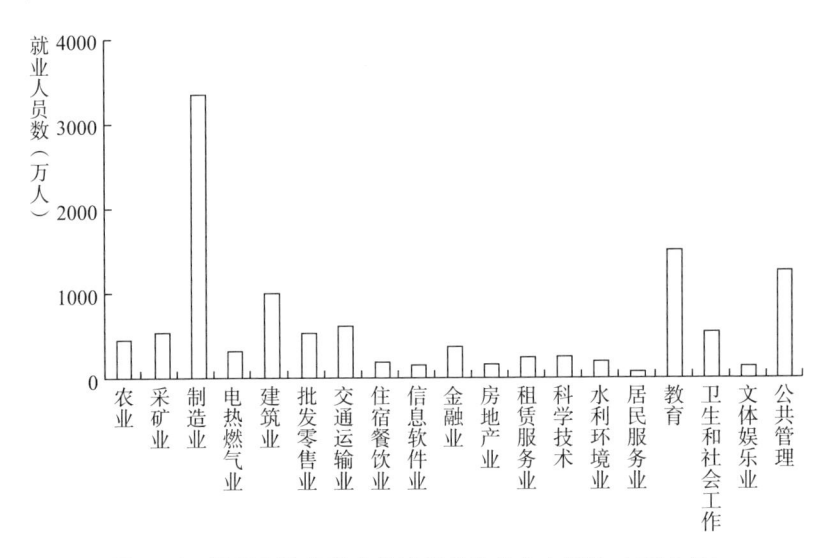

图2-2 国民经济各行业的城镇单位就业人员数（2006年）

在上述两种观察经济结构和工作质量状况的视角之外，还存在第三种方式，即从就业单位类型的角度来分析劳动力的分布状况以及工作质量模式。国家统计局发布的《中国统计年鉴2014》中，关于就业人员数的统计，一个重要的组成部分就是"按（单位的）登记注册类型"来划分的就业人员数。这种划分方式首先把城镇和乡村区分开来，然后在内部分别按照单位类型来做进一步的划分（国家统计局，2014）。根据《中国统计年鉴2014》我们可以发现，自改革开放以来，我国城镇就业人员分布的一个总体趋势是，集体单位就业人员数持续下降，目前已经微不足道；国有单位就业人员数先上升（1980~1997年）然后急速下降（1998年以来）；而在城镇个体、城镇私营企业以及城镇有限责任公司这三种单位类型中的就业人员数则总体在增加。从图 2-3 中我们可以看出，2006 年，在国有单位的就业人员数还远高于在其他单位的就业人员数，但到 2013 年，城镇私营企业就业人员数已经比国有单位就业人员数多出 1877 万人，与此同时，城镇个体、城镇有限责任公司的就业人员数也无限接近国有单位的就业人员数（分别为 6142 万人、6069 万人和 6365 万人）。

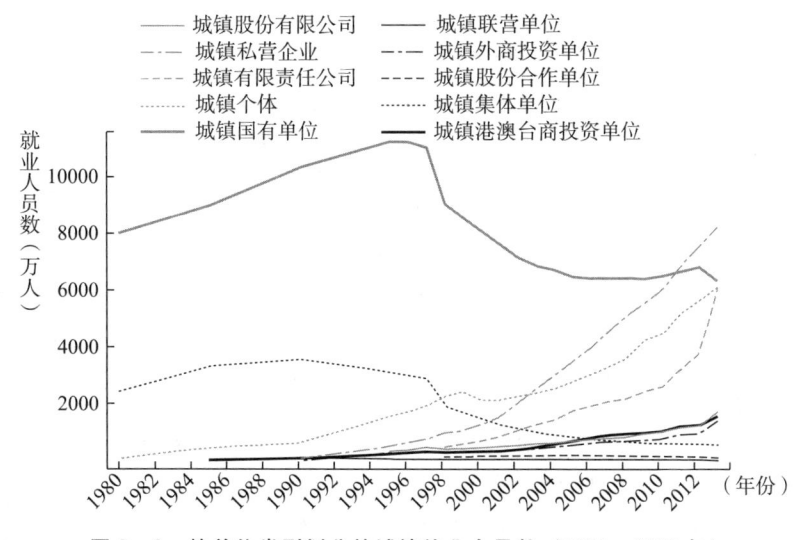

图 2-3 按单位类型划分的城镇就业人员数（1980~2013 年）

黄宗智采取了一种修正过的单位类型划分方式来统计我国的就业人员分布，即他提出的"三元分析框架"——正规经济就业、非正规经济就业和乡村就业（黄宗智，2010：172）。黄宗智认为，从产业结构或职业结构的视角出发来观察劳动力的分布，实际上背后秉承的是"现代化理论"的逻辑。这种理论逻辑认为，经济发展的过程就是三次产业线性演进的过程，在这个过程中，第一产业的剩余劳动力不断被吸收到第二产业和第三产业之中，农村人口大量流入城市，从传统部门进入现代部门，城乡二元经济结构随之破解。而第三产业的扩张所带来的一个重要结果就是工资收入的提高和工作条件的改善，以及相应的中间质量工作和高质量工作的增长。黄宗智指出，现代化理论的这种演进论并不符合中国现实，在中国"由农村流入城市的人口其实大部分没有进入现代部门而是进入了传统与现代部门之间"（黄宗智，2010：178），他用"非正规经济"（informal economy）来概括介于传统和现代部门之间的这种就业形态，非正规经济就业人员基本是缺乏就业保障、福利和法律保护的劳工（黄宗智，2010：165）。根据"三元分析框架"，黄宗智在计算相关数据后指出，2006 年，中国城镇就业人员总计为 2.83 亿人，其中正规经济就业人员为 1.15 亿人，占 40.6%；非正规经济就业人员为 1.68 亿人，占 59.4%（见表 2-1）。这里的非正规经济就业人员包括私营企业、个体户，以及未登记人员。如果把乡村就业人员也算作非正规经济就业人员的话，则非正规经济就业人员将占到就业总人员的 85%（黄宗智，2010：164~173、184~189）。黄宗智的这一估计与后来学者的研究结论大致相同。如根据朴之水（Albert Park）和蔡昉（Fang Cai）的研究，在中国城镇劳动力中，非正规经济就业人员的比例大概在 46%（包括自雇佣人员，以及没有登记的就业人员）和 68%（缺乏正式的法律保护）之间（Park & Cai，2011）。如果黄宗智、蔡昉等关于非正规经济的研究结论是正确的，那么我国整体工作质量的模式将完全不同于从产业结构和职业结构视角所得出的结论。

表 2-1 分城乡统计就业人员数

就业人员分布	2006 年 人员数（亿人）	2006 年 占比（%）	2013 年 人员数（亿人）	2013 年 占比（%）
城乡就业人员总数	7.640		7.698	
城镇就业人员总数	2.831	100	3.824	100
正规经济就业人员	1.149	40.6	1.782	46.6
国有单位	0.643	22.7	0.637	16.7

续表

就业人员分布	2006 年 人员数（亿人）	占比（%）	2013 年 人员数（亿人）	占比（%）
集体单位	0.076	2.6	0.057	1.5
其他单位	0.429	15.2	1.089	28.5
非正规经济就业人员	1.682	59.4	2.042	53.4
私营企业	0.395	14.0	0.824	21.5
个体户	0.301	10.6	0.614	16.1
未登记人员	0.986	34.8	0.603	15.8
乡村就业人员总数	4.809		3.874	
农业	2.863		2.417	
乡镇企业	1.468		0.709	
私营企业	0.263		0.428	
个体	0.215		0.319	

注：（1）该表 2006 年的数据主要根据黄宗智（2010：166、169）书中表格整理而来；（2）我们用《中国统计年鉴 2014》中 2006 年的数据细化了该年份正规经济就业人员的分布情况，并计算了 2013 年的相应数据；（3）城镇正规经济就业人员中的"其他单位"包括城镇的股份合作单位、联营单位、有限责任公司、股份有限公司、港澳台商投资单位以及外商投资单位；（4）城镇非正规经济就业人员数的计算是用《中国统计年鉴 2014》中的城镇就业人员总数为基数，减去每年经正规单位上报的人员数（黄宗智，2010：165~166）；（5）表中第三列和第五列我们只针对城镇就业人员数计算了不同部门中的人员占比，因为本书所讨论的主要是中国城市受雇人口的工作质量和雇佣关系。

以上我们分别从产业结构、职业结构和单位类型的角度，考察了我国整体工作质量的分布情况和模式。正如上面所描述的，在这三种视角下我们所看到的是迥然不同的景象。根据产业结构视角，随着第三产业的规模不断增大，第一产业和第二产业的就业人员数不断减少，劳动力不断流向第三产业，从而形成了一种以中间阶层职业为主的劳动力结构。这种结构的特点是承载了相当数量的中间质量工作，长期来看，中间质量的工作将占据绝对的优势。根据职业结构视角，随着经济的发展，提供高质量工作的职业和提供低质量工作的职业均得到发展,相反地,中间类型的职业则不断衰落。职业之间的分化越来越严重,工作质量的差别也越来越明显。根据单位类型视角,在传统部门和现代部门之间存在大量非正规经济部门,这些非正规经济既脱离传统部门,也无法"升级"为现代部门。总之,根据上述三种理论视角,我国总体工作质量的模式呈现三种不同的可能性。我们在图2-4中对这些可能模式进行了形象的表达。我们把这三种模式分别称作"橄榄型"、"长鼓型"① 和"烧瓶型"②。

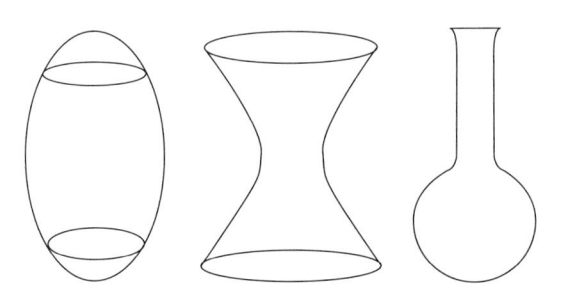

图2-4 不同理论推演的工作质量整体分布模式

上述三种模式哪一种最符合当前中国的实际情况呢?这是我们在本章剩下的部分所关心的问题。这三种观察视角和相应的模式看似都有数据的支持(我们在上面也提供了相关的数据分析),但这些数据都是在大的分类层次上的"聚合数据"(aggregate data)。这种数据和以此为基础的分析往往容易忽视各个大类的内部异质性,即那些微观的、更加具体的工作特征。我们本章下面的部分将使用中国综合社会调查2006年的数据(CGSS 2006),从微观角度,即具体的工作条件和工作特征的角度来研究我国城镇就业者整体的工作质量分化模式。

---

① 长鼓是流行于我国瑶族人民中的一种乐器,形状特点是中腰较细而两端稍粗。
② "烧瓶型"这一概括来自黄宗智(2010:187)的研究。

第三节 模型：潜在类别分析

在进行客观工作质量模式的分析，或者说关于工作质量类型（type of job quality）的分析时，学者们一般使用统计学上的因子分析（Factor Analysis）或聚类分析（Cluster Analysis）这两种方法。使用因子分析，首先需要从相关的工作质量指标中提取若干"因子"，然后按照因子得分（factor score）等标准将一系列工作进行分类；使用聚类分析，则是直接根据相关的工作质量测量指标对工作进行聚类，由此得出工作质量的各种类型。我们在本章第一节中介绍的霍尔曼的研究，就是采用了两阶段聚类分析，从38个与工作和就业相关的指标中得出了欧洲各国的工作质量类型（Holman，2013）。尽管在本领域的相关研究中得到普遍应用，但因子分析和聚类分析的缺点是很明显的。就因子分析来说，它只适用于潜变量为连续变量且呈正态分布的情形，而当潜变量为分类变量时（如我们的数据中所遇到的情形），因子分析就不适用了。聚类分析同样对定序和分类变量的处理方法不多，而且相对来说，聚类分析是一种适用性较差的统计技术，它在方法上很粗糙，在理论上也不完善，因为它不是以统计模型为基础的（何晓群，2008：58）。也就是说，聚类分析可以告诉我们每一个案例是如何被聚类到各组之中去的，但是它无法提供统计上有用的信息，比如某个给定案例被归入第一组和第二组的概率分别是多少，或者当给定案例在某一题项上的回答为"是"时，该案例被归入某一组的概率是多少（UCLA：Statistical Consulting Group[①]）。

鉴于以上所述的问题，在这一章中，我们将采用另外一种统计技术，即潜在类别分析（Latent Class Analysis）。这是一种用于分析定性/分类变量之潜在结构的统计技术，它在很多方面类似于

[①] http://www.ats.ucla.edu/stat/mplus/dae/lca1.htm.

用于分析定量/定距变量的因子分析。利用潜在结构分析，我们可以探究在若干二分的或者多分的显变量（manifest variable/indicator，可观测变量）之间的可观测的关系，是否能够从一个（或多个）潜变量（latent variable，不可观测变量）的角度得到解释。当我们证明若干显变量之间的可观测的关系可以从一个（或多个）潜变量的角度得到解释时，那么这一个（或多个）潜变量，在某种特定意义上，就可以被用来代替那若干个显变量（以及相应的若干个显变量的交叉分类）。由于潜在类别模型的统计原理和计算较为复杂，且用于潜在类别分析的成熟的统计软件比较少，因此到目前为止潜在类别分析在社会分层研究中的使用仍是比较有限的（Marsden, 1985; Birkelund et al., 1996; Evans & Mills, 1998）。

借助潜在类别分析这一统计技术，只要我们拥有与工作生活质量相关的指标或者维度（即外显变量），就可以探究出这些指标的组合模式（即潜在变量）。我们在第一章的第二节中阐述了工作生活质量的构成维度问题，并且在第一章的第三节中提出，工作生活质量的指标是工作特征的一个子集。基于这一论点，这里我们必须首先对"工作特征"这一概念做一番考察。各个学科在表述工作特征时，使用的术语不尽相同，例如有的使用"工作条件"（work conditions）（Bokemeier & Lacy, 1987; MacDermid et al., 1994）；有的使用"工作特征"（job characteristics）（Mannheim & Schiffrin, 1984; De Jonge & Schaufeli, 1998）；有的则使用"职业条件"（occupational conditions）（Staples et al., 1984）。

不仅在术语选择上不同，各个学科在具体定义工作特征时，也都有所侧重。例如，研究工作条件对工作满意度的影响的学者往往会侧重于工作特征的以下几个方面：（1）是否为工会成员；（2）具体从事的职业；（3）工作的自主权；（4）工作复杂度；（5）所有权；（6）监督等级；（7）工作的稳定性；（8）工作的小时数；（9）雇佣地位；等等（Kalleberg & Griffin, 1978; Miller,

1980；Quinn et al.，1974；Weaver，1978；Bokemeier & Lacy，1987）。研究组织行为学的学者则侧重于工作特征的以下三个方面：(1) 工作要求，包括工作是否有时间压力、是否要投入精力，以及工作的复杂性等；(2) 工作自主权，即工作者是否有权自由地决定一系列工作任务，比如工作方法、工作量，以及工作目标等；(3) 工作场所的社会支持，即工作者能否从同事或上级那里获得支持（Karasek，1979；Karasek & Theorell，1990；Johnson & Hall，1988；Wall et al.，1996；De Jonge & Schaufeli，1998）。除了这些之外，有的学者还研究了诸如职业的专业技术等级、是否全职工作、从事工作的目的、职业的晋升终点，以及工作角色张力等工作特征（Mannheim & Schiffrin，1984；Eden，1975；Dubin & Tausky，1965；Hall & Gordon，1973；Miller & Terborg，1979）。在社会分层研究中，学者们一般使用"雇佣条件"（employment conditions）这一术语来指称工作或职业特征。多萝西·魏登伯恩（Dorothy Wedderburn）和克里斯汀·克雷格（Christine Craig）是最早对雇佣条件进行系统研究的社会学家。她们在《工作中的相对剥夺》一文中，详细地研究了英国工业中的雇佣条件。在这项研究中，雇佣条件包括11项具体的内容：(1) 有无病假工资计划；(2) 有无养老金计划；(3) 计算应支付的养老金的方法；(4) 有无带薪假期；(5) 是否记录工作时间，这关系到迟到是否会扣减工资；(6) 在由于家庭原因而请假的这段时间内，是否仍会拿到薪水；(7) 有无晋升和职业生涯发展的机会；(8) 有无长期经济保障；(9) 有无年薪增长机制；(10) 工作环境的干净度、噪声、危险和舒适程度；(11) 能否自由走动或是否受到监督。她们认为，在这些方面，可以清晰地划分出两个截然不同的雇员群体（Wedderburn & Craig，1969）。

从上面的描述中，我们能够体会到工作特征这一概念的复杂性。因此，要想从工作特征的诸多维度中挑选出一个子集来构成工作生活质量的测量指标，也绝非一件容易的事情。正如我们在

第一章中所指出的,在实际的研究中,并不存在一个通用的工作生活质量的维度"清单"。不过通过对相关文献进行梳理我们可以发现,学者们提出的维度有很大一部分是重合的。例如,罗宾逊总结发现,几乎所有工作质量建构都涉及以下几个维度:工资、工作时间、工作条件、参与决策制定的权力、个人发展、保障性,以及社会整合(Robinson,1976;Taylor,1978)。芬德利等人认为,报酬、技能发展、工作时间、参与决策制定以及控制权等是大家普遍接受的工作质量维度(Findlay et al.,2013)。保罗·奥斯特曼则认为,工作质量的构成要素主要包括三个方面,即报酬、工作内容(工作多样性、控制权、压力和强度),以及雇佣合同的性质(Osterman,2013)。我们在表2-2中列举了近十年来,学者们在工作质量研究中用到的一些常见的维度。

表2-2 工作质量的典型构成维度

Clark,2005	Green,2006	Sengupta et al.,2009	Kalleberg,2011	Holman,2013
1. 报酬	4. 报酬	1. 报酬	1. 报酬和附加福利(灵活工作时间选项、是否提供工资增长机会)	3. 工资
2. 工作时间	2. 努力	2. 保障性	4. 工作时间	1. 工作组织
3. 未来前景(晋升和工作保障)	5. 风险和保障	3. 培训和晋升机会		2. 技能和发展
4. 工作困难程度	1. 技能	4. 工作压力程度		4. 保障和灵活性
5. 工作内容(兴趣、声望、独立性)	3. 自主权限	5. 自主权	2. 控制工作任务	5. 参与和代表权
6. 人际关系	6. 工作满意度		3. 内在报酬	

注:在该表中,我们以2005年安德鲁·克拉克(Andrew Clark)提出的工作质量维度为基准(Clark,2005),将此后一些学者提出的各维度与这一基准相对应。表中的数字表示的是各个研究者在提出这些维度时,给每个维度的排序,我们认为,这些排序反映了各个研究者对工作质量各维度的相对重要性所持的看法。

根据前人已有的研究，并结合我们手中可用的数据集（下面会介绍），我们所界定的工作生活质量的维度是比较宽泛的，它们包括如下几个方面：报酬、工作保障性、晋升机会、工作中的权威关系、工作自主权、技能和资格证书，以及工作时间和工作模式等。除此之外，我们还加入了一个重要维度，即工作者是否与雇主签订了劳动合同。借用英国社会学家大卫·洛克伍德（David Lockwood）的术语，我们可以把工作生活质量的各维度归结为两大类，即工作状况和市场状况（Lockwood，1958）。根据洛克伍德原初的界定，工作状况（work situation）指的是一组社会关系，这些关系涉及个人在劳动分工中的位置；市场状况（market situation）是指狭义上所认为的经济位置，它由收入的来源和规模、工作保障性以及向上的职业流动机会构成。在这里，工作状况主要包括工作中的权威关系、工作自主权、技能和资格证书、工作时间和工作模式等；而市场状况则主要包括报酬、工作保障性以及晋升机会等。

就目前我们在国内可获得的全国性抽样调查数据而言，在问卷设计的题项中能够全面地包含工作生活质量相关维度的，似乎只有 CGSS 2006。该数据调查的年份距今已经十余年，鉴于我国经济结构，尤其是劳动力市场结构的变化，用此数据进行的模型分析所揭示的工作生活质量模式可能已经无法准确反映今天的实际情形。我们在本章的后面会解释影响工作生活质量模式变动趋势的因素，据此推测近年来我国工作生活质量的变化情形，但我们在这里仍殷切希望新的可用的数据集能够尽早出现。下面，我们在表 2-3 中列出 CGSS 2006 中涉及工作生活质量的各维度，它们构成了我们进行潜在类别分析时的外显变量。

表 2-3　代表客观工作质量的外显变量（构成维度）

	劳动合同		
contract	有无劳动合同		

续表

工 作 状 况			
工作时间			
onclock	有无固定的上下班时间	*ovtime*	加班是否有加班工资
工作模式和工作特征			
*pattern*1	是否每天工作重复	*pattern*2	是否清楚每天工作
*pattern*3	是否遵循标准程序	*pattern*4	是否长时间工作
*pattern*5	是否为重体力劳动	*pattern*6	是否身体频繁移动
*pattern*7	是否思维快速反应	*pattern*8	是否工作姿势固定
*pattern*9	是否工作环境整洁		
技能和资格证书			
train	工作是否需要培训	*credenti*	是否获得资格证书
管理位置和权威			
authori	是否在管理位置		
*authori*1	有无人员调动权力	*authori*2	有无生产经营权力
*authori*3	有无财务决策权力	*authori*4	有无奖罚决策权力
*authori*5	有无任务分配权力	*authori*6	有无安排时间进度权力
*authori*7	有无设定程序方法权力	*authori*8	有无监督执行工作权力
工作自主权			
autotask	工作任务内容由谁决定	*autopace*	工作进度安排由谁决定
autoamou	工作量或工作强度由谁决定		
监督和提意见			
superv	有无被频繁检查工作	*command*	领导安排工作的方式
voice	能否自由表达意见		
市 场 状 况			
收入和奖金			
*income*1	收入是否来自单位	*income*2	收入是否稳定
*income*3	是否以工资和奖金为主	*income*4	年终奖多还是少

续表

市场状况				
收入和奖金			
*income*5	收入与职位等级是否相关	*income*6	收入与个人业绩是否相关
*wage*1	月工资与个人业绩是否相关	*wage*2	月工资是否稳定
*bonus*1	奖金与个人业绩是否相关	*bonus*2	奖金是否稳定
社会保障福利			
*benefit*1	有无公费医疗	*benefit*2	有无基本医疗保险
*benefit*3	有无补充医疗保险	*benefit*4	有无基本养老保险
*benefit*5	有无补充养老保险	*benefit*6	有无失业保险
*benefit*7	有无住房补贴		
晋升机会			
*promot*1	是否获得过职务职称晋升	*promot*2	是否获得过工资等级晋升
upintra	在本单位是否有晋升机会	*upout*	更换单位后是否有晋升机会

第四节　客观工作质量的分化

一　客观工作质量各维度的组合模式

在上一节中列出了工作生活质量的各个维度，我们的目的是通过潜在类别分析，检验这些维度能否将受雇佣者（雇员）显著地区分为不同群体，也就是说，要通过模型探究工作生活质量的各维度呈现怎样的组合模式。为了简化模型的计算，我们对上述各维度进行了简化处理，把所有相关变量全都重新编码为二分变量。举例来说，对于工作自主权维度所涉及的三个变量，即工作任务自主权、工作进度自主权和工作强度自主权，原始问卷中是以定序变量来测量的，区分为完全由自己决定、部分由自己决定和完全由他人决定。我们在模型中将部分由自己决定和完全由他人决定合并为"由他人决定"，将完全由自己决定界定为"由自己决定",从而使相应的三个指标全部简化为二分变量。对于其他存在类似情形的变量,归并简化的原则与我们对工作自主权维度的处理是一样的,这里不再一一介绍。

我们从只有一个潜在类别的基准模型开始,逐渐增加潜在类别的数目,最多的潜在类别个数设定为16个。在潜在类别模型中,当样本数在千人以上时,可用 BIC(贝叶斯信息准则,Bayesian Information Criterion)指标来判断和比较模型的拟合优度(邱皓政,2008:39、57;Lin & Dayton,1997)。从模型的 BIC 值判断,在我们的工作生活质量潜在类别分析中,当模型的潜在类别数大于8个时,BIC 值开始下降。表2-4列出了潜在类别数为8~16个的模型(模型1到模型9),从表中的模型结果可以看出,当潜在类别数为12个时(即模型5),模型的 BIC 值在前7个模型中最小(115532.8),这说明12个潜在类别能够最大限度地解释外显变量的变异。这实际上是说,工作生活质量的各个维度倾向于存在12种不同的组合模式。

表2-4 潜在类别模型的比较(纳入全部维度)

		LL	BIC(LL)	Npar	L^2	df	p-value
模型1	8-Cluster	-57690.7	117180.6	215	44793.46	4093	4.2e-6715
模型2	9-Cluster	-57281.7	116588.5	242	43975.41	4066	8.8e-6568
模型3	10-Cluster	-57091.5	116434.0	269	43594.95	4039	9.2e-6507
模型4	11-Cluster	-56726.9	115930.8	296	42865.82	4012	4.3e-6377
模型5	12-Cluster	-56414.9	115532.8	323	42241.91	3985	3.4e-6268
模型6	13-Cluster	-56433.4	115795.6	350	42278.78	3958	2.6e-6289
模型7	14-Cluster	-56280.2	115715.3	377	41972.49	3931	6.4e-6243
模型8	15-Cluster	-55981.4	115343.5	404	41374.77	3904	3.5e-6139
模型9	16-Cluster	-55890.9	115388.5	431	41193.78	3877	1.9e-6117

我们画出了模型 5（潜在类别数为 12 个）的条件概率图（conditional probability profile）。图 2-5 中的每一条折线代表一种潜在类别，即工作生活质量的一种组合模式。从图 2-5 中可以看到，工作生活质量的大部分维度呈现分化，但是在一些维度上的分化并不明显。比如，不长时间工作这一维度，所有的组合在这一维度上的条件概率都低于 0.5，虽然这一维度落入各个组合模式的条件概率在 0.2 和 0.5 之间，但是与其他维度相比，这一维度上的分化程度实际上是比较低的。在不是重体力劳动这一维度上，各个组合模式的条件概率基本在 0.5 和 0.8 之间，分化程度相对也不是很明显。其他分化程度不明显的维度还包括需要培训、有职业资格证书、有内部晋升机会、有外部晋升机会等。这些维度在各个潜在类别上的条件概率基本上低于 0.5 或者高于 0.5。这意味着尽管各个潜在类别在这些维度上存在一定程度的分化，但是各潜在类别在相应维度所代表的"状况"和"机会"上或者大都没有，或者大都存在。比如，就是否长时间工作维度来说，图中显示各潜在类别不长时间工作的条件概率都低于 0.5；又比如，就在本单位是否有晋升机会维度来说，图中显示各潜在类别有内部晋升机会的条件概率都低于 0.5。

鉴于工作生活质量的一些维度并未表现出明显的分化，所以我们对一开始的潜在类别模型进行了简化，去掉了那些分化不明显的维度。我们用剩余的维度重新拟合了 9 个潜在类别模型（模型 10 到模型 18）。同前面一样，我们把最多的潜在类别个数设定为 16 个。从模型的 BIC 值判断，当模型的潜在类别数大于 8 个时，BIC 值开始下降。表 2-5 列出了潜在类别数为 8~16 个的模型（模型 10 到模型 18），从表中的模型结果可以看出，当潜在类别数为 14 个时（即模型 16），模型的 BIC 值最小（88440.33），这说明 14 个潜在类别能够最大限度地解释外显变量的变异。

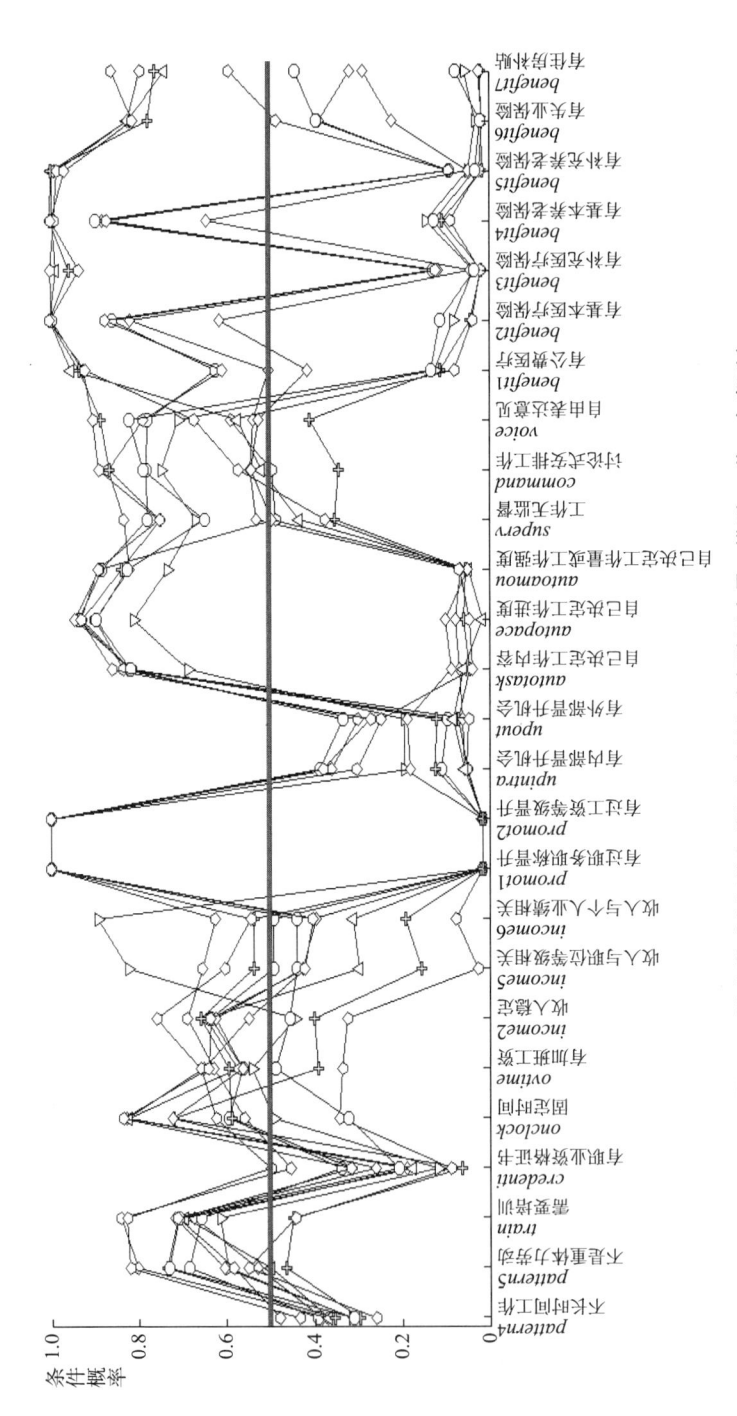

图 2-5 潜在类别分析的条件概率（纳入全部外显变量，模型5，共12个类别）

注：该图由LatentGOLD软件绘制而成，无法给出图例，只能起到示意作用。

表 2-5 潜在类别模型的比较（精简维度）

		LL	BIC（LL）	Npar	L^2	df	p-value
模型 10	8 - Cluster	-44433.5	90264.42	167	22128.45	4141	2.4e-2402
模型 11	9 - Cluster	-44113.5	89800.24	188	21488.54	4120	2.8e-2297
模型 12	10 - Cluster	-43804.8	89358.53	209	20871.10	4099	1.1e-2196
模型 13	11 - Cluster	-43545.3	89015.25	230	20352.08	4078	1.1e-2113
模型 14	12 - Cluster	-43383.9	88868.27	251	20029.37	4057	4.8e-2065
模型 15	13 - Cluster	-43119.0	88514.09	272	19499.46	4036	9.4e-1981
模型 16	14 - Cluster	-42994.2	88440.33	293	19249.97	4015	5.4e-1945
模型 17	15 - Cluster	-42939.9	88507.51	314	19141.41	3994	1.8e-1933
模型 18	16 - Cluster	-42839.6	88482.55	335	18940.72	3973	3.8e-1906

从模型拟合优度的角度来看，14 个潜在类别能够最好地呈现工作生活质量的分化模式。下面我们画出了模型 16（潜在类别数为 14 个）的条件概率图。从图 2-6 中可以看出，工作生活质量的各种组合模式之间在所有维度上均表现出或大或小的分化。其中最为引人注目的是晋升机会和工作自主权这两个维度。在这两个维度上，工作生活质量的各个组合模式呈现两种截然相反的类型，一种类型中有过职务职称晋升和有过工资等级晋升的条件概率接近于 1，在工作自主权的三个方面的条件概率也非常高；而另一种类型中有过职务职称晋升和有过工资等级晋升的条件概率接近于 0，在工作自主权的三个方面的条件概率也非常之低。这里还有两组模式显得比较奇特，其中一个模式晋升机会的条件概率极高，但工作自主权的条件概率非常低；而另一个模式虽然晋升机会的条件概率极低，但拥有工作自主权的条件概率非常高。除了这两个维度之外，我们看到在社会保障福利维度上，各个组合模式的分化也极其明显，但有补充医疗保险和有补充养老保险给工作生活质量的组合模式增加了不确定性。

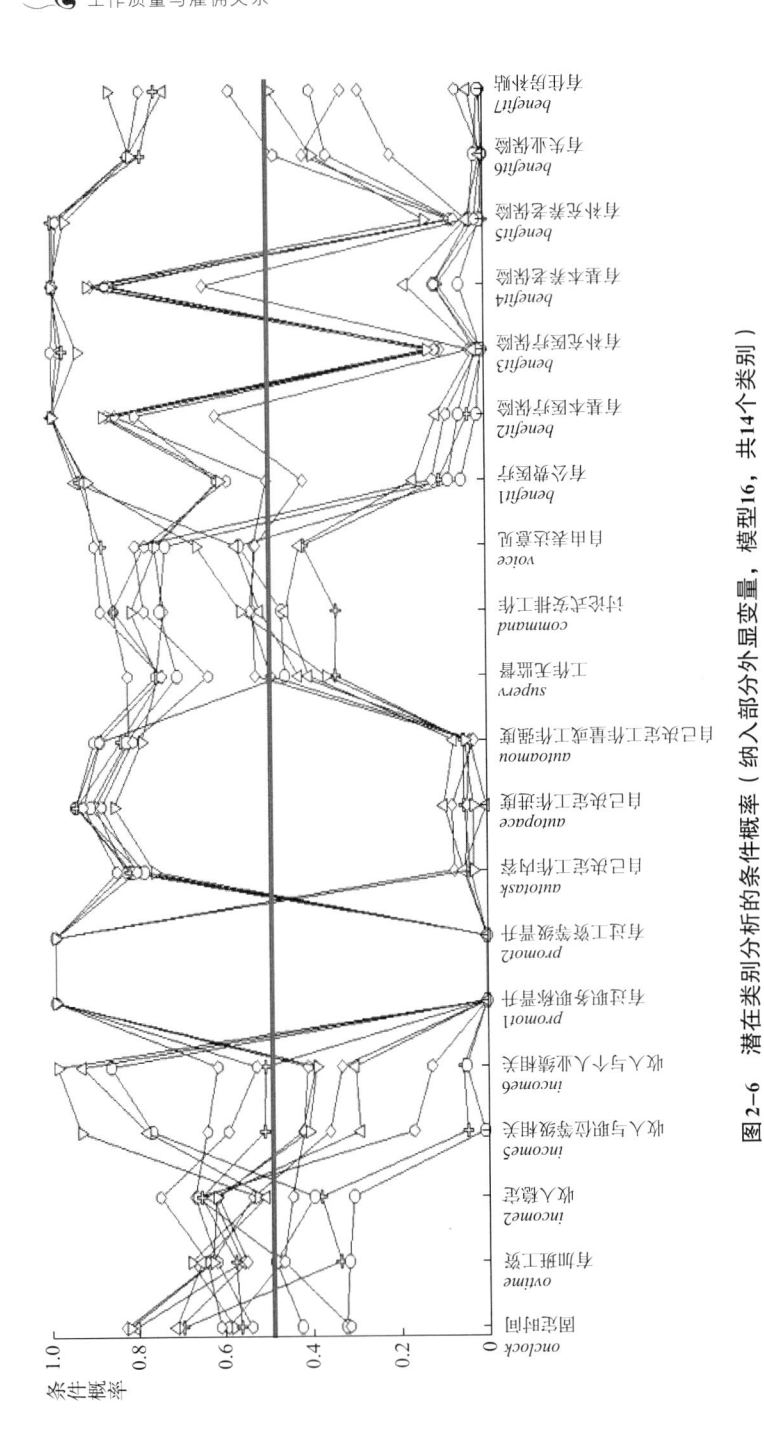

图 2-6 潜在类别分析的条件概率（纳入部分外显变量，模型16，共14个类别）

注：该图由LatentGOLD软件绘制而成，无法给出图例，只能起到示意作用。

在表 2-6 中，我们展示了工作生活质量的 14 种组合模式，列出了这些组合模式在主要构成维度上的表现，并且给出了对应的其他一些相关变量（月收入、受教育年限、工作经验、合同年限和职业声望）的统计。从表中可以看到每一种工作生活质量模式在各个维度上的表现，比如在第 1 种组合模式中，工作者的上下班时间很固定，其工资收入与个人业绩无关，在过去的 3 年内没有获得职务职称的晋升，也没有获得工资等级的晋升，没有工作自主权，不能自由地向直接主管表达不同意见，并且没有任何社会保障福利（公费医疗、基本医疗保险、基本养老保险、失业保险以及其他各种补充保险）。而在第 4 种组合模式中，工作者的上下班时间虽然也是固定的，但有一定的灵活空间来自由安排，其工资收入与个人业绩相挂钩，在过去的 3 年内曾获得过职务职称的晋升，也曾获得过工资等级的晋升，具有高度的工作自主权，可以自由地向直接主管表达不同意见，并且有基本的社会保障福利（公费医疗、基本医疗保险、基本养老保险以及失业保险）。除此之外，我们还能够发现，工作生活质量的各种组合模式除了少数极端情况之外，大多数不是"全好"或"全坏"的组合。比如有的组合模式有高度的工作自主权，却没有社会保障福利；有的组合模式虽然工作自主权很低，但有完整的社会保障福利；等等。

从图 2-7 中也可以直观地看到模型 16 中潜在类别 1 和潜在类别 4 的比较。

二 客观工作质量模式的简化及其变化趋势

尽管上述 14 个类别能够很好地拟合样本数据（CGSS 2006），但无论从实用性的角度，还是从理论解释的角度，这些类别都显得太多了。我们按照一定的规则（平均月收入的三分位数）把上述 14 个类别进一步合并为 3 个类别，并将其分别命名为：（1）坏

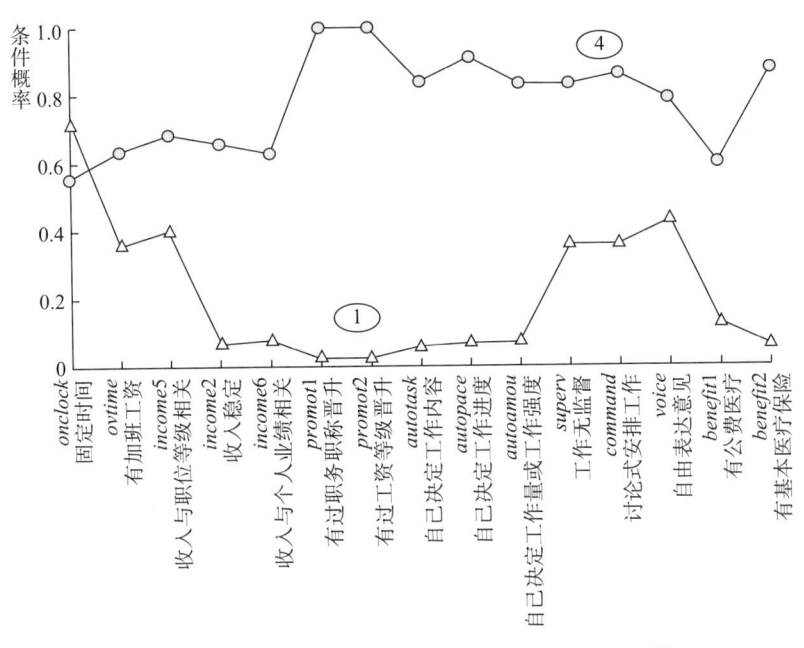

图2-7 模型16中潜在类别1和潜在类别4的比较

工作;(2)中间型工作;(3)好工作。我们在表2-7中列出了三分类工作质量的分布。可以看到,在全部工作中,坏工作的比例为53.9%,中间型工作的比例为23.5%,好工作的比例为22.5%。合并后的坏工作所占的比例(53.9%)与第二节中利用职业结构和单位类型划分的结果较为一致:根据前者划分,坏工作的比例为52.3%;而根据后者划分,坏工作的比例为59.4%。另外,合并后的中间型工作和好工作的比例(23.5%和22.5%)与前述两种划分的结果之间存在较大差距:根据职业结构划分,中间型工作占到14.4%,好工作占到33.3%;在黄宗智的"三元分析框架"中,则压根没有区分出城镇就业中的中间型工作(黄宗智,2010:164~173、184~189)。总的来看,各种划分方式在区分所谓的"坏工作"上有着相似的效果,但在区分"中间型工作"和"好工作"上差异很大。

第二章 客观工作质量

表 2-6 工作生活质量的各种组合模式（构成维度及其相关变量）

排序	比例（%）	上班时间	个人业绩	有无晋升	自主权	自由度	社会保障	月收入（元）	受教育年限（年）	工作经验（年）	合同年限（年）	职业声望（得分）
第1种	16.64	很固定	无关	无	无	无	无	589.29	9.02	9.62	14.4	37.44
第2种	13.35	很固定	无关	无	无	一般	基本	894.62	9.92	17.05	27.3	39.79
第3种	10.65	不固定	无关	无	高度	一般	无	907.07	9.31	10.38	15.15	39.51
第8种	5.50	固定	高度	无	有	有	无	968.16	10.17	10.05	9.18	41.81
第5种	7.75	很固定	无关	有	高度	高度	基本	1007.00	10.46	18.63	36.33	46.12
第6种	6.73	固定	无关	无	无	一般	完整	1007.56	9.96	20.72	27.25	40.32
第9种	5.29	固定	无关	有	高度	一般	基本	1055.05	11.03	13.62	15.74	41.95
第12种	3.27	固定	无关	有	无	高度	完整	1081.94	11.13	21.65	28.66	51.31
第13种	3.27	很固定	无关	无	高度	一般	完整	1397.04	11.07	16.40	28.95	42.38
第10种	4.99	不固定	无关	有	无	高度	无	1427.42	11.46	7.94	5.50	45.54
第7种	5.92	固定	相关	有	高度	高度	基本	1598.00	11.15	17.07	28.37	46.47
第4种	9.29	固定	相关	无	高度	高度	基本	1709.26	12.85	12.55	15.97	53.20
第14种	2.67	固定	高度	无	高度	高度	完整	1807.26	11.97	17.23	25.23	50.63
第11种	4.67	固定	相关	有	高度	高度	完整	2727.53	12.85	16.49	24.66	53.30

注：表中的各个类别（组合模式）按照它们的月收入从低到高进行了排序。

59

表2-7 合并后的工作质量类型（三分类）

工作质量类型	比例(%)	月收入（元）	受教育年限（年）	工作经验（年）	合同年限（年）	职业声望（得分）
坏工作	53.9	824.6	9.6	12.9	3.2	40.1
中间型工作	23.5	1170.8	10.8	15.9	7.4	43.6
好工作	22.5	1904.8	12.3	15.1	10.5	51.1

我们在表2-7中还列出了其他一些相关变量，如月收入、受教育年限、工作经验、合同年限，以及职业声望（国际社会经济地位指数，ISEI）。从中可以发现，工作质量的三种类型之间在这些变量上存在显著的差异。为了更直观地展示这种差异，我们分别画出了这三种类型的月收入的累积分布函数（Cumulative Distribution Function）曲线。从图2-8中可以看出，这三种工作质量类型的月收入的分布形态具有显著差异。在好工作中，月收入为1000元及以下的概率约为0.4，在中间型工作中这一概率接近0.6，而在坏工作中，这一概率就上升到约0.8，这意味着在坏工作中有80%的工作者月收入不足1000元。

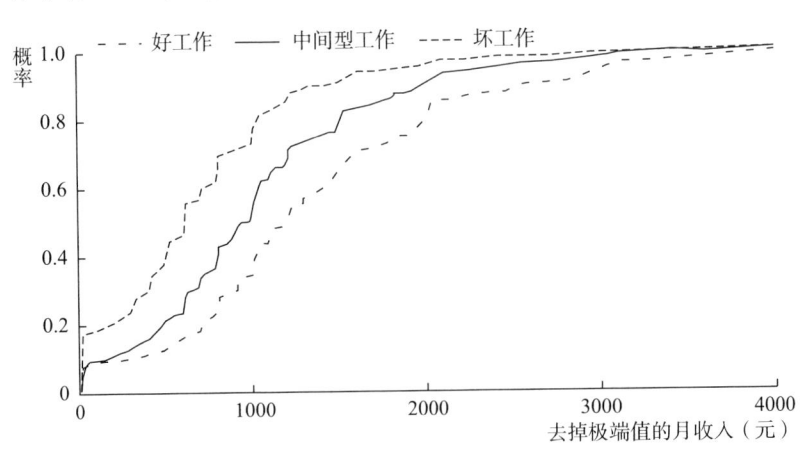

图2-8 三种工作质量类型的月收入比较
（累积分布函数）

上面我们使用 CGSS 2006 的数据，考察了我国城镇受雇人口的客观工作质量的分化模式。为简化讨论起见，我们在得出潜在类别分析的结果之后，又以工作所产生的收入为基础对各个工作质量类别进行了合并。当然，收入并不能完全代表工作质量的其他维度，但正如本书在各章中多次证明的，收入与工作的其他很多特征是紧密相连的，因此收入"可以被认为是更为一般的工作质量属性格式塔（Gestalt）的一个指示器"（Wright & Dwyer, 2003）。上面对客观工作质量分化模式的分析是一个静态的考察，加之使用的数据距今已过去十年有余，因此在条件允许的情况下，我们应尽可能地进一步考察工作质量模式随着时间推移而产生的变化趋势。前面第二节对产业结构变化、职业结构变化和单位类型变化所做的讨论，实际上已经在进行这方面的工作了。这里我们借鉴埃里克·奥林·赖特（Erik Olin Wright）和蕾切尔·E.德维尔（Rachel E. Dwyer）提出的方法，进一步从行业或职业结构以及收入的角度来考察这种变化（Wright and Dwyer, 2003）。具体来说，这一方法要求我们首先计算各个行业或职业细类的月收入平均值或者中位数（这里选用平均值进行分析），然后按照计算出的月收入平均值对各行业或职业进行排序，再把它们分为 5 个小组，每个小组均包含约 20% 的样本量。赖特和德维尔的目的主要是研究在各个工作扩张和紧缩时期发生的工作质量结构变化，因此需要在扩张或紧缩开始时将各工作质量类型进行五等分，以观察其随时间推移而发生的增减变化。我们这里不涉及这种动态变化，但五等分的划分方法仍然是必要的。通过上述步骤，我们用 CGSS 2006 的数据建立了 2006 年的工作质量五等分组，用 2017 年中国城镇居民工作环境调查数据（CWES 2017）建立了 2017 年的工作质量五等分组。由于这两次调查由不同的单位执行，它们采用的职业分类和行业分类编码规则不尽相同，我们这里尽可能进行对应，并删除了不可比的行业分类（下面的结果仅使用了行业细类的月收入平均值数据）。在删除不可比的行业分类之后，我们重新计算了各工作质量分组占全部样本的比例,并在图2-9中展示了采用这一方法所得到的结果。从中可以明显看出,十余年来我国城镇居民的工作质量分化模式的确经历了某种"两极化"的发展,这再次印证了我们在本章第二节中从行业或职业结构角度得到的发现。

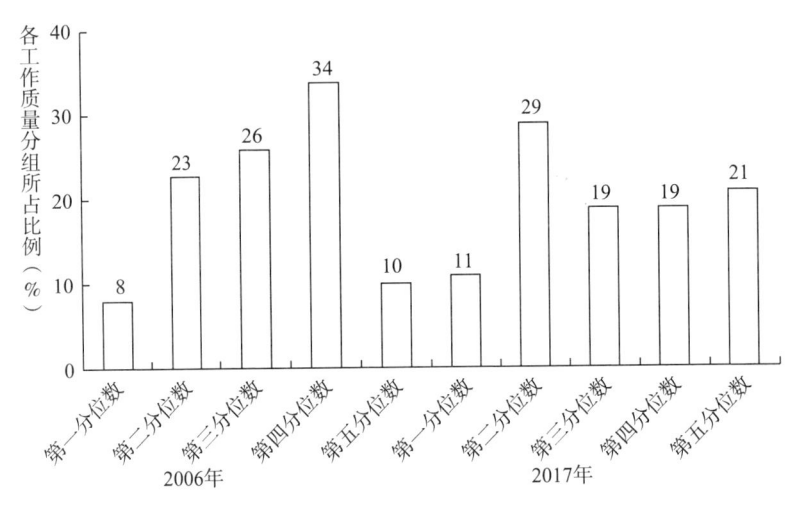

图2-9 客观工作质量分化模式的历史变化（2006年、2017年）

第五节 雇佣关系分化：对工作质量模式的一种解释

我们在上面用CGSS 2006对我国城市雇员的工作生活质量进行了考察,结果发现,工作生活质量的各个维度呈现多种组合模式,且这些组合模式之间在一些相关变量上也表现出了显著差异。为了简便起见,我们根据模型结果,划分出了三种工作生活质量类型,即好工作、中间型工作和坏工作。我们现在的问题是,什么因素导致了城市雇员的工作生活质量出现分化？换句话说,为什么在现实世界中会存在好工作、中间型工作和坏工作这样的划分呢？

我们在本章的第一节中曾经指出，客观工作质量的类型主要受经济结构和劳动力市场的影响，第二节的内容就是按照经济结构（产业结构、职业结构等）来考察工作质量的类型。而一个国家的经济结构形态与其技术发展水平、国家政策和劳动力市场的变化密切相关。一些学者指出，我国自20世纪90年代以来的国有和集体企业改革、农民工进城务工潮等极大地推高了不稳定就业的比例（Solinger, 2001; Lee & Kofman, 2012）。此外还有学者指出，中国长期以来所倚赖的出口拉动型的经济增长模式，也导致了低工资部门的扩张（Kalleberg, 2012）。

但很明显的是，求助于经济结构和劳动力市场因素的解释并不充分，因为我们不知道为什么不同的经济结构会对应于不同的工作质量类型。我们在前面提出的一个观点认为，宏观结构性因素对客观工作质量的影响是通过调整雇主和雇员的雇佣关系来实现的。这意味着，在宏观结构性因素所设定的约束和限制（也是"机会"）之下，最终决定工作质量的是在微观层面上雇主和雇员各自所采取的策略，这些策略以雇佣关系的形式得以呈现。从统计模型的角度来看，这就是说，雇佣关系构成了宏观经济结构因素（自变量）和工作质量结果（因变量）之间的中介变量（mediating variable）[①]。图2-10给出了一个"经济结构—雇佣关系—工

图2-10 宏观经济结构、企业雇佣关系和工作质量分化之间的因果链条

[①] 我们倾向于认为雇佣关系在这里起到的是中介变量的作用，而不是调节变量（moderating variable）的作用。后者意味着自变量和因变量之间的关系是调节变量 M 的函数，这类似于一种交互效应（interaction effect），这与我们在这里的理论设想是不太相符的（温忠麟等，2012: 71、81~82; 杰卡德、图里西, 2011: 269）。

作质量"的因果链条，在这一章的最后，我们就来对雇佣关系理论加以阐述，并借此来解释工作质量的分化。

一 权威关系和自主权的分化

早期的雇佣关系研究大多集中在它的权威和自主权维度上。早在1951年，经济学家赫伯特·西蒙就提出应把雇佣契约（employment contract）与商品买卖契约（sales contract）区分开来。西蒙认为，新古典经济学对雇佣关系的理解是极度抽象的和不切实际的。由于把雇佣关系等同于一般的商品交换关系，经济学忽视了雇佣契约中的特性，并且忽视了实际管理过程中最重要的方面，即雇主和雇员之间的权威关系。在买卖契约中，卖者一旦售出商品，就不再关心买者如何去使用这一商品；但在雇佣契约中，劳动者在出售他的劳动的同时，也就意味着他自己要服从于雇主的权威（Simon，1951）。1958年，社会学家大卫·洛克伍德在研究英国的职员阶级（black-coated worker/clerk）时提出，要重新考虑作为一个总体的工人阶级内部的分化问题。他认为，职员/办事人员群体在市场状况、工作状况和地位状况等三个方面均不同于传统的产业工人阶级，其中的工作状况指的就是雇员在劳动的"行政分工"中的位置，即雇员在组织中的权威或地位等级（Lockwood，1958）。1959年，阿瑟·斯廷奇科姆在一篇著名的论文中，对"行会式"管理和"官僚制"管理做了区分。在官僚制管理中，无论是产品还是工作过程，都是由不属于一线工作小组（work crew）的管理者提前计划好的；与此相反，在行会式管理中，管理者和工人之间有着特殊的权威关系和特殊的工作分工原则，工人对生产过程有着实际的控制权（Stinchcombe，1959）。鉴于组织中权威关系的重要性，达伦多夫提出的观点是，"与生产方式的所有权相比，权威是一种更为一般的且更具重要意义的社会关系"，因此，他认为应该从权威关系分化的角度来考察组织中的不平等（Dahrendorf，1959）。

二 报酬水平和工作稳定性的分化

1971年,经济学家彼得·多灵戈和迈克尔·皮奥雷出版了他们的《内部劳动力市场和劳动力分析》一书,由此引发了持续30余年的"分割劳动力市场理论"研究。在这本书中,多灵戈和皮奥雷区分了两种市场,即初级劳动力市场(primary labor market)和次级劳动力市场(secondary labor market)。这两种市场主要是按照雇佣关系稳定性特征来区分的,具体来说,初级劳动力市场的工作既要求稳定的工作习惯,通常也要求具备工作技能,工资较高,而且存在晋升阶梯。次级劳动力市场的工作既不要求也不鼓励稳定的工作习惯,工资较低,离职率较高,很少有晋升阶梯(Doeringer & Piore, 1971)。1975年,威廉姆森、瓦克特和哈里斯从交易成本经济学的角度对雇佣关系分化做出了解释。威廉姆森等人认为,雇佣关系中存在各种重要的组织特征,即多灵戈和皮奥雷所指出的有关"入职通道、职务层级、明争暗斗、申诉程序"等问题的治理规则。威廉姆森等人认为,劳动交换不同于一般的市场交换,因为劳动力市场存在"双边垄断",即一旦雇佣关系被建立起来,那么终止雇佣关系就会给双方都造成损失。而之所以存在双边垄断,主要是因为存在专用性技能和监督难题。威廉姆森等人指出,技能通常是以一种"干中学"(learn by doing)的方式来获得的,因此不能在各个雇主之间完全转移,技能必须被嵌入一种保护性的治理结构,以防止雇佣关系被随意终止而造成生产价值的损失。同时,由于在很多情况下,雇主无法具体监测到雇员的产量或努力程度,所以雇主就必须诱使雇员与之合作。具体来说,雇主不会寻求没有限制的管理权威或者试图签订一份覆盖每一种偶然情况的协议,而是要建立一种治理结构,在这种结构中,雇主和雇员可以交换信息,并且解决随时出现的各种问题。由于雇员拥有的人力资产的专用性程度不同,并且雇主面临的监督问题的困难程度不同,所以雇员之间就会出现分化,从临时性的日工到通过内部劳动力市场绑定的终身雇员。对于那些拥有高度专用性人力资产的雇员，组织会发展内部劳动力市场，提供长期雇佣关系来留住并且激励雇员，而对于其他雇员则执行灵活雇佣，甚至是根据需要采取按日雇佣的方式（Williamson et al.，1975）。

三 晋升机会的分化

1981年，索伦森和凯勒伯格提出了开放的雇佣关系（open employment relationships）和封闭的雇佣关系（closed employment relationships）的概念。他们认为，除了工人的自主权，即对工作活动的控制之外，对"工作进入"（entry of work）的控制是区分雇佣关系的另一个重要维度。对工作进入的控制是一个连续统。在其中一端，雇主可以在任何时候替换在职者。雇佣合同在每个很短的时间间隔内被重建，而雇佣关系对外面的人来说是完全开放的。在另一端，雇员"拥有"工作，除非现在的在职者自愿离开使得空缺得以形成，否则没有其他人可以进入。于是就业的时间跨度完全被雇员所控制，而雇佣关系对外面的人来说是封闭的。索伦森和凯勒伯格认为，新古典经济学所假定的在工人工资和边际生产力之间的连接，可以适用于开放的雇佣关系，但在封闭的雇佣关系中则不再成立。在封闭的雇佣关系中，雇员之间的竞争发生了实质性变化，即从工资竞争变成了对空缺职位的竞争。在空缺职位的竞争中，雇员收入上的变化取决于内部劳动力市场中的空缺链，因此晋升机会的生成和个人生产能力的任何变化之间没有必然的联系。雇员可能会在没有提升自身生产力的情况下而获得职位晋升机会，反过来，雇员在生产能力上的改变也不必然导致其获得晋升机会（Sorensen & Kalleberg，1981a）。

在上面我们主要按时间线索对几种主要的雇佣关系理论做了介绍，从中可以明显看出，这几种理论分别集中在雇佣关系的几个不同维度上：权威关系与自主权、报酬水平与工作稳定性，以及晋升机会等。实际上，这几个维度正是工作质量的核心维度。人们对于雇佣关系分化的原因有着不同的解释，因而对于雇佣关系分化的最根本维度以及这种分化对雇主/雇员的行为所造成的影响也就有不同的看法。但是，很多经济学家和社会学家认为，雇佣关系是沿着一个连续统而分化的。例如，大卫·威克列姆（David Weakliem）认为，在雇佣关系连续统的一端是临时性劳动，劳动关系接近于纯粹的市场交换；在另一端是"官僚制"组织，其中"规则"处在核心位置（Weakliem，1989）。与此相类似，阿恩·L. 凯勒伯格（Arne L. Kalleberg）和约恩·罗盖（Jorn Rognes）认为，雇佣关系连续统的一端是关系型交换（relational exchange），另一端则是交易型交换（transactional exchange）。在关系型交换中，组织和雇员之间存在紧密关联；而在交易型交换中，组织会寻求灵活性，而减少它们对雇员的义务，即增加对临时性工人和各种形式的合同工的使用（Kalleberg & Rognes，2000）。总的来看，学者们在雇佣关系存在分化这一事实上有着基本共识，这些理论中所包含的共同的核心思想与我们前面提出的逻辑链条也是一致的，即不同的产业和职业汇聚了具有不同特征（受教育年限、技能水平）的工作者，雇主会根据工作者的不同特征而"匹配"不同的雇佣关系，而这最终导致了工作者在工作质量上的分化。

第三章 主观工作质量

第一节 主观工作质量及其测量

第一章着重论述的问题之一,就是客观工作质量和主观工作质量的区分问题。我们在概念上把两者区分开来是建立在这样一个事实前提基础之上的:同样的工作条件和工作特征可能在不同的人那里得到不同的认知和评价。我们在这里遵循达夫·以丽佐(Dov Elizur)和塞缪尔·沙耶(Samuel Shye)的观点,把主观工作质量定义为"个人主观所体验的工作质量"(Elizur & Shye, 1990)。

在有了主观工作质量的定义之后,剩下的问题就是:如何来测量个人对工作的"主观体验"呢?工作生活质量研究中的一个普遍假设和普遍做法是,用工作满意度来测量工作生活质量(Clark, 2011;Brown et al. , 2012;Osterman, 2013)。我们在第一章中曾经引用西肖尔的观点:"关于工作质量的流行观点是建立在这样一个假设之上的,即个人自己对于满意或不满意的经验定义了他的工作质量。"这一观点为工作生活质量研究提供了框架(Seashore, 1974),使得大多数研究者把工作生活质量等同于工人对其工作和工作环境的满意度(Taylor, 1974),并且用工作满意度作为测量工作质量的指标(Mirvis & Lawler, 1984;Seashore, 1975;Sheppard, 1973, 1975;Kalleberg, 1977, 2011:16, 164;Loscocoo & Roschelle, 1991)。

我们在第一章的因果关系设定中指出,工作满意度是工作生活质量(客观工作质量和主观工作质量)的结果。如果这一设定是正确的,并且如果上面所说的"主观工作质量等于工作满意度"这一观点也是正确的,那么我们的因果链条就变成了"满意度决定满意度",这样一来,在概念上就陷入了不能自洽的尴尬境地。如果工作生活质量和工作满意度指的是同一个东西,那么人们为什么还要发明出两个概念呢?实际上,尽管大多数学者使用工作满意度作为工作生活质量的测量指标,但是他们普遍认为工作生活质量不仅仅指的是工作满意度,并且意识到用工作满意度作为工作质量的测量指标存在严重问题(Mirvis & Lawler, 1984;Seashore, 1975;Sheppard, 1975)。我们在第一章中已经指出了反对者阵营提出的两个理由。第一个理由,工人视角下的工作质量和组织视角下的工作质量存在差异,工人的满意状态可能会损害组织的生产效率,组织视角下的工作质量需要工人具有一定程度的不满意(Lawler, 1975;Nadler & Lawler, 1983)。第二个理由,工作满意度源自现实状态和理想状态之间的差距,它只能测量"阿尔法变化"(即随着时间的推移,由工作条件的变化导致的变化),而工作生活质量除了包含"阿尔法变化"之外,还包含"贝塔变化"和"伽马变化",后两者受到工作条件、评价参照点,以及个人的观点和优先考虑重点的变化的影响。这意味着,当我们用工作满意度来测量主观工作质量时,我们无法在结果中区分出:(1)客观工作质量的影响;(2)工作者本人的期望和价值观的影响(Golembiewski et al., 1976;Martel & Dupuis, 2006;Kalleberg, 2011;Osterman, 2013)。除了这些理由之外,我们在后面还会提供其他的理由来证明工作质量和工作满意度之间不能画等号。

研究者对于工作质量和工作满意度之间的关系的认识,反映在了他们的测量里面。为了更加清楚地认识工作质量的测量方法以及概念之间的关系,我们来看在两个实际的调查问卷里面,学者们所采取的做法。第一个问卷是美国密歇根大学的罗伯特·奎因（Robert Quinn）等人在 1972~1973 年开展的"就业质量调查"（Quality of Employment Survey）问卷，其中对工作特征和工作满意度进行了测量（Quinn & Shepard, 1974；Quinn et al., 1975）。表 3-1 列出了"就业质量调查"中用于测量工作特征（工作报酬）的题项，为了便于比较，我们根据这些题项所对应的维度对它们进行了重新组织，还在表中列出了各个题项在原始问卷中的序号，关于各题项所对应的维度，可参考 Kalleberg（1977）。

表 3-1 "就业质量调查"问卷中对工作报酬的测量
（1972~1973 年）

测量维度	原始序号	题目描述（是否同意）
内在报酬	4	我有机会发展我自己的专门能力
	8	工作很有趣
	20	我可以看到我的工作成果
便利性报酬	5	上下班都很方便
	7	我没有被要求做过量的工作
	19	周围物理环境很舒适
	21	我可以忘记我的私人问题
	22	我有足够的时间来完成我的工作
	24	我没有遇到他人对我提出相互冲突的要求这样的烦恼
	25	工作时间很好
经济报酬	10	报酬很好
	13	工作保障性很好
	18	我的附加福利很好
合作者报酬	1	我有大量机会结识朋友
	3	我的同事很友善，也肯帮忙
	28	我共事的人对我有私人兴趣
职业生涯报酬	2	我有很好的晋升机会
	27	晋升机会很公平
	29	我的雇主会给予每一个人以前进的机会

续表

测量维度	原始序号	题目描述（是否同意）
资源充足报酬	6	我得到足够的帮助和装备来完成我的工作
	9	我得到足够的信息来完成我的工作
	11	我被给予大量自由来决定如何完成我的工作
	12	我被给予机会来完成我最擅长的事情
	14	我要去解决的问题非常困难
	16	我的责任得到了清晰的界定
	17	我得到足够的权威来完成我的工作
	15	我的上级监督者很胜任他的工作
	23	我的上级监督者很关心他底下人的福利
	26	我的上级监督者能成功让人们一起工作
	30	我的上级监督者非常友善
	31	我的上级监督者能切实帮助我完成我的工作
	32	我共事的人能切实帮助我完成我的工作
	33	我共事的人很胜任他们的工作
	34	我共事的人都很友善

在上述"就业质量调查"问卷中，除了要求被访者回答对一系列工作特征的感知之外，问卷还对工作者的整体工作满意度进行了测量。我们把相关的五个题项列在下面。

1. 你对你的工作的满意度如何？
2. 你会向你的朋友推荐这一工作吗？
3. 你计划要在下一年寻找一份新工作吗？
4. 如果给你一次选择机会，你还会做目前的工作吗？
5. 目前这份工作是否符合你当初找工作时所设定的要求？

第二个问卷是耶鲁大学的 J. 理查德·海克曼（J. Richard Hackman）和格雷格·奥海姆（Greg Oldham）在 1974 年左右设计

的一套名为"工作诊断调查"（Job Diagnostic Survey）的问卷[1]，该问卷的目的是"在工作设计之前对工作进行诊断，以及评估工作设计对工作者的实际影响"（Hackman & Oldham，1974，1975）。该问卷共测量了四组变量：(1) 工作维度；(2) 心理状态；(3) 情感反应（个人结果）；(4) 个人成长需求强度。我们这里关心他们对于工作维度和情感反应的测量。在"工作诊断调查"问卷中，海克曼和奥海姆用了两个部分（第一部分和第二部分）来测量工作维度（job dimension）。这两个部分都要求被访者尽可能客观地描述他们的工作，问卷中明确提示被访者"在回答这部分问题时不能显示他多么喜欢或多么不喜欢他的工作。相反地，被访者需要让自己的回答尽可能地精确和客观"。具体来说，问卷共测量了5个核心工作维度和2个附加维度，包括技能多样性、任务完整性、任务重要性、工作自主权、工作反馈，此外还有来自监督者和同事的反馈，以及与其他人的合作。在问卷中，海克曼和奥海姆用一个部分（第四部分——个人结果）来测量情感反应（affective reaction）。这一部分要求被访者回答对其工作中的某些具体方面是否满意。具体来说，问卷共测量了1个整体工作满意度和5个方面的特定满意度，包括工作保障性、报酬、社交、监督以及成长。

表3-2列出了海克曼和奥海姆的"工作诊断调查"问卷中有关工作维度（客观测量）和情感反应（主观测量）的相关题项，为了便于对比，我们按照各个题项所测量的具体内容对它们进行了重新组织，表中的数字代表在原始问卷中各题项的序号。

---

[1] 我们在附录里面会详细地介绍海克曼和奥海姆的"工作诊断调查"量表以及其他相关量表。

表3-2 "工作诊断调查"问卷中客观和主观测量的对比（1974~1975年）

工作维度（客观：是否同意）	情感反应（主观：是否满意）
1. 工作要求我使用许多复杂的或者高水平的技能	1. 拥有的工作保障性
5. 工作非常简单并且都是重复的	11. 未来在这一组织中的保障性
3. 工作的安排使我没有机会从头到尾做完一件完整工作	2. 获得的报酬和附加福利
11. 工作提供机会让我从头到尾完整地完成一件工作	9. 对于我为组织所做的贡献，我得到公平的报偿的程度
8. 在这份工作中，很多其他人会受到这个活干得有多好的影响	4. 在工作中交流和共事的同伴
14. 就更大范围来讲，工作本身不是非常有影响，或者非常重要	7. 在工作中认识和了解其他人的机会
2. 工作要求我与其他人进行大量合作	12. 在工作中帮助他人的机会
6. 工作可以由一个人单独来完成——无须和其他人交流或者相互检查	5. 从老板那里获得的尊敬和公平对待
9. 这份工作不允许我有任何机会使用我的个人主动性或者判断力来完成工作	8. 从监督者那里获得的支持和指导
13. 工作给我提供了大量机会独立和自由地完成任务	14. 从工作中获得的监督的整体质量
4. 干完工作所要求的那些活使我有很多机会了解我干得有多好	3. 通过完成工作所能获得的个人成长和发展
12. 工作本身很少提供什么线索，让我了解我是否出色地完成了任务	6. 从完成工作中所获得的成就是值得的
7. 监督者和合作者几乎从来不会给我任何反馈，让我了解我干得有多好	10. 在工作中可以运用的独立思考和行动
10. 监督者经常让我知道我的工作完成得有多么出色	13. 工作的挑战性

基于上述的讨论前提，并且基于实际的调查问卷，本节剩下的部分将讨论三组概念之间的关系问题：（1）客观工作质量和主

观工作质量之间的关系;(2)局部工作满意度和整体工作满意度之间的关系;(3)工作生活质量和工作满意度之间的关系。

一 客观工作质量 VS 主观工作质量

把 1972 年的"就业质量调查"问卷（Quinn & Shepard, 1974; Quinn et al., 1975）和 1974 年的"工作诊断调查"问卷（Hackman & Oldham, 1974, 1975）加以对比，将会是非常有意思的。我们会看到，上述两个问卷都涉及一些共同的题项，比如它们都问到了工作者在工作中获得的工作保障性、报酬和附加福利、工作中的同事和合作者、工作中的上级监督等。但是，在题项的设问方式上，这两个调查有着原则上的不同，比如，在"就业质量调查"中，问卷询问被访者是否同意（在多大程度上同意）"工作保障性很好"这一说法；而在"工作诊断调查"中，问卷询问被访者是否满意（在多大程度上满意）"拥有的工作保障性"。

你对你的工作特征的描述是否同意？（13. 工作保障性很好）

1. 非常同意　2. 比较同意　3. 稍微同意　4. 毫不同意

你对你的工作的这些方面是否满意？（1. 拥有的工作保障性）

1. 极度不满意　2. 不满意　3. 有些不满意　4. 中立　5. 有些满意　6. 满意　7. 极度满意

从表面上来看，由于设问方式的不同，这两个调查所测量的是不同的东西，比如，就"工作保障性"这一问题来说，"就业质量调查"测量的是客观状态（工作者认为工作保障性很好或者很差），而"工作诊断调查"测量的是主观感受（工作者对工作保障性满意或者不满意）。然而，如果我们仔细琢磨一下，就会发现这种区分并不牢靠。在"就业质量调查"中，当我们询问被访者是否同意以及在多大程度上同意"工作保障性很好"这一描述时,被访者实际上是以他们对这一问题的满意程度为基础来进行回答的,也就是说,如果他们对工作保障性感到满意,他们就会认为工作保障性很好(即同意问卷中的陈述);而如果他们对工作保障性感到不满意,他们就会认为工作保障性很差(即不同意问卷中的陈述)。事实上,在"就业质量调查"中,研究者正是用这些题目来对工作满意度进行测量(Quinn & Shepard,1974:50-69)。在数据使用者那里,这一点也是非常明确的。凯勒伯格指出,"就业质量调查"所测量的是"感知到的工作特征"(perceived job characteristic),他将其明确地定义为"从特定工作维度中所获得的满意度"(Kalleberg,1977)。

从上面的讨论中,我们自然就会提出这样的问题,即"客观工作质量何以可能(测量)"?为了回答这个问题,我们再次回到前面的第二个问卷上,即海克曼和奥海姆的"工作诊断调查"问卷。按照我们在这里的术语,在"工作诊断调查"问卷中,工作维度测量对应的应该是客观工作质量,而情感反应测量对应的应该是主观工作质量[①],虽然海克曼和奥海姆在他们的问卷和研究中并没有明确这样的指定。海克曼和奥海姆的问卷设计似乎意味着,在调查问卷中对客观工作质量和主观工作质量进行区分是可以实现的。但是,我们很清楚这样一个事实,即研究者对于工作特征和工作维度的"客观"测量受被访者(工作者)主观认知和评价的干扰。克里斯托弗·詹克斯(Christopher Jencks)、劳瑞·比尔曼(Lauri Perman)和李·雷恩沃特(Lee Rainwater)指出,客观工作质量和主观工作质量之间的界限绝不是那么严格的,很多客观工作特征的测量明显掺杂着主观性因素(Jencks et al.,1988;Kalleberg & Vaisey,2005)。凯勒伯格甚至还认为,在不同的人群之间是无法测量客观工作质量的,因为一方面与工作相关的特征

[①] 我们后面还会对此进行更详细的分析。

和福利非常之多，研究者很难把它们综合到一起；而另一方面也是更为重要的，工作质量包含主观因素，人们对工作特征的评价和赋予每一个工作特征的权重是千差万别的，所以很难（在群体之间）达成一个整体的工作质量评价（Kalleberg，2011：164）。①詹克斯等人以及凯勒伯格的这些观点自有其道理，但我们认为，区分客观工作质量和主观工作质量，无论是在理论上还是在操作上，都仍然是可行的。（1）工作生活质量的确包含非常多的维度，但这些维度的分布并非杂乱无章，而是呈现某种规律。正如我们在第二章中的分析所表明的，客观的工作特征相互之间有着多种组合模式，这些模式是由一系列因素决定的，但从根本上来说，它们是雇佣关系连续统的结果，反映了雇主和雇员的相对力量。从这个意义上来说，工作特征之间的组合本身是一种"实然"状态（as it is），无所谓还需要由工作者或者研究者把它们"综合到一起"。（2）和詹克斯等人一样，我们承认被访者的主观认知影响对客观工作特征的测量，但是这种影响的程度是有限的，它一方面取决于具体的工作特征，另一方面则取决于题项的设问方式。很多的工作特征，比如工资的支付方式（按日取酬、年薪制、计件工资、计时工资），加班是否有加班工资，工作是否有晋升阶梯，都是"客观上可验证的事实"（福勒，2010：8）。

二 局部工作满意度 VS 整体工作满意度

在实际的研究和概念操作化中，人们一般会区分局部工作满意度和整体工作满意度。简单来说，局部工作满意度就是询问被

---

① 凯勒伯格的观点非常有趣。他一方面指出，从群体角度来说，由于涉及主观因素，所以无法测量整体的客观工作质量；另一方面又明确指出，从个体角度来说，工作满意度作为一个全局性概念（global concept），可以对整体的工作质量进行评价，而无须识别和测量所有的工作报酬和福利。因为工作者有能力平衡与工作相关的有利方面和不利方面，从而得到一个对工作状况的整体评价（Kalleberg，2011：164-165）。

访者（工作者）对一系列具体工作特征的评价或者满意程度；整体工作满意度则是要求被访者（工作者）综合考虑相关因素，对工作状况做出一个整体的满意度评价（Kalleberg，1977；Scarpello & Campbell，1983；Ironson et al.，1989；Brown et al.，2012）。根据这里的定义，在上面的"就业质量调查"中，有一组题项测量的是局部工作满意度，还有一组题项测量的则是整体工作满意度。

长期以来，工业与组织心理学家以及社会学家一直致力于解决的问题就是，局部工作满意度和整体工作满意度之间的不匹配问题。比如，根据1969年的美国"工作条件调查"（1969 - 70 Survey of Working Conditions）中的数据，奎因和琳达·谢泼德（Linda Shepard）经过计算发现，局部工作满意度和整体工作满意度之间的相关系数为0.46，表明这两个测量抓住了同一个一般性的情感现象（工作满意度），但与此同时也表明，工作者对工作的更加整体的反应并不能够完全从他对特定工作方面的满意度中加以预测，或者反过来说，工作者对工作的更加整体的反应并不能够完全地预测他对特定工作方面的满意度。这说明，局部工作满意度和整体工作满意度是不能够互换的（Quinn & Shepard，1974：50）。

相对来说，工业与组织心理学家投入了更多的精力来讨论局部工作满意度和整体工作满意度之间的关系。个中原因也非常简单，因为工作满意度是工业与组织心理学中的最核心和最重要的变量（斯佩克特，2010），学者们不能不对工作满意度的两种测量之间的关系加以重视。在工业与组织心理学中，有若干用于测量工作满意度的通用量表。比如，上面提到的海克曼和奥海姆的"工作诊断调查"问卷（Hackman & Oldham，1975），除此之外，还包括P. C. 史密斯、L. M. 肯德尔和C. L. 胡林提出的工作描述指数（Job Descriptive Index，JDI）（Smith et al.，1969），以及明尼苏达满意度问卷（Minnesota Satisfaction Questionnaire），等等。大量的实证研究表明，局部工作满意度和整体工作满意度之间的相关系数是非常小的（Ferratt，1981；Yeager，1981；Scarpello & Campbell，1983；Ironson et al.，1989）。G. H. 阿伦森等人认为，局部工作满意度之所以不等于整体工作满意度，是由以下几个方面的原因造成的（Ironson et al.，1989）。第一，局部工作满意度量表可能遗漏了一些对个人来说非常重要的领域，因此局部工作满意度不能充分测量整体工作满意度。第二，同样的道理，局部工作满意度量表可能包含一些对个人来说不那么重要的领域。第三，局部工作满意度量表可能同时包含描述性因素和评价性因素，但是它们不能充分反映个人的总体情感特征或者情感性（affectivity）。第四，回答局部工作满意度量表时的参考框架可能不同于回答整体工作满意度量表时的参考框架。比如说，局部工作满意度量表所带有的描述性质可能诱发更加短期的回应。第五，简单地把局部工作满意度加总，或者以线性方式把局部工作满意度合并成一个单维度指标，这种适用于所有人的方法可能无法抓住个人的独特性，也就是说，工作者个人在得出他自身的工作满意度时可能使用不同的方法来对各种因素进行加总。而整体工作满意度量表则允许被访者以自然的方式来得出其工作满意度水平，也就是说，按照他日常的思维方式，把工作状况的各个方面综合起来进行评价。

三　工作生活质量 VS 工作满意度

在讨论了上述两组概念之间的关系之后，下面接着来看工作生活质量和工作满意度之间的关系。我们在第一章中以及在本章的开头部分提出，工作生活质量不等于工作满意度。除了此前已经提到的理由之外，一些实证研究的结论也反对在工作生活质量和工作满意度之间画等号。罗伯特·布劳纳（Robert Blauner）的研究指出，一些处在明显很糟糕的工作中的人，却报告了很高的工作满意度（Blauner，1964）。詹姆斯·林肯（James Lincoln）和凯勒伯格对日本和美国的比较研究指出，虽然两国的雇员从事的是在客观特征上很相似的工作，但他们报告了非常不同的工作满意度（Lincoln & Kalleberg，1990）。安德鲁·克拉克（Andrew Clark）和安德鲁·奥斯瓦尔德（Andrew Oswald）的研究发现，教育与工作满意度负相关，但同时与客观上更高质量的工作正相关（Clark & Oswald，1995）。迈克尔·罗斯（Michael Rose）的研究表明，工作满意度得分在各种工作之间存在变化，但这种变化无法充分地由这些工作的客观特征来加以解释（Rose，2003）。此外，还有很多研究发现，女性比男性有更高的工作满意度，但是女性从事的工作在客观质量上普遍要比男性的差（Brown et al.，2012）。所有这些实证研究都表明，工作满意度不是对工作生活质量的一个充分测量（Osterman，2013）。

根据我们对"客观工作质量 VS 主观工作质量"以及"局部工作满意度 VS 整体工作满意度"这两对概念的讨论，当我们在说"工作生活质量不等于工作满意度"这个命题时，就要注意其中所包含的两层意思：第一，客观工作质量不等于针对特定工作特征的局部工作满意度（主观工作质量）；第二，客观工作质量不等于对工作状况的整体工作满意度。当客观工作质量不等于主观工作质量（以及整体工作满意度）时，随之而来的一个问题就是，这两种测量哪一个是"有用的"？一些社会学家无疑坚持客观测量的有用性，当他们提出工作满意度无法充分测量工作质量时，他们的潜在意思实际上是认为工作者所报告的工作满意度"歪曲"了工作特征的实际状态（Osterman，2013；Brown et al.，2012）；与之相反，另外一些社会学家则主张主观测量的有用性，其理由正如海克曼和爱德华·劳勒（Edward Lawler）所指出的，"个体雇员对工作的体验和感知决定了他对工作的反应，而不是工作的客观特征决定了他的反应"（Hackman & Lawler，1971）。

安德鲁·布朗（Andrew Brown）、安迪·查尔伍德（Andy Charlwood）和大卫·斯宾塞（David Spencer）最近提出了这样一个问题："工作满意度是测量工作质量的糟糕指标，为什么还值得我们研究?"他们指出,工作满意度和客观工作质量之间的分离并不意味着工作满意度数据是无价值的,相反地,它意味着对达到或者没有达到工作满意度的途径加以解释是极其重要的,比如说,高的工作满意度可能预示着高的工作质量,但另外一种可能性则是,高的工作满意度是因为工作者发展出了某种策略,用于对付客观上质量很差的工作(Brown et al.,2012)。布朗等人的这一提问对发展我们在本章中的概念框架有着极大的启发价值,它表明对工作生活质量的全面讨论应该围绕着客观工作质量、主观工作质量(局部工作满意度)和整体工作满意度之间的关系展开。

图3-1展示了客观工作质量、主观工作质量(局部工作满意度)和整体工作满意度这三者之间的关系。这张图意味着,一方面,客观工作质量和主观工作质量之间存在偏差,工作者对客观工作特征的感知不仅受到客观工作特征本身实际状态的影响,而且受到其他因素(如工作者的工作价值观)的影响。另一方面,工作者对特定工作特征的评价和满意度不等于其对整体工作状况的满意度,其原因则可能涉及量表测量的局限性以及工作者的评估方式等因素。根据前面的讨论以及图3-1,本章剩下的部分将处理两个问题,第二节讨论影响工作者对工作特征主观感知以及主观工作质量的因素,第三节讨论客观工作质量、主观工作质量(局部工作满意度)和整体工作满意度三者之间的关系。

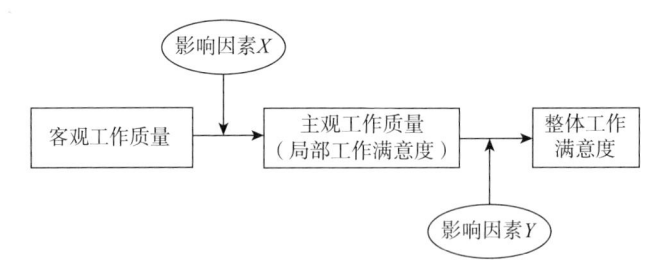

图3-1 客观工作质量、主观工作质量(局部工作满意度)和整体工作满意度之间的关系(理论框架)

第二节 主观的塑造：人际关系、技术因素和工作价值观

社会科学中存在一个具有普遍意义的因果链条，即客观决定主观。当客观和主观不相匹配时，一个自然的想法就是认为在解释链条的中间出现了其他影响因素。虽然学者对于这种解释链条和解释逻辑，一直存在反对意见，尤其是近年来文化社会学的兴起，更是对此种解释逻辑进行了有力的打击。但是，以客观决定主观的因果链条作为分析的基准线，将有助于我们更好地梳理关于主观工作质量和工作满意度的研究。在管理学、心理学和社会学中，人们一般把工作满意度放在"工作态度和行为"的题项下进行研究（罗宾斯，1997：151；纽斯特罗姆、戴维斯，2000：227；赫尔雷格尔等，2001：81），我们下面的讨论将重点关注"工作态度和行为"研究领域中的三种研究范式，即人际关系学派、技术牵连理论以及卢顿研究。

一 人际关系学派（1930～1950年）

在早期的工作态度和行为研究中，最著名的理论范式莫过于由行为科学的奠基人乔治·梅奥（George Mayo）开创的人际关系学派。人际关系学派不仅是管理学和组织行为学中的重要理论，而且构成了社会学中的小群体研究的重要知识背景。由于人际关系学派的主要理论观点已经为学界所熟知，在这里不再对其进行详细介绍。我们只强调人际关系学派理论的两个基本观点。第一，人际关系学派认为，客观的工作条件，如照明度强弱、休息时间长短、工厂温度等，对生产效率的影响不大。第二，人际关系学派强调初级工作群体（非正式群体）的重要性。梅奥（2013）发现，工人往往会建立非正式群体，这些群体是工作环境的重要组成部分，它们会影响工作成就感和工作效率。

二 技术牵连理论（1958～1964年）

在人际关系学派之后，另一个重要的理论流派是技术牵连理论（technological implications），其代表人物是英国管理学家琼·伍德沃德（Joan Woodward）和美国社会学家布劳纳。技术牵连理论强调技术因素影响工人的工作态度和行为，并且把技术和与之相关联的工作特征作为决定工作满意度的关键因素（Woodward，1958；Blauner，1964；Shepard，1977）。我们这里将主要介绍布劳纳的相关研究。

布劳纳在1964年出版的《异化与自由：工厂工人及其产业》一书是技术牵连理论的奠基性著作，该书以全国范围内对于工作满意度和其他工作态度的调查数据为基础，详细地考察了技术和工作满意度之间的关联（Shepard，1977；Hodson，1996）。在该书中，布劳纳提出一个技术演进的路线，即最初是手工艺技术，然后是动力机器技术，接着是流水作业线技术，现在则发展为连续过程的自动化技术。布劳纳在研究中选取了四个产业作为这四种技术形态的代表，即印刷产业代表手工艺技术，纺织业代表动力机器技术，汽车产业代表流水作业线技术，化学工业则代表连续过程的自动化技术。布劳纳发现，工人的自由度随着技术形态的演进而呈现一条U形曲线，即工人自由度和工作意义在手工艺技术下最高，在基于动力机器技术和流水作业线技术的大规模生产技术下变小，而在连续过程的自动化技术下又再次提高（Blauner，1964；Shepard，1977；Hodson，1996）。

布劳纳认为，在印刷产业中，手工艺技术占支配地位，这种技术相对来说是劳动密集型的并且是缺乏流动的，这造就了工作的稳定性。印刷产业有着比较高的就业稳定性，印刷工人有着较高的对劳动过程的控制权和强大的职业文化，工作组织为雇员提供了使用已有技能和发展新技能的机会，因此工人普遍感觉工作是有意义的（Blauner，1964：38-51）。纺织业使用动力机器技术，雇用大量的非熟练工人和女性工人。纺织业的特征是具有压迫性的监督，纺织工人受到大大小小的监督者的支配（Blauner，1964：58-88）。汽车产业中的流水作业线技术的特征是生产的极端理性化。这种极端理性化导致了非熟练工作在汽车产业中占主导地位，并且产生了高度疏离和异化的工人（Blauner，1964：89-96）。化学工业中的生产以连续过程的自动化技术为基础，生产是由连续发生的各种精炼过程所构成的。由于化学品生产具有危险性，因此在化学工业中，工人的干预是非常重要的，这种干预一方面是要监督生产过程，另一方面则是要干预危机状况。在连续过程的自动化技术下，工人必须是高度负责的，并且要采取主动行动，危机一旦出现就必须快速反应。自动化生产的责任为体力劳动者的尊严和价值赋予了一种新的来源，并且使工人感受到了工作的意义和自由（Blauner，1964：128-165）。

受到布劳纳的影响，大量的社会学家开始关注技术对工作性质的影响，技术对组织结构的影响，以及工作性质、组织结构与工作满意度之间的关系（Shepard，1977）。工作的性质（nature of work）主要包括劳动分工的专门化程度、工作节奏、技能水平等。一些社会学家提出，生产中所用的技术类型是劳动分工的主要决定因素，而劳动分工的方式接下来又极大地影响了一系列其他工作特征（如工作控制、工作中的社会互动、技能水平）。例如，威廉·A.方斯（William A. Faunce）把劳动分工的形式与技术发展的三个阶段关联起来，他认为，手工艺生产系统下出现的是低度工作专门化，机器生产系统下出现的是高度工作专门化，而自动化生产系统下又回到了低度工作专门化（Faunce，1965，1968）。极端的工作专门化创造了具有如下特征的工作：工作单调重复，需要很少的技能，不允许选择工具和技术，工作节奏非常快。在这种情况下，工作者的工作满意度是非常低的。

三　卢顿研究（1962~1970年）

从1962年开始，戈德索普等人对英国卢顿（Luton）地区体力工人的产业态度、政治态度和社会生活方式进行了全面研究，通过这一研究，戈德索普等人对人际关系学派和技术牵连理论的观点发起了挑战，这在整个 20 世纪 60 年代和 70 年代产生了广泛的影响（Goldthorpe et al., 1968a, 1968b, 1969）。在这组题为《富裕工人》的一系列著作的第一卷里，戈德索普等人集中关注了工人的工作倾向（orientation to job）以及工作状况中的态度和行为（attitudes and behaviour in the work situation）。这些态度可以分为对工作的态度、对同事的态度、对上级监督者的态度，以及对企业的态度等。他们的发现包括以下几个方面。（1）对工作的倾向和态度。大多数的装配线工人、1/4 的加工工人认为他们的工作是单调重复的；工匠和机器操作工则很少认为工作是枯燥乏味的。装配线工人中有 62% 想要换到其他一线工作，机器操作工中这一比例是 29%，其他工人中这一比例则更少。（2）与工作合作者的关系。同事之间的感情关系在体力工人中间非常松散。整体来说，68% 的人认为他们毫不介意被转到另一个一线车间，即使这意味着将远离目前的合作者，在这一点上，执行不同任务的人中间只有微小差别。只有 11% 的人报告说，他们在家里招待过工厂中的同事。（3）与上级监督者的关系。86% 的体力工人报告说，他们与其领班（工头）之间有非常满意的关系。这些工头并不是特别擅长处理人际关系，但是他们很少打扰底下的工人，而大多数工人就喜欢这样的方式。只有工匠和白领工人看重与上级监督者的关系，并且他们会因监督者表现出的冷漠而感到气愤。（4）对企业的依附性。工人对于工作的负面态度与对企业的积极态度形成了鲜明对比。但这并不是说他们对企业有任何感情上的承诺。他们知道工人和雇主在经济利益上存在分歧，并且雇主只是最低限度地参与基于工作的活动。（5）工会参与。无论是否赞同工会，工人对工会活动的参与是很少的。他们很少出席会议，很少参与工会事务，并且缺乏对工会政治活动的支持。

总之，对于大多数体力工人来说，工作单调重复且毫无吸引力，但因为目前工作的工资更高，所以他们喜欢目前的工作甚于之前的工作。尽管很多工人说他们喜欢自己工作的企业，但是在这一语境下，"喜欢"一词并不表示感情依附，而是指企业满足了他们对高工资和常规工作的期待，他们因此而感到满意。对于这些工人来说，工作是一种忍受（endured），而非享受（enjoyed），与同事和工厂中其他人之间的关系被认为并不重要，也不是特别值得去追求建立这种关系。他们说，"同事并不是朋友"（Goldthorpe et al.，1968a：58）。尽管技术障碍可能妨碍了联系紧密的工作群体的形成，但是在这些人眼里，工作世界不是初级群体关系应该建立的地方。很少有人想要在他们工作的公司中有工作等级上的提升，"他们不想追求白领的生活方式，即在企业内有一个'好的职业前程'，相反地，他们只是希望从公司中获得'好的生活'——典型的目标不是取得一系列工作进步，而是赚一笔钱来维持他们在工作外生活的物质条件上的持续提升"（Tausky，1969；Fellman，1971）。

戈德索普等人认为，体力工人所表现出来的上述几个方面的态度和行为表明，他们在对待工作上持有一种明显的工具主义倾向（instrumental orientation），这种倾向主导着他们对工作状况的态度（Goldthorpe et al.，1968a）。这些人所从事的大多数工作只提供了很少的内在报酬，或者很少的在工作中结成满意的社会关系的机会。但这似乎并不令他们忧心，他们之所以去工作，主要的目的是保证较高的和稳定的收入，以此为基础，他们可以在别处有令人满意的生活，尤其是在家庭中得到满意的生活。简言之，所谓的"工具主义倾向"指的是，在这些体力工人中间，"工作本质上只是实现工作场所之外的目的的手段"。这就意味着，工作被看作一种使人产生不满的且充满压力的消耗时间和精力的过程，但为了实现理想的生活标准和生活方式，工作又是必需的一种手段，但是工作本身并非这种理想生活标准和生活方式的一个积极组成部分（Goldthorpe，1966）。

戈德索普等人的这一研究，对人际关系学派和技术牵连理论提出了挑战。就人际关系学派来说，它强调需要通过让工人参与其任务，从而把工人整合到其组织之中去。但戈德索普等人的研究发现，虽然拥有大量对工作感到厌烦的工人，但企业似乎不存在失去这些人的危险。实际上，那些执行最为单调重复任务的人，恰是最为依附他们工作组织的人。就技术牵连理论来说，虽然工作满意度受到工作任务类型的极大影响，但是除了工匠之外，大多数工人没有想要离开公司，而他们给出的主要原因则是，他们的报酬为他们提供了满意的下班后以家庭为中心的生活。没有任何证据表明，不同的技术环境引发了产业关系上的差异。戈德索普等人认为，人际关系学派和技术牵连理论"最终都不充分，因为它们没有考虑工人带到他们工作之中的对工作的态度（attitudes towards work）……这必须被视作相对于工作状况来说独立的变量"。戈德索普等人认为，工人带到他们工作之中的倾向，在工作状况的客观特征和工人对这一状况的实际感受以及反应之间起着中介的作用。技术和正式组织并非工人态度和行为的直接决定因素，相反地，它们仅仅是构成了一组限制性因素，其心理学和社会学的牵连将会随着工人赋予它们的重要性程度而改变。工人并不会以自动的方式对他们的客观工作状况做出回应或反应，工作"事实"实际上是通过工人自己的主观解释而被创造出来的（Goldthorpe，1966）。

四　总结

人际关系学派和技术牵连理论都把观察到的工人行为的原因归结为组织内部的因素，很多实证研究表明，产业行为很大程度上取决于工作角色。但是正如我们所看到的，相似的工作角色会被不同的人以不同的方式来加以解释，技术之外的因素（如社会背景和个人特征）影响着技术、工作和工作反应之间的关系（Shepard，1977）。戈德索普命题认为，当代产业社会学家倾向于过多地强调技术作为工作状况中的态度和行为的决定因素，而很少去关心"工人在进入工作之前形成的倾向"（prior orientation），这种居先的倾向（即工具主义倾向）必须被视作解释工作状况的自变量，而不是把它视作工作状况的产物。这种倾向影响着工人对工作的选择，影响他们赋予工作的意义，并且影响他们对工作状况的定义（Goldthorpe, 1966）。总之，客观的工作状况和工人对工作状况的主观解释之间的区别，工人所感知到的工作状况是什么和他们希望工作状况是什么之间的差异，以及工人带到工作中的倾向，这些因素使得工作态度和工作满意度的形成变得非常复杂。任何想要解释和理解现代产业中的态度和行为的努力，都应该考虑这些因素。

第三节 工作生活质量和工作满意度

这一节的内容主要是用一些全国性的调查数据来对工作生活质量和工作满意度的关系进行实证分析。我们在前面讨论了几组概念之间的关系，并且讨论了在由客观工作质量通向主观工作质量和工作满意度的因果链条中的一些决定因素。在理想的情形下，我们希望能够利用数据对这些理论及其引出的假设进行实证检验，但是，在现实中，很少有调查数据包含这里所需的全部变量。我们这一节使用了两个调查数据，一个是中国人民大学的中国综合社会调查 2006 年数据（CGSS 2006），另一个是中山大学的中国劳动力动态调查 2012 年数据（CLDS 2012）。CGSS 2006 包含对客观工作特征的测量（一些测量介于客观工作质量和主观工作质量之间），以及对整体工作满意度的测量。CLDS 2012 包含对客观工作特征的测量，对局部工作满意度的测量，以及对整体工作满意度的测量，除此之外，该数据还测量了工作者的工作价值观。相比于中国综合社会调查 2006 年数据，中国劳动力动态调查 2012 年数据所包含的客观工作特征测量指标是比较少的，但是该数据对局部工作满意度和工作价值观的测量对于我们目前的分析来说，具有极大的价值。关于这两个数据中的具体变量，我们会在下面相应的模型分析中加以介绍。本节由三个小节组成，第一小节以收入为例，分析了客观工作质量与主观工作质量（局部工作满意度）的关系；第二小节分析了客观工作质量与整体工作满意度的关系；第三小节则分析了主观工作质量与整体工作满意度的关系。

一 客观工作质量与主观工作质量的关系：以收入为例

在中国劳动力动态调查 2012 年数据中，我们不仅可以获得雇员的年工资收入数据，而且可以获得雇员对收入的满意度数据。这使得我们可以分析雇员的客观收入水平与其对收入的满意度之间的关系。为此，我们根据雇员对收入的满意度，分别对男性和女性计算了每一个满意度水平下的平均年工资收入。我们把结果表示在图 3-2 中。

从图 3-2 中可以明显看出，雇员的工资收入和其对收入的满意度在整体上呈现一种"倒 U 形"关系，也就是说，工作满意度一开始随着收入的增加而提高，但在到达峰值之后，就会随着收入的增加而降低（对这里的数据进行 J. T. Lind 和 H. Mehlum 的 U 形关系检验，结果表明这一"倒 U 形"关系在统计上是显著的）。但是，男性和女性之间存在一定的差异。男性的倒 U 形曲线与整体趋势是一致的；而女性对收入的满意度则一直随着其收入的增加而提高，也就是说，女性的收入满意度函数在可观测的收入区间中是单调递增的。此外值得注意的是，在收入较低的那一部分，女性对收入的满意度普遍高于男性。抛开女性工作者所表现出的特殊性，整体上的"倒 U 形"关系表明了客观工作质量（工资收入的多少）和主观工作质量（对收入的满意度）之间存在偏差，这正是我们在本章前面部分所着重讨论的问题之一。另外一个特别值得注意的问题是，雇员的工资收入和其对收入的满意度之间这种整体上的"倒 U 形"关系与国外的一些实证研究结果正好是相反的。例如，布朗等人对英国数据的分析表明，收入和工作满意度之间呈现一种"U形"关系（Brown et al.，2009）。虽然布朗等人所分析的工作满意度（对成就的满意度、对整体工作的满意度、对工作本身的满意度）与我们这里的（对收入的满意度）不同，但我们认为这不会对结果造成太大影响。目前我们没有数据来对中国和英国的这种差异进行解释，而且试图在此做出某种比较研究也偏离了本章的主题，但将来在数据允许的情况下探究这种差异背后的影响机制必然是非常有意义的。

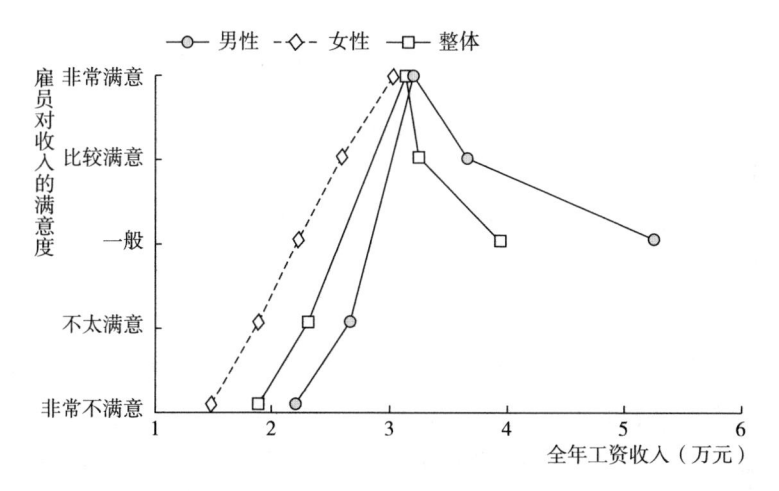

图 3-2 雇员的工资收入和其对收入的满意度之间的"倒U形"关系

二 客观工作质量与整体工作满意度的关系

我们使用中国综合社会调查 2006 年数据（CGSS 2006）来分析客观工作质量和整体工作满意度之间的关系。正如我们在第二章中所看到的，CGSS 2006 数据包含大量与工作相关的测量，这些测量几乎涵盖了所有客观工作质量的维度。使用该数据，我们以整体工作满意度对一系列具体的客观工作质量维度进行序次 Logistic 回归（Ordinal Logistic Regression）。

模型中的因变量是整体工作满意度,该变量是定序变量,由四个类别构成,即非常不满意、不太满意、比较满意和非常满意。为了便于结果的解释,我们对原始变量进行了重新编码,数值越大代表满意程度越高。

模型中的自变量基本上取自第二章使用过的一系列客观工作特征,自变量的处理方式与第二章也是一致的,即我们把所有自变量都处理成二分变量。这样做主要是为了模型的简洁性,并且节省空间。① 我们把自变量分成五组,即物理条件、技能和自主权、工资和奖金、社会保障福利,以及晋升机会,并且分别用这五组自变量拟合了回归模型。

除了与客观工作质量相关的自变量外,我们还在模型中纳入了受教育年限、月工资的对数、年龄、性别以及是否签订劳动合同等控制变量。模型的回归结果展示在表3-3中。

从分析结果可以看到:(1)在工作的物理条件自变量中,除了工作环境是否整洁这一自变量具有显著影响外,其他自变量的影响均不显著;(2)在技能和自主权自变量中,有无职业资格证书、上级监督的频率以及能否自由提出意见这三个自变量具有显著影响;(3)在工资和奖金自变量中,收入的稳定性、年终奖的多寡以及奖金的稳定性这三个自变量具有显著影响;(4)在社会保障福利自变量中,有无失业保险和有无住房补贴自变量具有显著影响;(5)在晋升机会自变量中,有无职务职称晋升、有无内部晋升机会和有无外部晋升机会均具有显著影响。总的来看,在

---

① 将这些自变量维持原始状态,以及将它们压缩为二分变量,所得到的回归结果在一些自变量的系数显著性上稍有不同。比如在物理条件自变量中,当自变量维持原始状态时,"重体力劳动"自变量的系数是显著的,其他自变量的系数均不显著;但当我们把这些自变量重新编码为二分变量时,"重体力劳动"自变量的系数变得不再显著,相反地,"工作环境整洁"自变量的系数变得显著了。尽管存在这一问题,但是这对我们的分析目的影响不大。我们在这里的分析是一种"表意性的",它的目的仅在于表明客观工作质量的维度中有相当大的一部分与整体工作满意度无关。

表3-3 整体工作满意度对具体工作特征（客观工作质量）的序次Logistic回归结果

变量	(1) 物理条件	(2) 技能和自主权	(3) 工资和奖金	(4) 社会保障福利	(5) 晋升机会
受教育年限	0.0406**	0.0359**	0.0477***	0.0505***	0.0447***
月工资的对数	0.792***	0.766***	0.771***	0.801***	0.745***
年龄	0.0117***	0.00848**	0.0116***	0.00767*	0.0153***
性别（女性）	0.0924	0.177*	0.152*	0.154*	0.195**
劳动合同（有）	0.292***	0.252**	0.244**	0.216**	0.259**
工作重复（是）	0.138				
清楚每天工作（是）	-0.227				
遵循标准程序（是）	0.0946				
长时间工作（是）	-0.107				
重体力劳动（是）	-0.150				
身体频繁移动（是）	-0.0497				
思维快速反应（是）	0.163				
工作姿势固定（是）	-0.0860				
工作环境整洁（是）	-0.249**				
是否需要培训（需要）		0.146			
职业资格证书（有）		0.242**			

91

续表

变量	(1) 物理条件	(2) 技能和自主权	(3) 工资和奖金	(4) 社会保障福利	(5) 晋升机会
处在管理位置（是）		0.163			
工作任务自主权（有）		-0.0723			
工作进度自主权（有）		-0.0612			
工作强度自主权（有）		0.155			
上级监督（有）		-0.167*			
安排任务（命令式）		-0.100			
提出意见（自由）		0.166*			
收入主要来自单位（是）			0.0357		
收入稳定（是）			0.205**		
以工资和奖金为主（是）			0.0721		
年终奖（较多）			0.386***		
收入与职位等级相关（是）			-0.0345		
收入与个人业绩相关（是）			0.126		
月工资与个人业绩相关（是）			-0.0205		
月工资稳定（是）			-0.0177		
奖金与个人业绩相关（是）			-0.0919		

续表

变量	（1）物理条件	（2）技能和自主权	（3）工资和奖金	（4）社会保障福利	（5）晋升机会
奖金稳定（是）			0.211*		
公费医疗（有）				-0.0201	
基本医疗保险（有）				0.175	
补充医疗保险（有）				-0.0328	
基本养老保险（有）				0.205	
补充养老保险（有）				0.169	
失业保险（有）				-0.415***	
住房补贴（有）				0.259**	
上下班时间（固定）					-0.0695
加班工资（有）					0.0672
职务职称晋升（有）					0.462***
工资等级晋升					0
内部晋升机会（有）					0.689***
外部晋升机会（有）					-0.413**
N	3125	3125	3125	3125	3125

注：为了节省空间，我们在回归结果表中没有报告模型的阈值参数（threshold parameters）。$*p<0.05$，$**p<0.01$，$***p<0.001$。

全部 41 个自变量中（不包括控制变量），只有 12 个自变量的系数是显著的，占了不到 1/3。这说明，客观工作质量和整体工作满意度之间存在一定的距离，或者更准确地说，工作者在得出其整体工作满意度时，其所参考的指标是比较有限的。

另外从各个自变量的影响方向上，我们似乎也能发现一些有意义的问题。就系数显著的大多数自变量来说，其对整体工作满意度的影响方向与一般的预期是一致的。比如，上级的监督越频繁，整体工作满意度越低；收入越稳定，整体工作满意度越高；等等。但是有几个自变量的影响方向与一般的预期存在差异，这些自变量包括工作环境是否整洁、有无失业保险和有无外部晋升机会。我们发现，在工作环境整洁、有失业保险和有外部晋升机会这三种情况下，整体工作满意度会更低。

三 主观工作质量与整体工作满意度的关系

根据前面的讨论，主观工作质量和整体工作满意度之间的关系，实际上就是局部工作满意度和整体工作满意度之间的关系。中国劳动力动态调查 2012 年数据（CLDS 2012）既有对局部工作满意度的测量，也有对整体工作满意度的测量，使用该数据，我们计算了局部工作满意度和整体工作满意度的相关系数，结果如表 3-4 所示。

表 3-4　局部工作满意度和整体工作满意度的相关系数
（中国劳动力动态调查 2012 年数据）

变量	收入	安全性	工作环境	工作时间	晋升机会	工作有趣	合作者	技能使用	获得尊重	表达意见	整体工作满意度
收入	1.00										
安全性	0.32	1.00									
工作环境	0.33	0.63	1.00								
工作时间	0.33	0.43	0.49	1.00							

续表

变量	收入	安全性	工作环境	工作时间	晋升机会	工作有趣	合作者	技能使用	获得尊重	表达意见	整体工作满意度
晋升机会	0.41	0.31	0.34	0.37	1.00						
工作有趣	0.39	0.32	0.38	0.37	0.46	1.00					
合作者	0.26	0.31	0.34	0.32	0.28	0.42	1.00				
技能使用	0.26	0.24	0.31	0.26	0.33	0.40	0.43	1.00			
获得尊重	0.28	0.35	0.38	0.33	0.33	0.40	0.47	0.49	1.00		
表达意见	0.32	0.33	0.38	0.34	0.41	0.42	0.42	0.44	0.56	1.00	
整体工作满意度	0.48	0.45	0.52	0.47	0.46	0.53	0.49	0.47	0.59	0.60	1.00

从结果可以看出，局部工作满意度和整体工作满意度的相关系数在 0.45 和 0.60 之间。这一结果与前面引用过的奎因和谢泼德的计算结果（Quinn & Shepard, 1974: 50），以及维达·斯卡贝罗（Vida Scarpello）和约翰·坎贝尔（John Campbell）的相关发现（Scarpello & Campbell, 1983）基本是一致的。同他们一样，这一结果说明，主观工作质量（局部工作满意度）和整体工作满意度不能画等号，两者是不能互换的。

为了更详细地探究客观工作质量、主观工作质量和整体工作满意度之间的关系，我们应该建立更加形式化的统计模型。根据第二节概述的各种理论可知，工作者对客观工作条件的感知及其整体工作满意度主要受到非正式群体、组织中的人际关系、工作任务类型、与技术相关的工作特征，以及他们带到工作中的倾向等因素的影响。但是正如我们在本节开始时所提到的，现有的调查数据无法让我们充分地对第二节中所阐述的理论进行检验。在这种情况下，我们只能求助于一些相对简单的理论模型。一些心理学家和社会学家提出，工作满意度是工作相关报酬和工作价值观的函数（Katzell, 1964; Vroom, 1964; Locke, 1969; Kalleberg, 1977; Mobley et al., 1979; Mottaz, 1987）。在这里，工作报酬

(job rewards) 指的是工人从其工作中所获得的内在和外在好处。工作价值观指的是工人所想要的、渴望的或者寻求从工作中获得的东西，它们是个人为这些感知到的工作特征所赋予的意义，是个人用来估计或评价工作状况的标准（Kalleberg，1977）。在下面的模型中，我们用客观工作质量（工作者面临的各种客观工作特征）和主观工作质量（工作者对各种工作条件和报酬的主观感知）来对工作报酬进行操作化。工作价值观则操作化为一份理想工作应满足的各种需求。

我们使用中国综合社会调查2006年数据和中国劳动力动态调查2012年数据分别拟合了两个序次Logistic回归模型。在使用CGSS 2006数据的模型（模型1）中，因变量为整体工作满意度，由四个类别构成，即非常不满意、不太满意、比较满意和非常满意；自变量主要是第二小节各模型中系数显著的那部分变量，即技能和自主权、工资和奖金、社会保障福利以及晋升机会等客观工作条件和工作报酬。在使用CLDS 2012数据的模型（模型2）中，因变量也是整体工作满意度，由五个类别构成，即非常不满意、不太满意、一般、比较满意和非常满意；自变量则包括三部分，第一部分是客观工作质量指标，第二部分是主观工作质量指标，第三部分是工作价值观。模型的回归结果如表3-5所示，为了方便对比，我们尽量把两个模型中相同的变量对应起来，放在一行之中。

使用CGSS 2006数据，与上述表3-3中的模型相比，当我们同时纳入几组客观工作质量指标时，一些自变量的显著性发生了变化。比如，是否长时间工作自变量从不显著变为显著，工作环境是否整洁自变量从显著变为不显著。有无职业资格证书、上级监督的频率以及能否自由提出意见这三个自变量均不再具有显著影响。但有无工作进度自主权和有无工作强度自主权这两个自变量从不显著变为显著。收入的稳定性和年终奖的多寡这两个自变量依然显著，但奖金的稳定性自变量不再显著。最后，有无内部与外部晋升机会自变量继续维持显著影响。

使用 CLDS 2012 数据,当我们仅纳入客观工作质量时,是否为重体力劳动、有无加班工资、是否需要培训以及有无工作强度自主权对整体工作满意度具有显著影响(模型结果未报告)。但当模型中同时纳入客观工作质量和主观工作质量时,模型 2 的结果表明,客观工作质量的自变量全部不再显著,而主观工作质量(局部工作满意度)的自变量则全部显著。此外,在 CLDS 2012 数据中,无论是单独纳入客观工作质量指标,还是同时纳入客观工作质量和主观工作质量指标,工作价值观变量的效应都是不显著的(为了节省空间,我们没有报告这部分结果)。

使用 CLDS 2012 数据的模型 2 的分析结果提出了一个对于我们来说颇具挑战性的问题,即当与主观工作质量竞争时,客观工作质量指标似乎失去了全部的解释效力(explanation power)。不过,这个分析结果连带其提出的问题具有较高程度的虚假性。一方面,CLDS 2012 数据中那些对整体工作满意度无显著影响的变量(模型 2)在 CGSS 2006 数据中基本也对整体工作满意度无影响(模型 1),比如是否为重体力劳动、有无加班工资、是否需要培训、有无职业资格证书、有无工作任务自主权等。另一方面,CLDS 2012 数据所包含的客观工作特征很少,客观工作质量和主观工作质量无法一一对应,比如该数据只询问了工作者对晋升机会的满意度,而完全没有涉及工作者实际的晋升经历和对未来晋升机会的估计。因此模型 2 并没有反映客观的晋升机会和主观的晋升机会评价对整体工作满意度的各自影响。如果我们有关于工作质量各个维度的一一对应的客观测量和主观测量,并将其同时纳入关于整体工作满意度的模型,那么最可能的结果大概会是主观测量只是减弱客观测量的影响,但不会使其完全失效。尽管如此,我们仍倾向于这样一个观点,即人类的主观领域(subjective domain)是一个相对独立于客观领域的、有着自身因果逻辑的空间。基于这一认识,本书剩下的章节将集中关注客观工作质量(如报酬、工作保障和工作自主权等），而不再对主观工作质量进行讨论。

表3-5 整体工作满意度对客观工作质量（模型1）和主观工作质量（模型2）的序次Logistic回归结果

模型1：CGSS 2006		模型2：CLDS 2012（未纳入工作价值观变量）	
月工资的对数	0.721***	月工资的对数	-0.0841
受教育年限	0.00176	受教育年限	0.0185
年龄	0.0124***	年龄	0.00000824
性别	0.165*	性别	-0.130
收入稳定	0.220***	收入	0.764***
年终奖	0.196**	安全性	0.228**
月工资稳定	-0.122	工作环境	0.565***
奖金稳定	0.0696	工作时间	0.367***
职务职称晋升	-0.0885	晋升机会	0.308***
工资等级晋升	0.379***	工作有趣	0.523***
内部晋升机会	0.368***	技能使用	0.243**
外部晋升机会	-0.184**	获得尊重	0.848***
上级监督	-0.0598	表达意见	1.028***
安排任务	-0.0255	合作者	0.611***
提出意见	0.0597		
重体力劳动	0.0611	重体力劳动	0.0261
长时间工作	0.0913*	脑力劳动	0.0947
工作环境整洁	0.0740	身体频繁移动	-0.0652
加班工资	0.0867	加班工资	-0.0442
是否需要培训	0.135	是否需要培训	0.00417
职业资格证书	0.171	职业资格证书	-0.0959
工作任务自主权	-0.0958	工作任务自主权	0.0265
工作进度自主权	-0.180*	工作进度自主权	0.150
工作强度自主权	0.193*	工作强度自主权	-0.168
上下班时间	0.0852		

续表

	模型1：CGSS 2006		模型2：CLDS 2012（未纳入工作价值观变量）
		cut1	10.08***
cut1	4.886***	cut2	13.19***
cut2	6.931***	cut3	18.58***
cut3	10.65***	cut4	24.09***
N	2752	N	2307

注：本表中省略了如表3-3中自变量对应括号中的内容，具体分析时可参考表3-3。 $*p<0.05$，$**p<0.01$，$***p<0.001$。

第四章　报酬、劳动合同与工作保障

第一节　工作生活质量与工资结构

工资是工作生活质量的一个关键维度，当人们评价和比较不同工作的质量时，这些工作所能给予的报酬的高低可能是大家首要关心的问题。无论是在一个工作组织内部，还是就全社会范围而言，人们从事不同的工作，其报酬总是有高低之分，而且不同工作所获得的工资有时相差很大。一般而言，在人们的意识里会普遍地存有这样的设定，即工资高的工作就是高质量的工作，而工资低的工作则是低质量的工作。这种意识的确有几分道理，因为就普遍的情形而论，工资的高低与工作质量的高低是存在对应关系的（比如本书第二章第四节的分析结果）。不过，正如我们在下面将要阐述的，从理论上来讲，相反的情形也是可能存在的，即工资较高的工作有着较低的质量，而工资较低的工作则有着较高的质量。即使这种违反理想情形的关系仅仅是一种理论推演或者是一种特例，它也提醒我们必须对工资和工作质量之间的关系做更为全面、审慎的探究。除了这一点之外，把工作生活质量与工资的高低联系起来，还面临两个难题：第一，人们对工资的高低所做的评价在一定程度上是非常主观的，这意味着在他人眼中某个有着较高工资的工作，在该工作的占据者眼中却可能是具有较低工作质量的，反之亦然（参考本书第三章第三节关于收入和收入满意度的分析）；第二，人们毕竟只能在有限的范围内了解周围人和社会上其他工作的工资,这就意味着,一般人所谓的工作质量评价大多只是在其个人生活经验范围内做出的,而想要从总体上就工资高低来对工作质量进行评价,就需要运用统计数据和一定的统计技术。考虑到以上诸点,在这一节中我们将对经济学和社会学中的工资决定理论进行阐述,即考察决定工资的各种因素,在接下来的第二节中我们将利用相关的调查数据对工资结构的基本情况进行描述。

一 经济学:人力资本、工作特征和效率工资

经济学对工资决定因素的分析集中在两个方面,即技能和工作特征。前者构成了人力资本理论(Human Capital Theory)的主要内容。该理论认为,一个人的技能水平越高,其在工作中所能获得的工资也就越高。这是因为,一方面更高的技能和人力资本水平是与更高的生产力相联系的,同时高技能劳动者的供给是相对稀缺的;另一方面掌握更强的技能需要劳动者投入更多的学习和时间成本,雇主需要对这些成本进行补偿,才能激励人们进行人力资本投资。从供给需求模型的角度来说,上述两点使得高技能工作者的供给量相对较小,而需求量相对较大,因此导致其价格(即工资)处在相对较高的水平上。由于在很多工作中,技能水平无法直接或有效地被观察到,工作者的受教育水平(受教育年限)和工作经验(年龄和工作年限)就成了衡量其人力资本的一个信号(signal)。因此,根据人力资本理论,一个人的受教育水平越高,工作经验越多,其所能获得的工资也就越多。值得指出的是,人力资本理论与社会学家金斯利·戴维斯(Kingsley Davis)和威尔伯特·摩尔(Wilbert Moore)所提出的功能主义分层论的基本思想非常接近,后者强调报酬与(工作)位置之间的关系。他们认为,具有高报酬的位置要求其工作者具有更强的技能和更高的天赋,而技能和天赋在现实中总是相对稀缺的,这就需要社会采取措施(比如提供丰厚的薪水)来诱使和激发社会成员

投资其人力资本,即接受更多的学校教育、参加正式或非正式的在职培训等(Davis & Moore, 1945)。

与人力资本理论相对应,补偿性差异理论(Theory of Compensating Differentials)强调工作特征在决定工资差异上的重要作用。该理论认为在现实世界中,工作岗位之间在诸多方面是存在差异的,这些方面包括但不限于工作岗位的愉悦程度,工作岗位的地理位置,工作是否安全,工作环境是否脏乱,工作是否单调和重复,工作是否需要付出繁重的体力,以及工作是否涉及频繁的身体移动,等等。这些工作岗位特征对于工作者而言构成了"有利与不利的整体"(whole of the advantages and disadvantages)。有利的工作环境,即令人愉快的、安全的工作岗位,可以支付较低的工资;相反地,不利的工作环境,即令人不愉快的、危险的工作岗位,则需要提供较高的工资(或者其他好处)才能吸引到工作者,这就是所谓的"补偿性工资"(鲍哈斯,2010:234、252;Smith, 1990)。因此,根据补偿性差异理论,好的工作岗位应该具有较低的工资,而不好的工作岗位则应该具有较高的工资。

根据新古典经济学,(短期)工资差异要么来自工作者特征(如人力资本和技能水平)上的差异,要么来自工作岗位特征(如危险程度和舒适程度)上的差异(鲍哈斯,2010:535)。从长期来看,这些工资差异必然会随着由工资竞争所导致的劳动力的自由流动而趋于消除。但是,经济学家观察到,在现实中,在不同的企业之间以及在不同的产业之间,存在永久性、真实的工资差异。一般来说,经济学家把导致这种永久性的工资差异的因素归结为以下几个方面:劳动力流动障碍,劳动力市场歧视,工会的抬价行为,以及效率工资(efficiency wages)的存在。(1)劳动力流动障碍。无论是地理上的迁移还是工作岗位的转换,都带有一定的成本,而如果这些成本大于流动后的工资增长收益,就会阻止工作者在劳动力市场中的自由流动。(2)劳动力市场歧视。雇主的歧视偏好会影响他们的雇佣决定,他们倾向于认为雇用某类人群所需的成本要高于其实际成本,从而会为这类人群制定歧视性的工资。(3)工会的抬价行为。工会利用自己的谈判能力和垄断能力,会扭曲劳动力配置,使工会会员和非会员之间产生工资差异。(4)效率工资的存在。它指的是为了激励雇员提高生产率水平,一些企业支付给雇员的工资会高于竞争性工资。

二 社会学:权威关系、工人权力和内部劳动力市场

社会学对于工资差异的解释与经济学完全不同,事实上,社会学的收入研究一直是"在与经济学的人力资本模型的对抗中得到发展的"(Halaby & Weakliem,1993)。正如我们在前面所阐述的,经济学把工资与工人的技能和人力资本联系起来,把除此之外的工资差异统统解释为"补偿性差异"(包括一般的与工作特征相关的补偿性工资差异,以及与歧视和效率工资等相关的补偿性差异)。与此相对应,社会学则认为,除了人力资本的影响之外,收入与个人工作的位置属性密切相关,即工作的结构属性和结构位置可以产生"非补偿性"的,也就是实质性的工资差异。人们一般把社会学的收入研究称为"新结构主义"(New Structuralist)解释(Kalleberg & Sorensen,1979;Kalleberg et al.,1981;Smith,1990;Halaby & Weakliem,1993)。新结构主义主要表现为两种理论形态,一种是双重经济理论(Dual Economy Theory),另一种是双重劳动力市场理论(Dual Labor Market Theory)。早期的新结构主义解释(20世纪80年代之前)多以双重经济理论的面目出现,这种理论强调宏观的产业(industry)、企业(firms)以及职业(occupation)等所谓的"经济部门"(sector)分割在决定工资收入差异上的重要作用(Osterman,1975;Stolzenberg,1975,1978;Bibb & Form,1977;Beck et al.,1978;Oster,1979;Kalleberg & Sorensen,1979)。后期的新结构主义解释(20世纪80年代之后)虽然对双重经济理论的研究多有继承和开拓(Tolbert et al.,1980;Hodson & Kaufman,1981;Lord & Falk,1982;Hodson,1984;

Anderson et al.，1987），但更多的研究则是在双重经济理论的基础上，把焦点转向双重劳动力市场理论，强调更为微观层面的工作特征和工人特征本身对于工资收入差异的决定性影响（Kalleberg et al.，1981；Sorensen & Kalleberg，1981a；Sorensen，1983，1990；Spaeth，1985；Smith & Noma，1985；Sakamoto & Chen，1991；Wallace et al.，1993；Halaby & Weakliem，1993）。我们在下文还会讨论双重经济理论和双重劳动力市场理论的关系问题，这里我们只介绍与双重劳动力市场和内部劳动力市场有关的理论和实证研究。

新结构主义解释对工作特征的关注主要集中在工作的控制和命令属性上，即关注工作中的权威关系（Wright & Perrone，1977；Robinson & Kelley，1979；Kalleberg & Griffin，1980；Coverman，1983；Spaeth，1985；Hedstrom，1988）。例如，赖特在其较早提出的"矛盾的阶级定位"模型中，即根据组织中的控制权的种类和控制的程度来划分部分阶级位置（Wright，1979，1985：44－51）。又比如，罗伯特·罗宾逊（Robert Robinson）和乔纳森·凯利（Jonathan Kelley）根据拉尔夫·达伦多夫（Ralf Dahrendorf）的阶级模型，基于纯粹的权威关系，即是否处于支配和监督位置来划分组织中的阶级（Robinson & Kelley，1979）。这些研究均认为，作为工作的一种属性，工作场所中的权威等级结构是决定工人工资的一个重要因素。根据他们的定义，这种权威关系实际上构成了阶级关系，权威等级意味着组织中的物质资本和人力资本存在不平等的分配，而这正是造成工资收入差异的根源。当然，从实证角度来讲，这里关键的一点在于，这些研究均发现，与工作的权威等级结构（关于控制和命令的等级安排）相关联的收入差异非常大，它既无法被工人在生产率上的差异所解释，也无法被在工作的其他特征（例如地位或部门）上的差异所解释（Halaby & Weakliem，1993）。

与上述关注工作特征的研究思路不同，还有一些社会学家更为强调工人自身特征,即所谓的"工人权力"在决定工资上的作用。按照凯勒伯格等人的定义,工人权力指的是工人以个人方式或集体方式(如作为工会会员)所获得的某种属性,这种属性能够增强他们在劳动力市场中获取更高报酬的能力。工人权力是工人在进入劳动力市场之后获得的那些属性,因此它区别于工人在进入劳动力市场之前所获得的市场能力(如受教育水平、天赋等)。根据凯勒伯格等人的观点,工人权力源自四个方面:工会成员身份、职业技能和职业资格证书、阶级位置、工作年限(Kalleberg et al., 1981)。(1)工会成员身份。工会可以通过谈判、罢工等集体手段来要求提高工资。另外,工会通常还会要求行业或企业只能雇用工会成员,从而限制了劳动力的供给。(2)职业,包括职业技能和职业资格证书两部分。职业技能指的是通常所说的劳动技术分工,比起非熟练工人,熟练工人具有更高的生产力,并且一般来说更有凝聚力,更有能力控制他们的工作环境。职业资格证书则赋予工人从事特定的专门化工作的权力,并且使得他们有权控制进入相关职业群体的劳动力供给,因此,职业资格证书增强了工人在一些专业职业上的讨价还价的能力。(3)阶级位置。这里的阶级位置与上面赖特以及罗宾逊和凯利等人的阶级概念是一致的,指的是组织中的控制或权威等级结构。(4)工作年限。工人在一家企业中工作的时间越长,他们所能积累的专门化技能和知识就越多,而雇主也就越会依赖他们(Kalleberg et al., 1981)。

三 经济学理论和社会学理论的比较

我们在上面分别叙述了关于工资差异解释的经济学和社会学理论,经济学和社会学都关注产业间人力资本回报率上的持续差异,也就是说,具有相同人力资本的劳动者在不同产业之间获得的工资报酬存在长期的差异。经济学一般假定劳动力市场是同质性的,即劳动力(人力资本)可以在不同产业之间自由流动,并且倾向于认为从长期来看，产业间的人力资本回报率差异必然消除。与之相反，社会学则认为，在不同产业就业的劳动力可以利用其在相应产业中所占据的位置，形成工人权力，并且借助这种权力来谋得工资报酬上的好处。而那些占据工作场所中劣势位置的工作者，即没有工人权力可资凭借的工人，则相应地在工资收入上处于不利地位。工人权力的形成是结构性的，因此它所导致的工资差异必然是长期性的。除了这个分歧之外，经济学理论和社会学理论在以下几点上也存在不同。

第一，对劳动力市场供给侧和需求侧的关注不同。索伦森曾经指出，经济学理论和社会学理论的一个重要的分歧在于，经济学主要关注劳动力市场的供给侧，而社会学则关注的是劳动力市场的需求侧（Sorensen，1990）。在经济学模型中，人力资本理论和劳动—闲暇理论描述了供给侧，边际生产力理论描述了需求侧（Kalleberg & Sorensen，1979），但是，经济学认为只有供给侧的影响才会造成工资的实质性差异。社会学的情况则稍微复杂一些，社会学的劳动力市场研究在早期的确主要关注需求侧，即厂商或企业的特征（如垄断地位、资本密集度、企业规模）等，但是到了后期，社会学对于工人特征和工作特征的强调则对应的是劳动力市场的供给侧。尽管如此，社会学仍然认为需求侧的影响和供给侧一样，也会造成工资的实质性差异。

第二，对同一种因素起作用的机制有着不同的看法。实际上，正如我们在上面所看到的，经济学和社会学在解释工资差异时，使用了很多相同的解释因素（自变量），比如两者都认为技能（职业）和人力资本（受教育水平和工作经验）是决定工资的重要因素。但是，社会学更倾向于把技能和人力资本看作以"工人权力"的形式发挥作用。例如，经济学把职业作为具有相似技能水平的劳动者的一个集合，而社会学则更多地关注职业资格证书及其所带来的垄断劳动力供给的能力。这样一来，技能就"不再仅仅是对人力资本的测量，更是工人们发起集体组织的潜在可能性的一个指标"(Smith,1990)。又比如,在经济学中,工作经验被认为与技能的增加相关联,从而更多的工作经验就意味着更高的生产力水平,而社会学则把工作经验及其所带来的专门化技能解释为一种与雇主讨价还价的能力。

第三,对内部劳动力市场的成因有着不同的解释。经济学和社会学都注意到了内部劳动力市场的存在。关于内部劳动力市场,人们有着复杂和多样的定义。一般地讲,内部劳动力市场指的是在某个企业内部或者某些职业之中,存在特定的招聘、晋升和工资给付的规则,使其雇员免于来自外部的市场竞争(Doeringer & Piore, 1971; Pfeffer & Cohen, 1984; Althauser, 1989)。从根本上来说,经济学工资理论的核心在于认为工资率等于边际生产力,而内部劳动力市场存在的意义恰恰在于它造成了工资和边际生产力的脱节(Sorensen,1990)。经济学一般认为内部劳动力市场起源于专门化技能(Doeringer & Piore, 1971; Becker, 1964, 1985)。所谓的专门化技能(firm-specific skill),指的是雇员在企业中所掌握的专门技能和知识,这些技能无法轻易地转移到其他企业继续使用。由于专门化技能具有这种特性,所以就造成了一种双边垄断的局面:一方面雇员无法轻易离开企业(因为离开现在的企业后很难在其他企业找到工作),另一方面企业也无法轻易解雇工人(因为外部的劳动力很难在短时间内掌握企业所需的技能)。新结构主义则认为,内部劳动力市场是由工人权力创造出来的,它认为结构性因素的存在打破了工资与边际生产力之间的连接,也就是说,在结构性因素的作用下,人们所获得的工资总是高于或低于其边际生产力(Sorensen & Kalleberg, 1981a; Smith, 1990)。社会学解释和经济学解释的区别在于,在前者那里,(工人)权力总是意味着一种不平衡的优势,因此工人权力所造成的内部劳动力市场是有利于雇员,而不利于雇主的;而在后者那里,专门化技能造成的是双边垄断,雇主和雇员都能从长期、稳定的合作中获益,因此内部劳动力市场是一种有"效率"的组织安排

(Smith, 1990)。

经济学和社会学的工资决定理论之间的比较如图4-1所示。

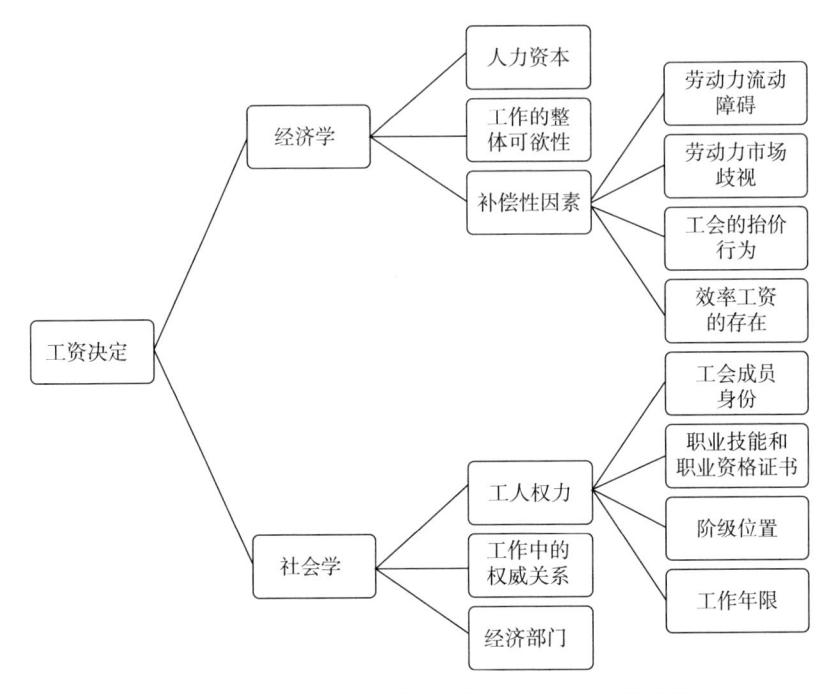

图4-1 经济学和社会学的工资决定理论之间的比较

经济学分支：
- 人力资本
- 工作的整体可欲性
- 补偿性因素
  - 劳动力流动障碍
  - 劳动力市场歧视
  - 工会的抬价行为
  - 效率工资的存在

社会学分支：
- 工人权力
  - 工会成员身份
  - 职业技能和职业资格证书
  - 阶级位置
  - 工作年限
- 工作中的权威关系
- 经济部门

四 双重劳动力市场框架：工资与工作生活质量的其他维度的组合

无论是经济学中的效率工资模型，还是社会学中的新结构主义解释，都倾向于承认双重劳动力市场或类似的市场分割的存在（鲍哈斯，2010：536；Sorensen & Kalleberg, 1981a）。所谓双重劳动力市场（dual labor markets），指的是劳动力市场被分割为初级部门（primary sector）和次级部门（secondary sector），前者为劳动者提供较高的工资、舒适的工作条件，以及较高的工作稳定性和较多的晋升机会；后者则刚好相反，即工资非常低、工作条件恶劣、工作不稳定且晋升机会较少（Doeringer & Piore, 1971; Piore,

1975；Bulow & Summers，1986；鲍哈斯，2010：536）。双重劳动力市场实际上是我们在第二章所分析的工作生活质量组合的一种极端模式。也就是说，工作生活质量的各个维度呈现"马太效应"式的组合，一类工作在各种工作生活质量维度上均占据优势或者具有好的特征，而另一类工作在这些维度上均占据劣势或者具有坏的特征。以这种极端模型为起点，我们下面就来更为细致地考察工资与工作生活质量的关系问题。

首先，我们要考察的是"马太效应"的有效性问题。"马太效应"指的是一种倾向性，即好的工作条件倾向于聚集在一起，坏的工作条件也倾向于聚集在一起。但是，我们在前面讨论补偿性工资差异时，这种倾向性在理论上变得可疑起来。根据补偿性差异理论，差的工作条件应该支付较高的工资，好的工作条件则只需支付较低的工资。很明显，这是一种与"马太效应"完全相反的"工资—工作条件"关系的情形。尽管在理论上显得颇为殊异，但是补偿性差异理论很少能够得到经验研究的证实（鲍哈斯，2010：252~253；Smith，1990；Sorensen，1990）。大部分的经验研究证实，除了死亡或受伤风险高的工作容易获得较高工资之外，其他具有劣质工作条件（比如工作单调重复、工作的体力强度较大、工作环境脏乱等）的工作岗位所获得的工资一般非常低。

其次，我们需要确定劳动力市场"二元模型"的有效性。如果上述的"马太效应"是正确的，那么接下来我们就面对这样一个问题，即双重劳动力市场是否真的存在？也就是说，劳动力市场是否可以被描述为二元模型？关于如何划分劳动力市场，经济学家和社会学家已经做了大量的实证工作（Kalleberg et al.，1981；Smith & Noma，1985；Anderson et al.，1987）。我们将在本章的第四节来讨论劳动力市场的划分标准问题，这里只准备讨论二元模型的充分性或者说有效性问题。我们上面说过，二元模型是一种工作条件组合的极端模式，它容易掩盖各种中间类型的混合形态。事实上，经济学家和社会学家很早就对二元模型做了不同程度的修正。例如，皮奥雷将"二元模型"修正为"三分模型"，即认为劳动力市场应划分为初级市场上层、初级市场下层以及次级市场（Piore，1975）。罗伯特·P. 阿尔图萨（Robert P. Althauser）和凯勒伯格则进一步提出了劳动力市场的"五分模型"（见表4-1），即企业内部劳动力市场（FILMs）、职业内部劳动力市场（OILMs）、企业劳动力市场（FLMs）、职业劳动力市场（OLMs），以及次级劳动力市场（SLAMs）五个类型（Althauser & Kalleberg，1981）。但这里需要指出的是，上述理论背后均暗含着这样一个假设，即劳动力市场是不连续的并且是单维度的。用更容易理解的话来说，这意味着各种工作特征（工作质量维度）以相同"方向"聚集在一起，因此可以"化简"为一个单一维度，而用这个维度可以把劳动力市场划分为各个相互"隔绝"的部分。然而，D. 兰德尔·史密斯（D. Randall Smith）和艾略特·诺玛（Elliot Noma）使用中心测度法（centroid scaling）对职业间的流动矩阵进行分析，他们得出的结论为，劳动力市场的分割是多维度的（multidimensional），而且各维度之间存在重合。这个结论的意义在于，它表明各种维度所划分出的劳动力市场不存在一致的对应关系，没有一种方式可以将劳动力市场完美地分隔开（Smith & Noma，1985）。就目前的情形来看，劳动力市场的二元模型（或其修正版本）是否成立是一个远没有达成定论的问题。

表4-1 劳动力市场类型的区分

类型	定义
企业内部劳动力市场	存在于单一雇主（组织或公司）内部的劳动力市场
职业内部劳动力市场	涉及某个职业或者某几个相关职业，不限于单一雇主
企业劳动力市场	存在于企业或组织内部，但不具备内部劳动力市场特征
职业劳动力市场	涉及某个或某些职业群体，但不具备内部劳动力市场特征
次级劳动力市场	所有不属于上述四种市场的工作

再次,我们需要确定经济部门分割与劳动力市场分割之间的关系。我们在前面已经提到过,双重经济理论和双重劳动力市场理论是两种不同的新结构主义研究路线。具体来说,前者关注的是经济部门(厂商、企业或行业)之间的分化,而后者则关注的是劳动力市场(工作以及占据工作的人)之间的分化。尽管在关注对象上存在差别,但是很多人倾向于认为,经济部门分割和劳动力市场分割是紧密联系的(Doeringer & Piore, 1971; Gordon, 1972; Averitt, 1968; Beck et al., 1978; Smith & Noma, 1985)。例如,阿尔图萨和凯勒伯格就认为,经济部门分割和劳动力市场分割几乎是完全重叠的,因为核心企业会雇用位于初级劳动力市场中的工人,而边缘企业则会雇用属于次级劳动力市场的工人(Althauser & Kalleberg, 1981)。除此之外,凯勒伯格等人还从集中度、经济规模、政府购买、资本密集度和组织规模五个维度,具体阐述了经济部门分割和劳动力市场分割之间的所谓"重叠关系"(Kalleberg et al., 1981)。然而,部分学者对此还是存在反对意见(Doeringer & Piore, 1971; Hodson, 1978)。例如,多灵戈和皮奥雷就认为,经济部门分割和劳动力市场分割并非完全重合,核心企业中也有次级工作,而边缘企业中也有初级工作(Doeringer & Piore, 1971)。在听取了正反双方的意见之后,我们就必须非常慎重地对待一些常规做法,比如用经济部门分割的维度来划分劳动力市场(Smith & Noma, 1985),或者直接用经济部门分割来代替或指示劳动力市场分割,这一点对于我们后面的分析来说非常重要,我们在本章的第四节还会再次回到这个问题。

最后,我们需要确定劳动力市场分割对于工资决定机制的影响。我们一直是把工资与工作生活质量的其他维度放到一起进行考虑的,也就是说,我们是在工作生活质量的组合"模式"(pattern)中来考虑工资问题的。本章前面所做的工作,实际上就是确立了一种"双重劳动力市场"的工作生活质量组合模式。这样做的意义在于,我们不仅要考察决定个人收入的因素(即设想存在一种一般的工资决定机制),而且必须考虑这样一种可能性,即工资决定机制在不同的劳动力市场中是不一样的。之所以要考虑这种可能性,是因为我们倾向于认为初级劳动力市场和次级劳动力市场(以及其他可能的分割)很可能有着不同起源和影响,因此很可能有着不同的工资决定机制(Althauser & Kalleberg, 1981)。要想对这种假设进行实证检验,需要选择适当的模型,关于方法论上的问题,我们留待本章第三节再做更详细的阐释。但在进行正式的模型表述之前,我们在接下来的第二节对近年来我国城市居民和雇员的工资结构做一描述,从而对我国工资差异的实际状况有一个初步的了解。

第二节 工资结构的基本形态

工资作为一个典型的经济社会变量,如同其他变量一样,可以用很多方式来展示它的实际分布。比如我们可以对调查中收集起来的工资数据进行描述分析,计算其均值、标准差、中位数、最大值和最小值等。我们还可以画出工资变量的直方图(histogram),从直方图的形状来判断工资是左偏态(意味着多数人工资收入较高)还是右偏态(意味着多数人工资收入较低)。最后,采用更为正式的方法,我们还可以画出工资变量的概率密度函数和累积分布函数的曲线。这些统计描述方式,尤其是概率密度函数和累积分布函数,把我们的注意力不可避免地引向了工资分布的不平等(郝令昕、奈曼,2012:464~470)。

除了这些基本的统计描述方式之外,人们最常用来展示工资收入不平等的方式也许非"洛伦兹曲线"(Lorenz Curve)莫属了。典型的洛伦兹曲线将社会成员分为五个相同人数规模的组,然后计算各组的累计工资收入份额,从而形成一条曲线(鲍哈斯,2010:328;郝令昕、奈曼,2012:471~474)。洛伦兹曲线的优势在于它的易于理解性和操作的方便性,此外它还与基尼系数(Gini

Coefficient）直接相关，即根据洛伦兹曲线可以直接求得基尼系数。我们根据中国综合社会调查（CGSS）的历年数据（2003~2013年，但中间有几个年份没有调查），画出了全年总收入和全年工资收入的洛伦兹曲线（见图4-2）。

全年工资收入的洛伦兹曲线（2006~2013年）
—— 2003年 ---- 2005年 ····· 2006年 – – 2008年
—·— 2010年 –··– 2011年 —— 2012年 ---- 2013年

全年工资收入的洛伦兹曲线（2006~2013年）
—— 2006年 ---- 2008年 ····· 2010年 – – 2011年
—·— 2012年 –··– 2013年

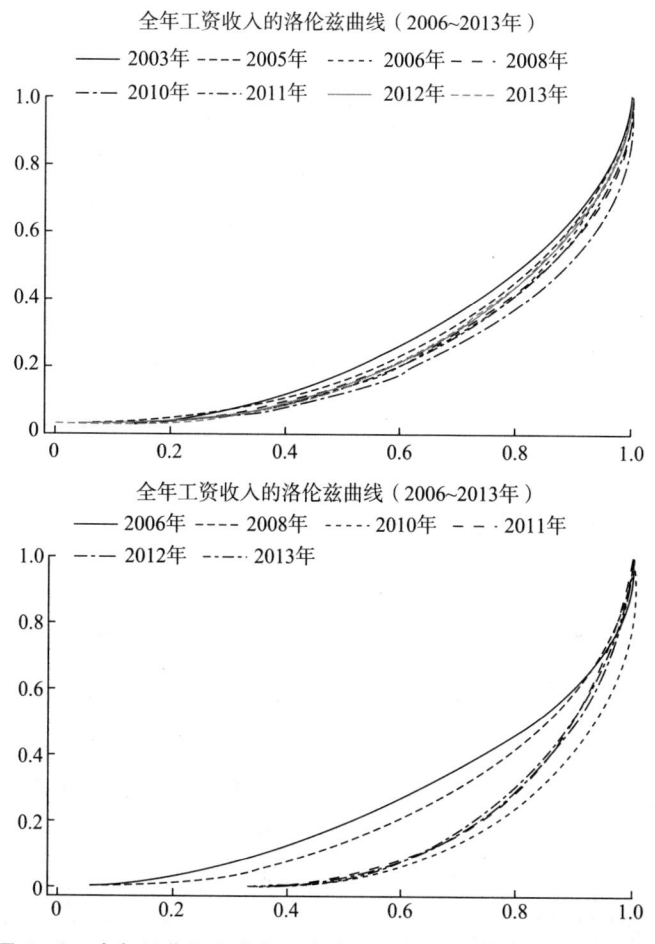

图4-2 全年总收入和全年工资收入的洛伦兹曲线（CGSS数据）

CGSS中，历年关于收入的调查口径不同。具体来说，2003年和2005年，问卷中询问的是被访者的月总收入和全年总收入，包括工资、各种奖金、补贴、分红、股息、经营性纯收入、银行利息、馈赠等所有收入。2006年，除了询问被访者的全年总收入之外，还询问了他们的月工资收入（包括所有的工资、各种奖金、补贴）和月经营收入。2008年，问卷询问了被访者的全年职业收入和全年职业外收入。之后，2010年、2011年、2012年和2013年，问卷中关于收入的题项趋于一致，即均询问的是被访者的全年总收入和全年职业收入。为了避免由统计口径的不同造成数据的不可比较，我们在对全年总收入和全年工资收入的年份选择上是不同的。具体来说，在全年总收入的洛伦兹曲线图中，我们使用了从2003年到2013年的全部可得数据，而在全年工资收入的洛伦兹曲线图中，我们只使用了2006年及之后历年可得的CGSS数据。

从历年的洛伦兹曲线和基尼系数可以得出以下方面。（1）就个人的全年总收入而言，随着时间的推移，收入不平等是先扩大（2003~2010年）后减小（2010~2013年）的。（2）就个人的全年工资（职业）收入而言，也表现出了相同的特点。就基本趋势来看，工资不平等同样是随着时间推移而先扩大（2006~2010年）后减小（2010~2013年）的。（3）但是，似乎更加重要的是，全年总收入和全年工资收入的不平等程度是不一样的。从图4-2中可以明显看到，全年总收入的洛伦兹曲线几近是重合的，相应地，基尼系数的范围在0.52~0.64；相反地，全年工资收入的洛伦兹曲线则差异极大，基尼系数的范围在0.49~0.76（见表4-2）。对此我们只能试探性地提出几个解释因素，比如存在国家税收和财政支出的再分配效应、丈夫或妻子收入的补偿效应、个人职业外收入或经营收入的效应等。我们的重点和兴趣在于，这一事实

表4-2 各年份总收入和工资收入的基尼系数（CGSS数据）

年份	2003	2005	2006	2008	2010	2011	2012	2013
总收入	0.52	0.55	0.59	0.59	0.64	0.60	0.57	0.57
工资收入			0.49	0.56	0.76	0.71	0.71	0.70

表明，工资（wage）的决定机制与个人收入（income）的决定机制是不一样的，工作生活质量与生活质量是相对独立的。

上面的洛伦兹曲线和基尼系数的分析，只能帮助我们了解一个社会中总体的工资收入不平等状况。关于工资分布的不平等，一般可以分为三种形态（鲍哈斯，2010：330）。（1）高收入群体和低收入群体之间的工资收入差距。这意味着根据一定的阈限值（一般是分位数）来确定工资收入的各个群组，然后计算各群组之间的工资收入差距。上述洛伦兹曲线可以看作这类差距的一种特殊形式。（2）不同特征群体之间的工资收入差距。这实际上已经涉及对造成工资差异的因素的求解，因为我们在这里希望发现各种属性或特征（如受教育年限、性别、民族、阶级位置、职业等）之间是否存在工资收入上的不一致（比如同样是学习社会学专业，但一个人是硕士，另一个人是博士，他们的工资就可能存在差异）。因此，这类工资收入差距表明了各属性或特征之间的"外部异质性"。（3）相同特征群体内部的工资收入差距。具有相同属性特征，比如具有相同受教育年限的人，一定会得到相同的工资吗？根据我们在前面的论述，这一假设在现实中基本上是不成立的，因为在某一属性上相同的人未必在另一属性上也相同（比如同样都是社会学博士，一个人在大学做老师，另一个则在科研机构或企业做研究人员，他们的工资就未必相同）。仿照前面的说法，这一类工资收入差距意味着各属性或特征的"内部异质性"。

上面三种形态中的第一类相对来说数据比较容易获得，但第二类和第三类差距一般需要建立正式的统计模型来进行分析。在这一节的最后，我们就对第一类工资差距形态进行考察，而对第二类和第三类工资收入差距形态则放在第三节和第四节进行分析。关于高收入群体和低收入群体之间的工资收入差距，一般采用"90-10工资收入差距"、"50-10工资收入差距"和"90-50工资收入差距"来加以测算和展示（鲍哈斯，2010：330~333；Kalleberg，2011：108-111）。"90-10工资收入差距"计算工资数据中 90 分位数和 10 分位数的比值，类似地，"50-10 工资收入差距"计算工资数据中 50 分位数（即中位数）和 10 分位数的比值，"90-50 工资收入差距"计算工资数据中 90 分位数和 50 分位数的比值。图 4-3 分别利用 CGSS 历年的全年总收入数据和全年工资收入数据计算上述比值。

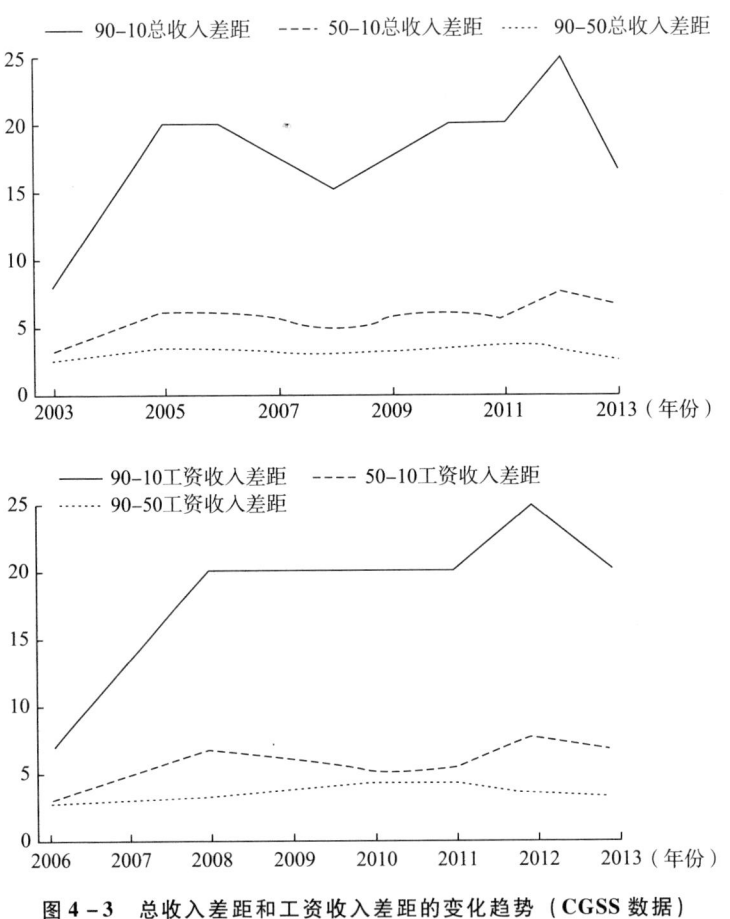

图 4-3 总收入差距和工资收入差距的变化趋势（CGSS 数据）

从图 4-3 中可以看出，无论是就总收入而言，还是就工资收入而言，"50-10 的差距"是相对比较小的（但比值也在 5 左右），而且基本呈现平稳态势，波动不大；相反地，"90-10 的差距"非常大，而且总体呈增长态势，虽然近年来稍有回落。就工资收入来说,在"90-10工资收入差距"最大的2012年,最高收入者的工资是最低收入者工资的25倍,在除2012年和2006~2007年之外的其他年份,该比值均为20。除了展示基本工资分布结构之外,"90-10工资收入差距"和"50-10工资收入差距"还可以启发我们更多的思考。第一,低收入群体和高收入群体的社会特征是什么?根据本章第一节所阐述的理论,我们有理由推测这两类群体在人力资本、工作环境、工人权力、所在经济部门等方面存在差别。第二,什么造成了工资收入差距的动态变化?比如在对美国工资结构的分析中,凯勒伯格就注意到从20世纪80年代后期到2010年,女性的"50-10工资收入差距"基本维持不变,而"90-50工资收入差距"则持续扩大;在同一时间段内,男性的"50-10工资收入差距"持续下降,但"90-50工资收入差距"则持续扩大(Kalleberg,2011:109-110)。凯勒伯格指出,劳动力构成、产业变化、政府政策、制度环境等方面的变化都有可能诱发上述这种变化。受数据集方面的限制,我们无法追踪如凯勒伯格那样长时期的动态趋势,但正如图4-3所展示的,从2003年至2013年,我国高收入群体和低收入群体的总收入差距总体上在扩大,中间收入群体和低收入群体的差距基本不变,这一事实足够引起我们的兴趣去探究造成这种状况的原因。但由于第二章已经对此问题有所讨论,并且本章的关注点在于与工作生活质量模式相关的工资决定机制上,所以在下面的两节中,我们不再讨论工资的动态变化,而是集中注意力于考察造成工资差异的各种因素以及工资决定机制与劳动力市场分割的关系。

第三节 模型:转换回归

在本章第一节的最后部分,我们提出了这样一个问题,即双重劳动力市场的存在可能意味着相应地存在不同的工资决定机制。那么从实证视角来看,如何对这一命题进行检验呢?通常情况下,

人们是采用一般的回归模型来完成这一工作的,只不过这里需要对两个样本分别运行一个回归模型①:

$$y_1 = \alpha_1 + \beta_1 X + \epsilon_1 \quad \text{if } labormarket = 1$$
$$y_2 = \alpha_2 + \beta_2 X + \epsilon_2 \quad \text{if } labormarket = 2$$

对两个样本简单回归模型的一个模拟如图4-4所示。

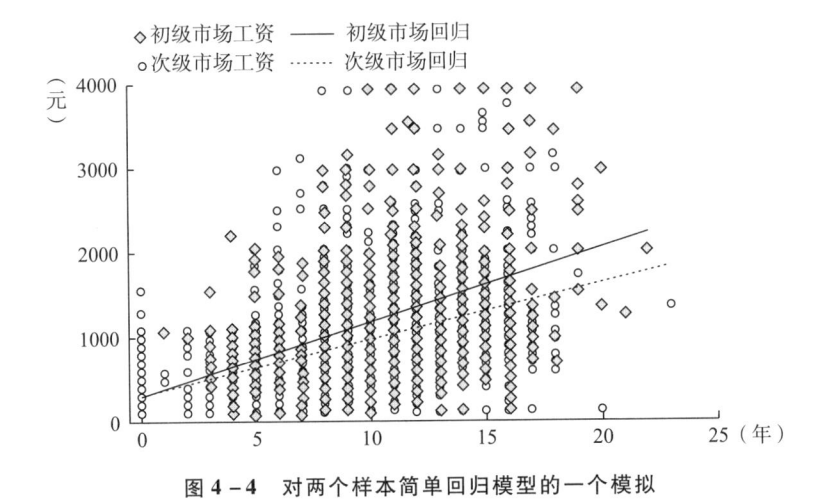

图4-4 对两个样本简单回归模型的一个模拟

将整体样本分为两个样本,然后分别拟合回归方程的做法存在一个严重的缺陷,即它忽略了样本中可能存在的自选择(self-selection)问题。举一个最经典的例子来说,假设现在我们要对收入进行回归分析,并且我们把"是否具有大学学历"作为回归方程中的一个自变量。但是大家都清楚,上大学是"一个受到诸多因素决定的个人决策",因此它实际上是一个内生变量(郭申阳、弗雷泽,2012:60)。不仅如此,通常来说,天赋和能力越高的人上大学的机会也就越大,这样一来,我们就很难辨别工资的差异到底是由拥有大学学历所造成的,还是仅仅反映了能力的差异。由于自选择问题的存在,模型中相应自变量存在内生性(endoge-

---

① 由于书中未对该模型进行具体分析,因此无须给出其中字母的含义,下同。

nous），所以需要对这个内生变量进行建模。通常来说，在存在内生变量和自选择问题的情况下，有几种统计模型可供选择，包括工具变量法（Instrumental Variable）、样本选择模型（Sample Selection Model）、处理效应模型（Treatment Effect Model）等。由于工具变量法需要寻找一个既与内生变量相关，又与模型误差项无关的外生变量，因此在实际中很难操作。样本选择模型和处理效应模型则是直接对选择过程进行建模（即除了建立关于因变量的回归模型之外，还需要建立一个关于内生变量的选择模型），因此在操作上更加简便易行（Heckman，1979；Maddala，1983；郭申阳、弗雷泽，2012：61~67）。样本选择模型和处理效应模型的区别在于：当我们只能观察到一种选择状态的结果数据时（比如样本中只有参加工会者或只有签订了劳动合同者的数据），适用样本选择模型；而当我们能同时观察到两种选择状态的结果数据时（比如样本中同时包括工会成员和非工会成员的数据，或者同时包括有劳动合同者和没有劳动合同者的数据），则适用处理效应模型（郭申阳、弗雷泽，2012：60）。

但是，样本选择模型和处理效应模型仍然存在一个问题，即它们的目的只是解决自变量的内生性问题，以求得对内生变量的无偏估计，而无法将整体样本分为两个样本来分别估计各自变量的系数。事实上，如果我们认为调查对象在两个部门之间进行自选择的话，那么假定这两个部门存在差别，并且拥有不同的工资决定机制，就是一个合理的设想。这样一来，我们就希望能够按两个部门将样本分开来分别估计各个自变量的系数。一些计量经济学家为此提出了内生转换回归模型（Switching Regression Model），用以估计两部门或多部门框架下的各种样本（Dickens & Lang，1985；Ransom，1987；Gaag & Vijverberg，1988；Hotchkiss，1991；Hartog & Oosterbeek，1993；Dustmann & Soest，1998；Adamchik & Bedi，2000；Lokshin & Jovanovic，2003；Jovanovic & Lokshin，2004；Adamchik & Hyclak，2013）。转换回归模型可以用下面的结构方程来表示：

$$y_{1i} = \beta_1 X_{1i} + \epsilon_{1i} \quad \text{if} \quad I_i = 1$$
$$y_{2i} = \beta_2 X_{2i} + \epsilon_{2i} \quad \text{if} \quad I_i = 0$$
$$I_i = 1 \quad \text{if} \quad \gamma Z_i + \mu_i > 0$$
$$I_i = 0 \quad \text{if} \quad \gamma Z_i + \mu_i \leq 0$$

转换回归模型多被用来分析公共部门和私人部门之间的工资差异，比如雅克·范·德·加戈（Jacques Van Der Gaag）和维姆·维佳尔伯格（Wim Vijverberg）（1988）对科特迪瓦的分析，乔普·哈托格（Joop Hartog）和海塞尔·乌斯特比克（Hessel Oosterbeek）（1933）对荷兰的分析，克里斯蒂安·杜斯特曼（Christian Dustmann）和阿瑟·范·索斯特（Arthur Van Soest）（1998）对德国的分析，维拉·A. 亚当奇科（Vera A. Adamchik）和阿琼·S. 贝迪（Arjun S. Bedi）（2000）对波兰的分析，迈克尔·M. 罗克申（Michael M. Lokshin）和布兰科·约万诺维奇（Branko Jovanovic）（2003）对南斯拉夫的分析，约万诺维奇和罗克申（2004）对莫斯科的分析，以及亚当奇科和托马斯·J. 海克拉克（Thomas J. Hyclak）（2013）对波兰的分析，等等。我们在第四节的第二小节将采用转换回归模型来对双重劳动力市场框架下的工资决定进行分析。

第四节　两部门的工资决定

在这一节中，我们有两个任务。第一，我们要对本章第一节提出的经济学的新古典工资理论和社会学的新结构主义工资理论进行检验；第二，我们要对双重劳动力市场框架下的工资决定进行建模和分析。对于第一个任务，我们只需要拟合若干嵌套模型（Nested Model）即可；对于第二个任务，我们需要根据本章第三节的讨论来加以实施。我们这里的分析使用的是中国综合社会调查 2006 年的数据（CGSS 2006），尽管该数据在收集时间上距今较久，但是目前来说，只有该数据集包含我们分析所需要的全部变量。我们把分析范围限定为城市中的受雇人口，在此基础上我们还根据调查对象所报告的职业对数据进行了清理，即我们删除了职业为私营企业主、军人和无职业者这三类人。最终我们得到的样本量为 4127 人，在对因变量（即工资收入）取对数之后，实际用于分析的有效样本量为 3612 人。尽管所用的模型不同，但本节要完成的两个任务所涉及的变量和基本模型形式是一致的。所以，我们首先按照变量在理论中的属性，对模型中所使用的变量的处理进行说明，然后报告描述性统计结果。

（一）因变量

模型的因变量是被访者上个月所得的工资收入，包括所有的工资、各种奖金、补贴等。研究表明，工资收入呈非常严重的右偏态，我们取工资收入的对数，以降低右偏态的程度。需要指出的是，对于那些上个月工资收入为 0 的被访者，我们没有按一般的做法进行对数转换，所以这部分人是被排除在模型分析之外的，这使得我们的样本量减少了 190 人。

（二）自变量

1. 人力资本变量

人力资本用两个变量来测量：受教育年限和总的工作经验。受教育年限是从上小学算起共受过的学校教育年数。工作经验定义为个人在劳动力市场中总的工作时间，即用被访者最后职（最后一份职业）的结束年减去首职（第一份职业）的起始年，我们把这个变量称为"总的工作经验"，以区别于在最后职或目前职业中的工作时间，即一般的"工作经验"。这样处理的意义在于，我们把"总的工作经验"看作工作者一般技能的一个指标，而把"现职工作时间"看作工作者专门化技能的一个指标。根据这一区分，我们将把目前职业中的工作经验归入工人权力变量类别之中。

2. 工作特征变量

我们选择了与工作舒适度相关的四个变量，包括每天工作是否重复、是否经常长时间工作、是否需要繁重的体力劳动，以及工作环境的清洁程度。这四个变量是补偿性差异理论所关注的，但遗憾的是我们没有关于工作岗位危险程度的变量。另外，我们还把这些变量从定序变量压缩为了二分变量。

3. 工人权力变量

这里包括四个变量。第一，现职工作时间，我们上面已经论述过了。第二，是否处在管理位置，这个变量需要用直接下属的人数来判断，如果直接下属人数为0，则不处在管理位置；如果直接下属人数大于0，则认定被访者处在管理位置。第三，是否获得过国家职业标准的资格认证，我们只关心职业资格证书的有无，而不关心职业资格证书的等级，也不对具体的职业进行细分。第四，工作是否需要接受专门的培训，值得注意的是，这个变量测量的是被访者的主观认知，即如果"要做好这份工作"的话，被访者认为自己是否需要接受专门的培训。除了没有工会成员身份变量之外，我们这里的工人权力变量与凯勒伯格等人对工人权力的定义是一致的（Kalleberg et al., 1981）。需要指出的是，我们使用的工人权力变量均为二分变量，但其中一些变量是可以使用相应的定序变量的，如管理位置的等级（或个人的行政级别）、职业资格证书等级、掌握工作技能所花费的时间等。

4. 经济部门变量

该组变量测量的是被访者所在单位（企业或组织）的特征，具体包括三个变量。第一，被访者所在单位的主管单位或挂靠单位的级别，我们遵照原问卷中的级别划分，没有进行合并，但其中有多个级别（中央级、省级、乡镇级、居委会级和其他等）的案例数非常少。第二，单位类型，分为党政机关、企业单位、事业单位、个体经营和其他。第三，单位所有制性质，分为国有、集体所有、私有和外资企业，以及其他。

(三) 控制变量

为了使模型得到更好的估计,我们在模型中加入了两个控制变量,即性别和年龄。在一些理论中,性别和年龄也被当作解释变量的一部分。如很多双重劳动力理论的提倡者强调妇女在劳动力市场上的弱势地位,而人力资本理论也倾向于描述"年龄-收入曲线"(age-earnings curve)。我们之所以把这两个变量定位为控制变量,原因在于它们的理论属性过于模糊。性别一方面被从统计歧视(statistical discrimination)的角度来处理;另一方面在新结构主义中,性别经常以组织中的"(男女)性别比"的形式出现。年龄在人力资本理论看来可以作为技能和工作经验的测量指标,但在效率工资理论和新结构主义那里,年龄则被作为一个结构属性,其作用机制不同于人力资本理论所主张的机制。

除此之外,不同于双重经济理论的通常做法,我们没有加入组织规模、行业或职业等变量。虽然控制这些变量或许有好处,但这样将使得模型变得过于庞大和复杂,况且我们在本章的关注点也并不是双重经济理论所主张的那些命题。

上述变量的描述性统计结果如表4-3所示。

表4-3 变量的描述性统计

变量	均值或占比	标准差
受教育年限(年)	10.24	3.69
总的工作经验(年)	20.02	11.97
总工作经验的平方	544.25	509.47
每天工作重复(%)	91	
长时间工作(%)	65	
重体力劳动(%)	39	
工作环境较脏(%)	55	
现职工作时间(年)	14.30	11.52

续表

变量	均值或占比	标准差
处在管理位置（%）	15	
有职业资格证书（%）	21	
需要培训（%）	63	
主管单位级别（%）		
无主管单位	11.13	
中央级	4.99	
省级	9.47	
地市级	36.85	
区县级	18.36	
乡镇级	5.59	
居委会级	1.64	
其他	11.97	
单位类型（%）		
党政机关	3.71	
企业单位	55.51	
事业单位	21.03	
个体经营	13.73	
其他	6.00	
单位所有制性质（%）		
国有	52.73	
集体所有	15.94	
私有和外资企业	22.26	
其他	9.06	
性别（%）		
男性	45.34	
女性	54.66	
年龄（岁）	43.82	13.49
$N=4127$		

一 新古典工资理论和新结构主义工资理论的对比

为了对经济学的新古典工资理论和社会学的新结构主义工资理论进行对比，我们分别以它们各自所主张的变量对工资进行回归（见表4-4中的模型1和模型2），然后将这些变量全部纳入一个完整的回归模型中（见表4-4中的模型3）。

$$W = f(HC, WD) \quad （模型1）$$
$$W = f(WP, AR) \quad （模型2）$$
$$W = f(HC, WD, WP, AR) \quad （模型3）$$

其中，W（Wage）指的是工资的对数；HC（Human Capital）指的是人力资本；WD（Work Desirability）指的是工作条件；WP（Worker Power）指的是工人权力；AR（Authority Relations）指的是工作中的权威位置。模型1是经济学的新古典工资理论，模型2是社会学的新结构主义工资理论，模型3则是一种混合的工资理论。表4-4展示了这三个回归模型的结果。

表4-4 关于工资决定的经济学、社会学和整合模型

变量	模型1	模型2	模型3
受教育年限	0.0744***		0.0622***
总的工作经验	0.0144***		0.0123***
总工作经验的平方	0.0000789		0.0000324
每天工作重复	0.00528		0.0382
长时间工作	0.0855***		0.0705**
重体力劳动	-0.0953***		-0.0704**
工作环境较脏	-0.144***		-0.126***
现职工作时间		0.00864***	0.00514***
处在管理位置		0.262***	0.149***
有职业资格证书		0.217***	0.0806**
需要培训		0.138***	0.110***

续表

变量	模型1	模型2	模型3
主管单位级别（参照组：无主管单位）			
中央级		0.132*	0.0959
省级		-0.0924	-0.0852
地市级		-0.0828*	-0.0935*
区县级		-0.231***	-0.208***
乡镇级		-0.348***	-0.279***
居委会级		-0.321**	-0.337***
其他		0.114	0.103
单位类型（参照组：党政机关）			
企业单位		-0.305***	-0.138*
事业单位		-0.0710	0.00163
个体经营		-0.554***	-0.294***
其他		-0.319**	-0.189
单位所有制性质（参照组：国有）			
集体所有		-0.0772*	-0.0287
私有和外资企业		0.306***	0.246***
其他		-0.0152	0.0343
女性	-0.261***	-0.253***	-0.235***
年龄	-0.0194***	-0.0181***	-0.0185***
_cons	6.706***	7.708***	6.788***
R^2	0.275	0.227	0.315
adj. R^2	0.273	0.223	0.310
N	3612	3612	3612

注：$*p<0.05$，$**p<0.01$，$***p<0.001$。

模型1的结果表明，新古典工资理论具有较好的解释力。人力资本的两个变量（受教育年限和总的工作经验）均在 $p<0.001$ 的水平下显著。受教育年限每增加1年，工资预期增加约7%；总的

工作经验每增加1年，工资预期增加约1%。但总工作经验的平方影响不显著，说明总的工作经验越多，所得的工资也就越高，且收入的增长率不会在某个临界点之后下降。补偿性差异理论所主张的变量（除了每天工作重复这一项之外）均影响显著，但是方向与该理论的预期不太一致。长时间工作这个变量的影响符合补偿性差异理论的预期，越是经常遇到长时间工作的情况，则工资越多（增加约9%）。但后面两个变量的影响方向与补偿性差异理论的预期完全相反。工作需要付出重体力劳动的雇员所获得的工资较少（减少约10%），工作环境较脏的雇员所获得的工资也较少（减少约14%）。

模型2的结果也非常理想，说明社会学的新结构主义工资理论具有有效性。一方面，与工人权力有关的四个变量（现职工作时间、处在管理位置、有职业资格证书以及需要培训）均在 $p < 0.001$ 的水平下显著。具体来说，处在管理位置、有职业资格证书、工作需要培训的人，其工资要比相应的不具备这些属性的人分别多约26%、22%和14%。值得注意的是现职工作时间这一变量，虽然该变量具有统计显著性，但是其影响系数非常小，每增加1年现职工作时间，工资仅仅增加约0.8%。另一方面，测量经济部门的三个变量也大都影响显著，但结果解释起来更为复杂。与无主管单位的组织相比，主管单位为中央级的工资会更多，但除此之外，主管单位为地市级等其他级别的工资会更少。我们将该变量重新编码为二分变量，即分为有主管单位和无主管单位两类，结果基本是一致的，即有主管单位的组织比无主管单位的组织工资更少（结果未展示）。再来看单位类型变量。与党政机关相比，其他单位类型的工资均更低，但事业单位在统计上不显著。从回归系数上来看，其他单位类型与党政机关的工资收入差距是非常大的，企业、个体经营和其他单位分别比党政机关的工资要低约31%、55%和32%。单位所有制性质也被证明能显著影响工资。与国有单位相比，集体所有单位的工资更低（低约8%），但

私有和外资企业单位的工资则更高（高约31%）。

模型3是将新古典工资理论的设定和新结构主义工资理论的设定综合起来得出的结果。毫不意外的是，在把来自不同理论传统的变量纳入一个模型之后，这些变量的系数绝对值大多变小了，不过大多数变量仍然在原有的水平下具有统计显著性。这里特别需要指出的变量有如下几个。第一，处在管理位置的系数从0.26下降到0.15，从而使得雇员的工资从提升26%减少到提升15%。第二，有职业资格证书的系数从0.22下降到0.08，雇员的工资相应地从提升22%下降到提升8%，减少了14个百分点，可见下降幅度非常之大。第三，单位类型变量中，企业单位的系数显著性变低。第四，单位所有制性质变量中，集体所有单位的系数在模型3中不再显著。

在控制变量方面，三个模型均证明，性别和年龄对工资具有显著影响。女性的工资收入比男性低约26%（模型1）到低约24%（模型3）；年龄每增加1岁，工资收入均约减少2%。最后，我们对各模型进行了嵌套模型的似然比检验（Likelihood - Ratio Test），检验结果（未展示）表明模型3优于新古典工资理论和新结构主义工资理论所单独构建的模型。

通过把来自不同理论传统的变量融入一个模型之中，来得到一个看似综合全面的实证分析，似乎是社会学实证研究的一个常规做法。这种做法背后是一种颇为中庸且乐观的观点，即认为每一种理论传统都只是观察到了社会现象的一个侧面，这样就必然失之偏颇，而通过把不同的理论结合到一起，彼此消磨一些"棱角"，就能够更好地解释社会现象。然而，我们必须对此保持高度警惕。不同理论传统背后所凭借的基础假设往往是不同的，甚至是截然相反的。比如我们在本章第一节曾论述过，经济学的一个基本假设就是认为劳动力市场是同质性的，这样的假设实际上从根本上阻止了经济部门分割和劳动力市场分割存在的可能性，因为这些分割的存在必然造成劳动力市场的异质性。又比如，我们在前面还曾指出,经济学和社会学对同一变量的作用机制有着不同的见解。如果一个人处在管理位置上并因此获得更高的工资,那么在经济学看来这是他的生产力更高的结果;但是社会学则可能认为,更高的位置并不意味着更高的生产力,工资由位置决定,因此和边际生产力存在脱节。这样看来,如果把不同理论传统简单地"综合"起来,其背后将是多么的混乱和冲突。这就类似于一方面主张"格物致知",另一方面又主张"心外无物",将如此冲突的观念轻描淡写地置入一个人的头脑中,未免对他/她的头脑过于残忍了。实际上,"成熟"的科学很少将各种理论无原则地杂糅到一起以求得一种两面讨好的中庸局面。正如乔治·贝克和本格特·霍姆斯特朗在劳动经济学领域所观察到的那样,"彼得·多灵戈和迈克尔·皮奥雷关于内部劳动力市场的开创性工作对经济学家们的影响却非常之有限……劳动经济学的教科书仅仅是对内部劳动力市场做一些粗略的叙述。竞争模型仍然是劳动经济学所选择的唯一范式,即认为工资反映了个人的边际生产力"(Baker & Holmstrom, 1995)。那么,面对这样的局面,我们应该做些什么呢?一个同样中庸但似乎更加合理的做法,是对各种相互竞争和对立的理论各自的适用范围进行检验,也就是说要把变量的作用机制放在具体的环境中进行描述。我们在下面的这一小节中就是采取了这样一种类似的思路。首先,我们认定劳动力市场可能存在事实上的分割,比如二元模型所指示的那样。其次,我们认定在不同劳动力市场中存在不同的工资决定机制。最后,根据前面的理论,我们认定经济学的新古典工资理论主要适用于次级劳动力市场,而社会学的新结构主义工资理论则主要适用于初级劳动力市场。

二 初级劳动力市场和次级劳动力市场的对比

我们在上文已经指出,劳动力市场分割不一定适用二元模型,因为很可能存在三分模型(Piore, 1975)、五分模型(Althauser &

Kalleberg，1981）等。尽管如此，在下面的分析中仍然采用二元模型，从而方便我们建模。那么现在的问题就是，我们如何确定劳动力市场的两个部门，或者两种体制（regime）呢？要想回答这个问题，重要的在于确定双重劳动力市场的划分标准，或者确定双重劳动力市场的定义维度。这就意味着，我们需要找到一条"分割线"，它能够在满足内部同质性和外部异质性同时最大化的原则下，把劳动力市场划分为"好的"（初级劳动力市场）和"坏的"（次级劳动力市场）。前面已经多次提及二元劳动力市场的定义，这里我们仍有必要再重复一次。初级劳动力市场所包含的工作拥有如下特征：较高的工资，良好的工作条件，就业的稳定性和工作的保障性，在工作规则管理和晋升机会上有着公平和预定的程序（Doeringer & Piore，1971）；相反地，次级劳动力市场所包含的工作倾向于具有如下特征：较低的工资，糟糕的工作条件，就业极为不稳定，工作纪律严明且经常很随意，很少有晋升机会（Piore，1975）。那么根据这个定义，我们如何对调查数据中实际的劳动力市场进行划分呢？一种做法是对上述定义中所提及的维度进行因子分析或聚类分析，从而得出一个二分的结果。我们在第二章中所采用的方式也与此类似。另一种做法则不同，它只需要用其中一个维度来作为划分标准。在划分双重劳动力市场时，皮奥雷本人强调就业稳定性要优先于其他所有特征（Piore，1975），理查德·爱德华兹同样认为初级劳动力市场和次级劳动力市场的最主要差异就在于工作稳定性（Edwards，1975；Althauser & Kalleberg，1981）。当然，其他学者会强调其他维度的重要性，比如组织特征、晋升机会、工作阶梯、工作年限、离职率等（Althauser & Kalleberg，1981；Kalleberg & Mastekaasa，1994）。

我们同意皮奥雷和爱德华兹等人将工作稳定性视为初级劳动力市场核心特征的观点。在新古典主义看来，劳动力市场是同质性的，劳动力根据价格（即工资）而在市场中自由流动，如果雇主解雇了一名雇员，那么雇主可以迅速地在劳动力市场中寻找到一名相同的替代者，而无须担心由此所产生的成本（比如新的工人不熟悉该企业的生产技能）；同样地，如果雇员离开一家企业（无论是自愿离职还是遭到解雇），他一定能够迅速地在其他企业（甚至其他行业或职业）找到新的工作。双重劳动力市场理论的一个基本观察则是，劳动力市场不是同质性的。一方面，从雇主的角度来讲，对于很多工作而言，的确如新古典经济学所主张的那样，劳动力市场中存在大量的"后备军"，可以随时加入企业中填补空缺职位；但是对于另外一些工作而言，由于企业的生产涉及很多专门化知识和技能，外部劳动力市场是很难在短时间内迅速提供"后备军"的。另一方面，从雇员的角度来讲，同样也是如此。对于很多工作而言，劳动者可以毫不费力地从目前所从事的工作转移到另一种工作；但对于另外一部分工作，跨工作、跨职业和跨行业的转移是非常难的。由于存在这样的差别，所以在初级劳动力市场和次级劳动力市场中，雇主所采取的策略也是大相径庭的。在次级劳动力市场中，雇主和雇员可以签订"当期合同"（spot contract），也就是说，工资按照工作量来给付，雇员可以随时退出，而雇主也可以随时招募新人。但在初级劳动力市场，雇主和雇员之间就必须达成某种长期的"承诺"（commitment），而这种承诺实际上就意味着一种长期契约。事实上，很多经济学家和社会学家都在类似的意义上阐述过劳动力市场分割与劳动合同的关系问题，如约翰·戈德索普（Goldthorpe，2007）等。我们认为，用工作稳定性及从法律上保障工作稳定性的劳动合同来划分劳动力市场的做法，同样适用于中国的实际情形。在中国，要判断一个工作者的工作是否稳定，一个关键的指征就是看他/她的工作是"正式的"还是"非正式的"，或者说是"有编制的"还是"无编制的"，这种分野在几乎所有的工作组织中都是存在的。而劳动合同就是从法律上界定工作者在组织中的"地位"的一个形式，正是劳动合同造成了正式工、合同工、派遣工等这些就业地位（employment status）上的差别。当然，由于中国人事制度的一此特殊国情，有些正式工没有签订劳动合同，而那些在次级劳动力市场中的工作者反而签订了劳动合同，对此，我们必须根据问卷中的设问对变量进行处理。

我们在这一小节中拟合了3个模型。模型4和模型5（一般回归模型）是上面的模型3的翻版，只不过我们把分析样本分别限制为无劳动合同的雇员（意味着次级劳动力市场）和有劳动合同的雇员（意味着初级劳动力市场）。模型6是转换回归模型，其变量设定与模型3、模型4、模型5均一致，但采用了不同的估计方法。表4-5展示了这3个模型的回归结果。

表4-5 工资收入的一般回归模型（分样本）和转换回归模型

变量	模型4	模型5	模型6	
	无劳动合同	有劳动合同	无劳动合同	有劳动合同
受教育年限	0.0556***	0.0672***	0.0485***	0.0810***
总的工作经验	0.0106*	0.00711	0.00283	0.0242**
总工作经验的平方	0.0000671	0.00000396	0.000160	-0.000124
每天工作重复	0.0269	0.0303	-0.00891	0.0726
长时间工作	0.0928**	0.0480	0.116***	0.0153
重体力劳动	-0.0593	-0.0785	-0.0545	-0.0877*
工作环境较脏	-0.127***	-0.124**	-0.128***	-0.122**
现职工作时间	0.00514**	0.00527*	0.00551*	0.00582*
处在管理位置	0.0336	0.233***	-0.0179	0.292***
有职业资格证书	0.0800*	0.0398	0.0268	0.101*
需要培训	0.0994***	0.0699	0.0675*	0.124**
主管单位级别（参照组：无主管单位）				
中央级	0.145	-0.0514	0.0479	0.0811
省级	-0.0604	-0.174*	-0.108	-0.117
地市级	-0.0605	-0.207**	-0.116*	-0.131*
区县级	-0.172***	-0.304***	-0.193***	-0.267***

续表

变量	模型 4		模型 5	模型 6
	无劳动合同	有劳动合同	无劳动合同	有劳动合同
乡镇级	-0.210**	-0.462***	-0.242***	-0.474***
居委会级	-0.266*	-0.691**	-0.259*	-0.735***
其他	0.0677	0.0789	0.0599	0.133
单位类型（参照组：党政机关）				
企业单位	-0.246***	-0.114	-0.385***	0.0827
事业单位	-0.0126	-0.0581	-0.0956	0.0620
个体经营	-0.387***	-0.197	-0.399***	-0.178
其他	-0.305*	-0.0268	-0.390**	0.0861
单位所有制性质（参照组：国有）				
集体所有	-0.0745	0.0557	-0.0689	0.0514
私有和外资企业	0.318***	0.186**	0.345***	0.135*
其他	0.0241	0.0289	0.0274	0.0216
女性	-0.247***	-0.194***	-0.215***	-0.222***
年龄	-0.0161***	-0.0113**	-0.00792***	-0.0292***
_cons	6.761***	6.771***	6.510***	6.432***
R^2	0.298	0.275		
adj. R^2	0.290	0.260		
N	2304	1308	2304	1308

注：$*p<0.05$，$**p<0.01$，$***p<0.001$。

从模型结果我们可以看到，受教育年限的回报率在初级劳动力市场和次级劳动力市场是不同的。相对于转换回归模型，一般回归模型倾向于高估次级劳动力市场的受教育年限的回报率，并低估初级劳动力市场的受教育年限的回报率。根据模型6，受教育年限变量的系数在两个市场之间相差约0.03，这意味着受教育年限每增加1年，在初级劳动力市场可以使工资增加约8%，而在次级劳动力市场则只能使工资增加约5%。总的工作经验变量的情形与此类似，一般回归模型同样高估了次级劳动力市场的总的工作经验回报率，并低估了初级劳动力市场的总的工作经验回报率。有意思的是，总的工作经验变量在一般回归模型和转换回归模型中的统计显著性相反，在转换回归模型中，总的工作经验对次级劳动力市场工资的作用在统计上不显著，而对初级劳动力市场工资的作用具有统计显著性；而一般回归模型的结果则刚好相反。

根据模型6，长时间工作在次级劳动力市场中对工资有显著正向影响（一般回归模型低估了这种影响），但在初级劳动力市场中的影响不显著。重体力劳动对次级劳动力市场的工资影响不显著，其对初级劳动力市场工资的影响在 $p<0.05$ 的水平下显著。工作环境较脏这一变量对初级劳动力市场和次级劳动力市场工资的影响差异不大，并且一般回归模型的结果和转换回归模型的结果之间也没有太大差异。

根据模型6，现职工作时间对工资的影响在初级劳动力市场比在次级劳动力市场稍大，但在初级劳动力市场的影响显著性（$p<0.05$）要弱于次级劳动力市场（$p<0.01$）。处在管理位置变量在次级劳动力市场中的作用不具有统计显著性，但在初级劳动力市场中对工资有显著正向影响，并且这种影响非常大（使工资增加约29%）。有职业资格证书的作用与此类似，即其在次级劳动力市场中的作用不具有统计显著性，而在初级劳动力市场中对工资有显著正向作用（使工资增加约10%）。值得指出的是，在有职业资格证书变量上，一般回归模型所给出的结果与转换回归模型的结果是完全相反的，前者的结果显示有职业资格证书在次级劳动力市场中对工资有显著正向作用，而在初级劳动力市场中则作用不显著。工作需要培训对初级劳动力市场和次级劳动力市场的工资均有着显著正向作用，但工作需要培训这一变量在初级劳动力市场中的系数明显更大（可使初级劳动力市场中的工资增加约12%，

而在次级劳动力市场则只能增加约7%），并且系数在统计上也更显著。

根据模型6，主管单位级别对两个市场中的工资大多有影响。与无主管单位的组织相比，主管单位级别为省级以下（其他除外）的，雇员工资会更少。但是这种影响在初级劳动力市场和次级劳动力市场的差别很大，比如在次级劳动力市场中，主管单位级别分别为区县级、乡镇级和居委会级的，雇员工资分别减少约19%、24%和26%；但在初级劳动力市场中，主管单位级别分别为区县级、乡镇级和居委会级的，雇员工资分别减少约27%、47%和74%。单位类型变量在次级劳动力市场中对工资基本有显著作用，但在初级劳动力市场中均不具有统计显著性。在次级劳动力市场中，与党政机关相比，企业、个体经营和其他单位的工资均较低，但一般回归模型倾向于低估单位类型对工资的作用。在单位所有制性质变量方面，只有私营和外资企业对工资收入的影响具有统计显著性，但一般回归模型低估了私营和外资企业在次级劳动力市场的影响，并高估了其在初级劳动力市场的影响。

最后，我们来看性别和年龄这两个控制变量。从回归模型结果可以看到，一般回归模型高估了女性在次级劳动力市场的工资劣势，但低估了她们在初级劳动力市场的工资劣势。根据一般回归模型可知，女性在次级劳动力市场中比男性的工资少约25%，在初级劳动力市场中比男性的工资少约19%；然而，根据转换回归模型可知，女性在次级劳动力市场和初级劳动力市场中的工资均比男性少22%左右，而且在初级劳动力市场中的劣势反而比在次级劳动力市场更大（虽然这种差距微乎其微）。就年龄变量来说，一般回归模型高估了年龄的增长在次级劳动力市场中对工资的负向作用（在转换回归模型中，年龄每增加1岁，工资减少约0.8%），但低估了年龄在初级劳动力市场中对工资的负向作用（在转换回归模型中，年龄每增加1岁，工资减少约3.0%）。

为了对转换回归模型的结果进行交互验证，我们还建立了一个处理效应模型,限于篇幅不再展示该模型的回归结果。但我们在这里画出了样本的实际工资值(SA)、转换回归模型预测值(SW)和处理效应模型预测值(ETR)的箱线图。从图4-5中可以看出,转换回归模型对初级劳动力市场工资中位数的估计高于实际的样本中位数,而处理效应模型估计的工资中位数接近于实际样本中位数;但是,对于次级劳动力市场的工资中位数而言,转换回归模型的估计与实际样本相当接近,而处理效应模型所估计的中位数要更大。

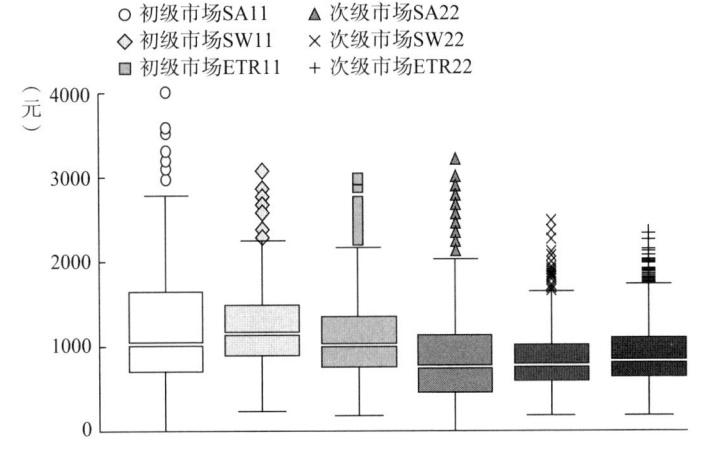

图4-5 初级劳动力市场和次级劳动力市场的实际工资值、转换回归模型预测值和处理效应模型预测值

我们把主要自变量在初级劳动力市场和次级劳动力市场中的作用总结在表4-6中。

初级劳动力市场和次级劳动力市场之间的工资决定机制差异几乎是一目了然的。(1)人力资本变量在初级劳动力市场中的回报率比在次级劳动力市场中要高出很多。(2)在初级劳动力市场中,工作条件越差,工资也就越低,但这种关系在次级劳动力市场中表现得不那么明显。(3)工人权力变量几乎只在初级劳动力市场中起作用,而在次级劳动力市场中的作用要么不显著,要么影响较小。(4)在初级劳动力市场中,处在核心经济部门(如央企、党政机关、国有等）的单位比处在非核心经济部门（如乡镇组织、企业单位、私人所有制）的单位有更大的优势；相反地，在次级劳动力市场中，处在核心经济部门的单位与处在非核心经济部门的单位之间差异相对较小。

表4-6 自变量在不同劳动力市场分割体制中对工资的决定作用

自变量	初级劳动力市场	次级劳动力市场
人力资本		
受教育年限	回报率较高	回报率较低
总的工作经验	正向作用	作用不显著
工作特征		
长时间工作	作用不显著	正向作用
重体力劳动	负向作用	作用不显著
工作环境较脏	负向作用	负向作用
工人权力		
现职工作时间	正向作用	正向作用
处在管理位置	正向作用	作用不显著
有职业资格证书	正向作用	作用不显著
需要培训	影响较大	影响较小
经济部门		
主管单位级别	省级以下劣势明显	省级以下劣势相对较小
单位类型	作用不显著	负向作用（低于党政机关）
单位所有制性质	私有和外贸企业单位优势相对较小	私有和外贸企业单位优势明显

第五节　讨论与小结

这一章集中关注了工作生活质量中的工资报酬维度。我们在工作生活质量各维度组合模式的框架内来考察工资的分布，为此需要考察工资与工作条件、组织中的权威关系、工作保障性和晋升机会等的关联。实证结果表明，工资与工作生活质量的其他维度倾向于结成一种"马太效应"式的组合模式。

借助回归模型，我们检验了经济学和社会学中关于工资决定的相关理论。这些理论包括人力资本理论、补偿性差异理论、新结构主义工资理论和双重经济理论等。第一，我们检验了经典的人力资本理论，结果发现受教育年限和总的工作经验均对工资具有显著正向影响。第二，通过检验新古典经济学的补偿性差异理论，我们把工资与工作环境和工作条件联系起来。我们的实证结果和大多数研究发现是一致的，即工作环境和工作条件越好，工资也会越高；反之工作环境越差，工资也就越低。第三，我们考察了工资与组织中的权威结构之间的关系。根据社会学的新结构主义工资理论，我们检验了工人权力对工资收入的影响，结果发现工人权力能够显著地影响工资获得。第四，关于经济部门变量的检验表明，处在核心经济部门的人能够获得更高的工资。这些事实证明，在工作生活质量的其他维度取得优势，会连带着使工作者在工资上也取得优势。

为了对"马太效应"这一命题进行检验，我们在二元劳动力市场的框架下，对两部门的工资决定机制进行了分析。根据皮奥雷等人的观点，我们提出用工作保障性来作为区分初级劳动力市场和次级劳动力市场的核心特征。由于工作保障是通过劳动合同从法律上得以实现的，因此我们用有无劳动合同来划分二元劳动力市场。实证结果表明，初级劳动力市场和次级劳动力市场有着不同的工资决定机制。次级劳动力市场的工资主要由市场因素和市场机制来决定，而初级劳动力市场中则存在位置因素和非市场机制的显著作用。这种区别导致了初级劳动力市场的工资报酬明显高于次级劳动力市场。这一结果一方面直接验证了"马太效应"的存在，另一方面也对工作生活质量的分化提供了一种解释，即劳动力处在两个异质且分割的劳动力市场之中，是造成他们的工作生活质量存在相当大的差异的原因。

第五章 技能、流动与晋升机会

第一节 工作生活质量与工作流动

我们在第一章中曾经指出,工作生活质量很大程度上取决于人与工作岗位的匹配(person-job match)。匹配是一个动态过程,人们总是努力从不好的匹配转向好的匹配,而这种动态调整是通过工作流动来实现的。从这个角度来说,工作流动是衡量工作匹配质量的一个指标。另外,工作流动也可以看作工作保障性和稳定性的一个指示器。如果工作的保障性和稳定性比较差,那么工作者就可能出现频繁的工作流动,其在一个工作单位的工作时间也就应该相对较短;相反地,如果工作的保障性和稳定性比较好,那么工作者的工作流动频率会比较小,其在一个工作单位的工作时间也就相对较长。从这个角度来说,工作者的工作流动模式以及由此导致的工作持续期可以在相当程度上反映其工作生活质量。然而,工作持续期也并非越长越好,有的人可能一辈子都待在同一家单位,但其从事的可能是那种缺少晋升机会的工作,有的人也许会比较频繁地跳槽,但其每换一个单位或者工作可能都意味着社会地位的提升,这些对于工作质量的影响都需要结合工作的其他客观特征以及不同类型组织和经济部门的特征来加以判断。当然,工作转换或流动(job shift or mobility)所涵盖的范围极广,它包括工作者在地理上的流动,工作者在企业、行业或职业之间的流动,以及工作者在企业内部的流动。我们在本章所讨论的工作流动主要是工作者在企业之间和企业内部的流动,并且主要聚焦于以下三种情形,即辞职、解雇和晋升。辞职(quit)指的是雇员一方主动选择离开目前所工作的企业或组织;解雇(dismiss)指的是雇主一方主动解除与雇员的雇佣关系;晋升(promotion)则指的是雇员在同一企业或组织内部实现职位和等级的提升,很多晋升会涉及工作岗位的转换。与工作匹配质量相关的工作流动主要表现为辞职和晋升,这是相对主动的工作流动类型;而与工作保障性相关的工作流动则主要表现为由解雇造成的失业风险,这是相对被动的工作流动类型。我们在这一节主要考察关于工作流动的各种理论模型,这些模型分别来自经济学、社会学,以及工业与组织心理学。

一 效率匹配、专门化技能与延迟补偿

我们在第四章讲过,新古典经济学的一个核心假设是劳动力市场具有同质性,并且这种同质性会使劳动力能够在价格(工资)的调节下实现自由流动。从这个意义上来说,工作流动是实现劳动力市场有效配置的一个必需要素。然而,同样是在这个意义上,工作流动的存在又恰恰说明劳动力市场的配置并不是最优的。因为如果劳动力市场的配置是最优的(即工人的边际生产力等于其边际产品价值),那么就不存在导致工作流动发生的激励因素(鲍哈斯,2010:387)。因此,工作流动的存在意味着劳动力市场总是在通往最优配置的路上。从雇主的角度来讲,如果雇员的生产力低于支付给他的工资,那么他就会解雇目前的雇员,而去劳动力市场寻找更好的雇员。从雇员的角度来讲,如果自己的生产力高于目前雇主所支付的报酬水平,那么他就会离开目前的雇主,而去劳动力市场中寻找更好的雇主。在经济学中人们一般把这种观点称作工作岗位的"有效转换假说"(Efficient Turnover Hypothesis),也就是说,工作流动是"劳动力市场借以纠正匹配错误的机制,可以带来更好的、更有效率的资源配置"(鲍哈斯,2010:

389）。根据有效转换假说，我们可以推论出工龄的长短与工作流动率之间存在负相关关系。雇主和雇员在初期都缺乏关于匹配价值的正确信息，所以雇主和雇员的"初次结合"中有一部分会是错配的。处于错配状态下的这一部分雇员会通过工作流动（辞职或被解雇）而寻找更适合的工作岗位，而留下来的那一部分雇员则会一直在企业中工作（只要他们的匹配价值不发生变化）。

关于工作流动，在经济学中还存在另一种解释，是将其与专门化技能联系起来。这种观点认为，专门化技能是一个从无到有、逐渐累积的过程。在工作者刚进入工作的时候，几乎不会具备什么企业专门化技能（firm-specific skill），但随着时间的推移，在工龄或工作资历增加的同时，工作者的专门化技能也在增加（鲍哈斯，2010：389）。正如我们在前面第四章所指出的那样，专门化技能的存在造成了雇主和雇员的双边垄断，一方面雇主需要花费高昂成本来寻找替代者，另一方面雇员的技能也很难在其他企业中实现价值，这样一来，雇主和雇员都很难离开彼此，而从长期合作中则可以获益，也就是说，雇佣双方"合则互利共赢，分则两败俱伤"。专门化技能的存在使得雇主和雇员不会轻易选择解雇或辞职，人们一般把这种观点称作"特殊培训假说"（Specific Training Hypothesis）或者"专门化技能假说"（Specific Skill Hypothesis）。我们很容易看出，专门化技能假说实际上是对工龄与工作流动之间负相关关系的另一种解释。也就是说，工龄或工作资历越长的人之所以工作流动率越低，并非因为他们在工作的初期匹配较好，并在之后的工作中延续了这种匹配价值，而是因为随着工作资历的增加，他们积累了更多的专门化技能，从而更倾向于留在企业之中。

除了效率匹配、专门化技能之外，还可以从工资激励结构的角度对工作资历与工作流动率之间的负相关关系进行解释。人们观察到，在很多企业中存在向上倾斜的年龄—收入曲线（age-earning profiles）。这一曲线意味着工作者在参加工作的最初几年中所得到的工资要低于其边际产品价值，而这在某一个工龄时点之后会发生逆转，从而使其获得的工资高于其边际产品价值。很明显，这种工资支付结构是在用工作生涯后期的高工资对工作生涯前期的低工资进行补偿（鲍哈斯，2010：525~526）。在存在工资延迟补偿的情况下，如果工作者因为消极怠工而被解雇，那么他就无法拿到延迟补偿的那一部分。因此，经济学家认为，延迟补偿可以有效地减少工作者的消极怠工现象。根据延迟补偿假说（Delayed Compensation Hypothesis）可知，工作者的工作资历越长，离职后所损失的延迟补偿工资也就越多，从而工作者就越不可能选择离开工作岗位。延迟补偿假说与前面两种理论的不同在于，延迟补偿假说只适用于工作者的努力和产量难以监督的工作岗位，即我们在前面所分析的初级劳动力市场或类似情形之中。而在当期劳动力市场（主要是次级劳动力市场）中，由于工作者的努力和产量很容易监督，因此年龄—收入曲线是水平的，即没有必要通过延迟补偿来减少工作者的消极怠工现象。

总之，从经济学的角度来讲，工作资历与工作流动（应该并且事实上）呈负相关关系，但对这种关系有着不同的理论解释（见图5-1）。要对这些不同的理论解释进行检验，或者分离出每一种变量对工作流动的独立影响，是非常困难的。第一，工作资历、效率匹配与专门化技能是紧密相关的。如果工作者一开始就处在最优的匹配之中，那么他的离职倾向就会很低，从而他的工作资历和专门化技能就得以累积；相反地，如果工作者一开始与其工作岗位的匹配很糟糕，那么他的离职倾向就会很高，从而就很难积累起工作资历和专门化技能（鲍哈斯，2010：392）。这样一来，要想把效率匹配和专门化技能对工作流动的影响分离开来就非常困难。第二，工资增长与专门化技能和延迟补偿均密切相关。我们假定（并且在实际上也观察到）随着工作者工作资历的增加，其所获得的工资也会越高，这样一来，工作者离职的可能性也就越低。但是我们知道，工资在工作生涯后期的增长，既可能来源于延迟补偿，也可能来源于专门化技能。因此，我们很难辨别出，工作者留在企业中（即不选择工作流动）是为了避免损失延迟补偿，还是为了获得由专门化技能的累积所带来的高工资。

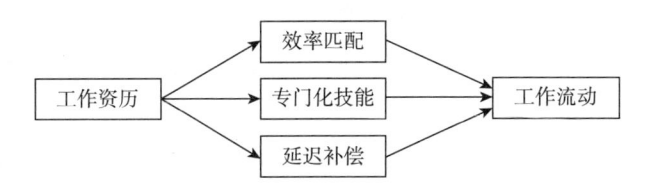

图 5-1　工作资历影响工作流动机会的三种解释路径（经济学框架）

二　资源、机会结构和生命周期

社会学主要从资源、机会结构和生命周期的角度来研究工作流动（Rosenfeld，1992）（见图 5-2）。大卫·海舍恩（David Hachen）总结了社会学中的三种工作流动模型，即报酬资源模型、有限机会模型和空职竞争模型（Hachen，1990）。

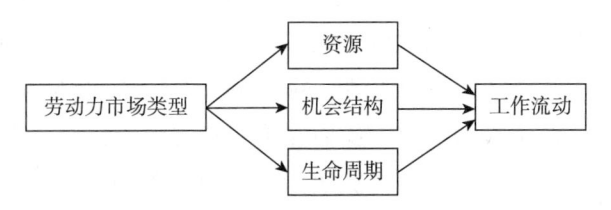

图 5-2　劳动力市场类型影响工作流动机会的三种解释路径（社会学框架）

报酬资源模型（Reward Resource Model）认为工作者有一个预期的成就水平（attainment level），在该水平上，他们的报酬（工资和职业地位）与他们的资源（受教育水平和人力资本）相称。根据该模型，工作流动被看作个人资源与工作报酬的函数，工作者会试图通过流动到更好的工作中去，来实现预期的成就水平，即实现与给定资源水平相称的工作报酬的最大化（Tuma，1976；Sorensen，1977；Sorensen & Tuma，1981b）。根据报酬资源模型，可以得出如下几个推论：（1）给定个人当前的工作报酬，具有更高资源水平的人会具有更高的离职率;(2)给定个人的资源,具有更高报酬水平的人会具有更低的离职率;(3)当个人刚开始进入劳动力市场时,工作报酬通常与个人资源不相称,因此工作流动就更为频繁,而随着工作经验的增加,报酬与资源逐渐相称,离职率也就相应地下降。

有限机会模型(Limited Opportunity Model)主要针对妇女和非白人等群体,认为他们在获得特定类型的工作时会遭遇社会限制,比如公开歧视、统计歧视等。此外,这些群体所从事的工作通常是没有晋升机会的。根据有限机会模型,一方面,这些群体具有更低的离职率,因为他们获得更好工作的机会是很有限的;另一方面,他们很少能够流向更好的工作。

空职竞争模型(Vacancy Competition Model)是一种用以描述内部劳动力市场或封闭雇佣关系系统中的工作流动过程的模型。根据索伦森等人的观点,在封闭雇佣关系中,除非某个岗位当前的占据者死亡或者离开,否则人们无法获得该工作岗位。因此,在封闭雇佣关系中,工作流动是以存在工作空缺为前提的,也就是说,工作流动是"空职驱动"的(Sorensen & Kalleberg, 1981a; Sorensen & Tuma, 1981b)。我们在第四章曾经论述过,在封闭雇佣关系中,工作者的报酬与其边际生产力并不相符,由此所导致的一种可能的结果就是,如果劳动力市场中不存在岗位空缺的话,那么工作者的实际工作岗位就总是低于其理想水平,因此工作者就总是处在一种"等待晋升"的状态(Rosenfeld, 1992)。海舍恩指出,根据空职竞争模型可以推论,在内部劳动力市场中:(1)企业内部的工作流动率(晋升或向上流动率)较高;(2)企业之间的工作流动率(自愿的辞职率)较低;(3)非自愿工作流动率(被解雇)和向下流动率较低(Hachen, 1990)。

三 工作满意度、组织承诺与离职

工业与组织心理学也把雇员的离职行为(辞职和解雇)作为

一个重要的研究对象,但与经济学和社会学不同的是,它主要从雇员角度来考察离职行为的影响因素。在工业与组织心理学中,组织承诺(organizational commitment)和离职被看作一个硬币的正反两面。组织承诺意味着工作者选择留在组织之中,与之相反,离职意味着工作者选择离开组织。不过,严格来说,两者在概念地位上是不等同的。根据工业与组织心理学,组织承诺是一种工作态度(attitudes),而离职则是一种组织行为(behaviour)。组织承诺有程度上的区别,可以分为高组织承诺和低组织承诺,高组织承诺的反面是低组织承诺,而不是离职。因此在实际的研究中,低组织承诺往往被作为离职行为的征兆和解释变量来使用(Eisenberger et al.,2001)。

具体来说,组织承诺是工作态度的一种,指的是雇员"留在组织中的渴望"(Mowday et al.,1979),它包括三种类型,即情感承诺、继续承诺和规范承诺。情感承诺(affective commitment)是雇员"因情感依恋而想要留在组织中",它主要受到工作条件好坏和期望是否满足的影响;继续承诺(continuance commitment)是雇员"因为需要薪酬和津贴或是找不到其他工作而必须留在组织中",它取决于工作的报酬和外部其他工作的可得性;规范承诺(normative commitment)则是雇员"出于价值观而认为自己有义务继续留在组织中",它来源于雇员的个人价值观和义务感(Meyer et al.,1993;斯佩克特,2010:195)。

离职在工业与组织心理学中被界定为一种"反生产工作行为"(Counterproductive Work Behaviour,CWB),其暗含的假设就是这种行为给企业和组织造成了损害。工业与组织心理学的研究认为,离职主要和工作满意度有关,是对工作不满的一种反应。根据保罗·E. 斯佩克特(Paul E. Spector)所总结的因果链条,离职行为是工作满意度、离职意愿和受雇可选择性作用的结果。具体来说,工作满意度影响离职意愿,离职意愿则引发实际的离职行为,但"对工作的不满和离职意愿是否真会转变为离职行为",则在很大程度上取决于受雇的可选择性,即雇员能否在劳动力市场中找到一份新工作(斯佩克特,2010:217)。

工作满意度、组织承诺和离职之间的关系如图 5-3 所示。

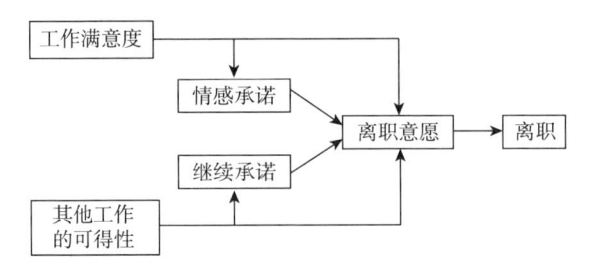

图 5-3 工作满意度、组织承诺和离职之间的关系(工业与组织心理学框架)

四 不同理论视角的比较:个人与组织、独立与依赖、主观与客观

对上述不同学科关于工作流动的理论视角进行比较是有益的。

第一,个人特征与组织特征。经济学虽然提出了三种不同的机制(效率匹配、专门化技能和延迟补偿)来解释工作资历与工作流动之间的负相关关系,但其核心假定都是认为人力资本在工作流动中起决定作用。工作者追求报酬与人力资本的匹配,这种匹配可以是即时的匹配,也可以是在长期意义上的匹配(比如存在延迟补偿的情况下)。从这个角度来讲,决定工作者流动与否的因素就是他的个人特征。与经济学相反,社会学认为,工作流动不仅取决于工作者的个人特征,而且取决于其所在的组织特征,包括工作的层级数、竞争者的数量和性质(Stewman & Konda,1983),以及报酬结构等(Sorensen,1977)。这些组织特征定义了机会结构(structure of opportunity)促进或者限制着工作者的流动(Rosenfeld,1992;Skvoretz,1984)。

第二,相互独立与相互依赖。在经济学看来,人们的工作流动是相互独立的。在劳动力市场中,工作者 A 的辞职或被解雇并不以其他工作者的辞职或被解雇为前提，一旦工作者 A 的生产力没有得到相对应的适当报酬，那么他可以随时提出辞职，而无须考虑辞职后找不到工作；同样地，一旦工作者 A 的生产力达不到雇主的预期，那么雇主可以随时解雇他，而无须考虑没有可供替代的工作者。与经济学的假设相反，社会学理论认为人们的工作流动是相互依赖的（Smith & Abbott，1983）。在空职竞争模型中，职位空缺之间并不是独立的，而是组成了一个空职链（vacancy chains），其结果就是，工作者 B 的流动需要以他前面工作者 A 的流动为前提，而工作者 B 的流动则可能造成他后面的工作者 C 的流动。从理论上来讲，工作流动的相互独立和相互依赖指向了不同的工作流动机制（或者不同的劳动力市场部门）；而从方法论上来讲，把工作流动看作相互独立的还是相互依赖的，还涉及统计模型的适用性问题（Smith & Abbott，1983）。

第三，主观因素和客观因素。正如我们从上面的论述中所看到的，一般来说，经济学和社会学均关注客观的因素（个人特征和组织特征）对工作流动的影响，而工业与组织心理学则主要关注主观的因素（工作满意度和组织承诺）。客观因素和主观因素在决定个人行为上的相对重要性和相互作用，是人们一直关注但又难以厘清的一个问题。一种理论观点倾向于完全排除主观因素的作用，而只强调客观的资源和机会结构，而另一种理论观点则倾向于把主观因素作为促使行动从"可能性"转向"实践"的那个"最后的扳机"。由于这个问题的长期性和复杂性，在这一章的分析中，我们不对其做出任何判断，只根据现有数据中相关变量的可得性而对工作流动进行建模。

第二节　对时间建模：生存模型

要想对雇员的工作流动进行分析，可以有多种不同的方式。一种常见的分析策略是对工作者是否发生了工作流动进行建模，研究影响工作者进行"工作流动决策"的因素。是否发生工作流动是一个典型的二分变量,因此可以使用 Logistic 或 Logit 模型进行分析。另外,如果我们进一步区分工作流动的不同形态的话,如辞职、被解雇、晋升等,那么我们还可以使用多分类 Logistic 回归模型。另一种分析策略则是对雇员在单位中的工作持续时间直接进行建模。这种分析在不同的学科中有不同的名称,如经济学中的持续期分析(Spell Time Analysis)或久期分析(Duration Analysis),社会学中的事件史分析(Event History Analysis)或转换分析(Transition Analysis),生物学中的生存分析(Survival Analysis),以及运筹学中的失败时间分析(Failure Time Analysis),等等(陈强,2014:599)。出于笔者的习惯,我们在后面的部分将把这种分析称为持续期分析或生存分析。

在生存分析中,我们需要对数据进行一定的设置,以生成生存时间数据(survival time data)。在生存时间数据中,我们将一个特定事件的发生定义为"失败"(failure),然后把在该特定事件发生前所消逝的时间长度称为调查对象的"生存时间"。当然,一种可能的情况是,到观测结束时我们关注的特定事件仍未发生,此时说明我们的数据存在"删截"(censoring)。很明显,调查对象要么以失败而结束,要么以删截而结束(汉密尔顿,2011:259)。就我们所要分析的工作流动来说,我们可以把工作者发生了工作流动定义为"失败",这样一来,工作者从开始工作到结束工作这之间的时间长度就是他在这份工作中的"生存时间",或者说是工作的"持续期"。生存分析就是要对这一工作持续期进行分析。

生存分析包括非参数方法、参数方法和半参数方法等,我们在后面还会对此进行介绍。在社会学中,从 20 世纪 80 年代开始,有大量的社会学家应用生存分析(事件史分析)方法来对个人职业生涯机会(career opportunity)和工作流动现象进行分析(Carroll & Mayer, 1986; Mayer & Carroll, 1987; Blossfeld, 1986;

Blossfeld & Mayer, 1988; Zhou et al., 1997; Blossfeld et al., 2007: 1-2; 周雪光, 2015)。在本章中, 由于我们所用的数据集缺少关于工作者工作流动具体类型 (自动辞职、被解雇或者晋升等) 的信息, 我们决定采用生存分析来讨论工作流动。

第三节 工作生存分析

我们继续使用中国综合社会调查 2006 年数据 (CGSS 2006) 进行分析。我们将样本限制为城市居民, 并且删除了在 B1 题中回答"从未工作过"的样本, 初步得到一个样本量为 4126 人的数据集。中国综合社会调查 2006 年的问卷在工作经历模块中, 询问了被访者的第一份职业、第一份非农职业和目前职业 (或失业、退休前的最后一份职业) 的情况。我们在这里针对第一份职业的生存时间进行分析。首先, 我们定义第一份职业/工作 (首职) 的生存时间为第一份职业的结束年减去第一份职业的开始年。我们根据问卷中的问答逻辑, 对首职的生存时间进行调整。如果被访者最后职的结束年等于其首职的结束年, 则将首职生存时间调整为最后职结束年减去首职开始年。其次, 我们对是否发生工作流动 (即"失败"事件) 进行定义, 具体来说, 如果最后职的结束年等于首职的结束年, 则定义为"未发生工作流动" ($failure = 0$), 反之, 如果最后职的结束年不等于首职的结束年, 则定义为"发生了工作流动" ($failure = 1$)。全部的 4126 个样本中, 有 6 个样本的第一份职业的开始年缺失, 有 134 个样本的第一份职业的开始年等于第一份职业的结束年或等于最后职的结束年, 在排除掉这些样本后, 用于生存分析的样本数减少到 3986 个, 其中以失败而结束的样本 (发生工作流动) 为 1699 个, 以删截而结束的样本 (未发生工作流动) 为 2287 个。我们这一节就围绕这一数据进行分析。

一 工作生存时间的描述分析

我们对第一份职业生存时间数据的结构进行简要描述。从生存时间概要统计结果可以得知,样本的平均离职时间为 14 年,也就是说,样本显示调查对象平均在参加工作后的第 14 个年头会进行工作流动。从图 5-4 中可以看到,在总共 56051 个人年(person-year)中有 1699 个发生工作流动,工作流动的发生率(incidence rate)为 3%。由 Kaplan-Meier 存活函数可以估计出,25% 的工作者在参加工作后的第 7 个年头进行工作流动;50% 的工作者在参加工作后的第 25 个年头进行工作流动;此外,在调查所覆盖的年份内,发生工作流动的工作者比例不到 75%。

失败事件:工作转换
分析时间:首职

	总风险时间	发生率	样本数	生存时间 25%	50%	75%
总计	56051	0.0303117	3986	7	25	

图 5-4 第一份职业的生存时间描述性统计

图 5-5 画出了 Kaplan-Meier 存活函数(Kaplan-Meier Survivor Function)。从图中可以看出,人们留在第一份工作中的概率

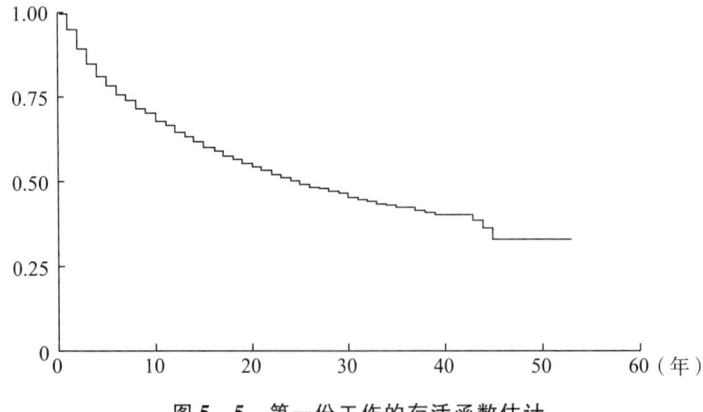

图 5-5 第一份工作的存活函数估计

("存活机会"或"生存机会")随着时间（工作年限）的增加而下降，但这种下降在工作生涯后期非常平稳，并且在 45 年左右静止下来。

我们在图 5-6 中画出了若干重要变量（均为分类变量）的存活函数，这有助于直观地对各变量不同取值下的工作生存机会（或者反过来说，工作流动风险）进行比较。我们在后面会拟合正式的参数模型，因此这里不再对图中所展现出来的信息进行解释。不过，我们在本节最后讨论工作持续期的理论分布时，还会再次回到这里。

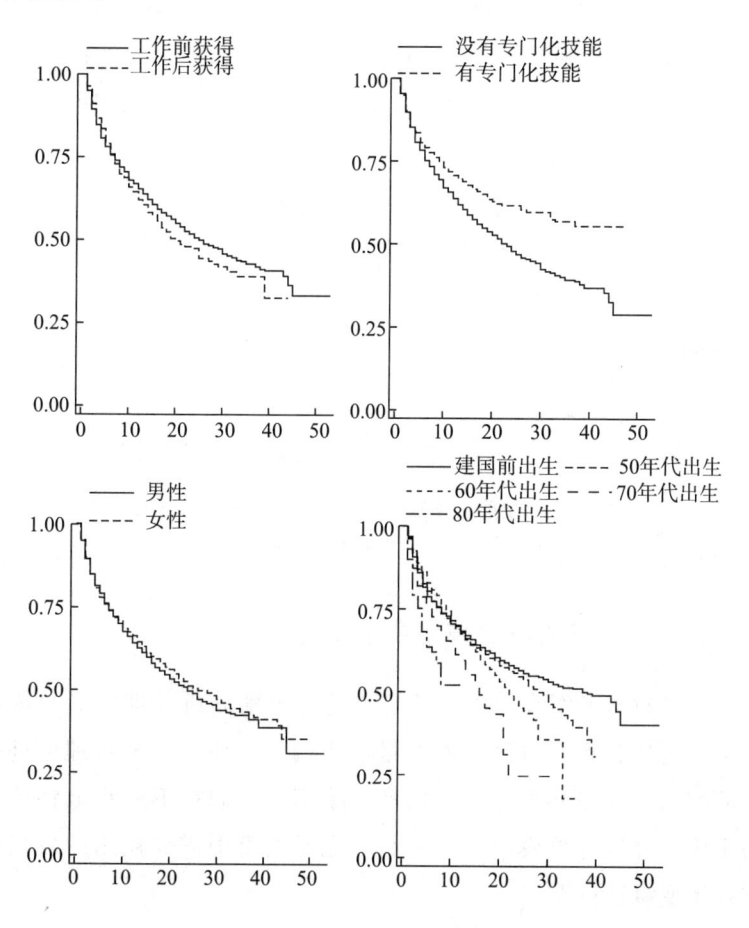

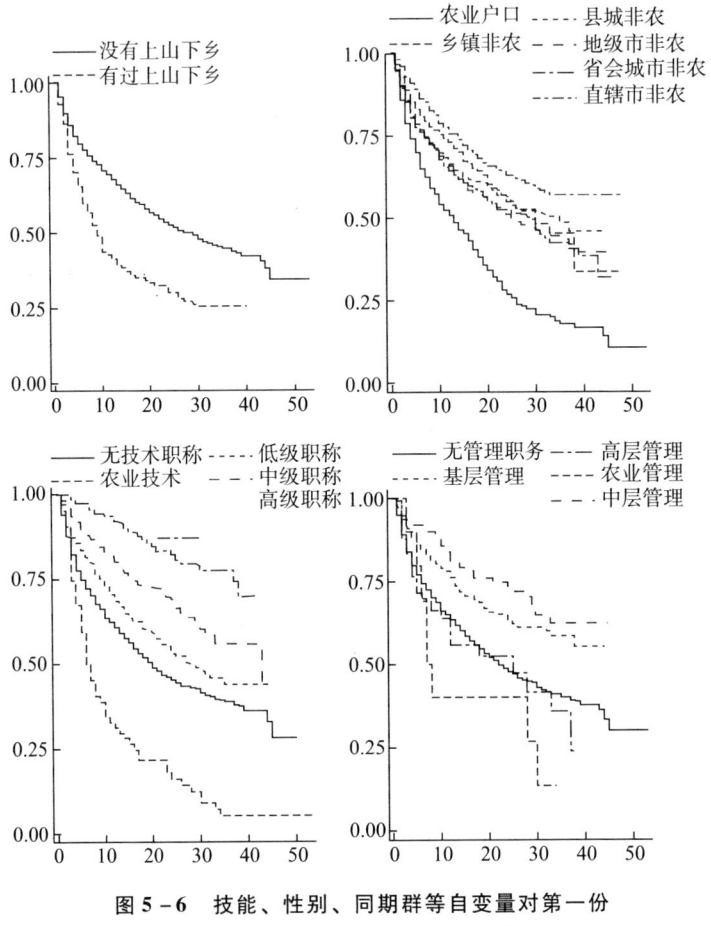

图 5-6 技能、性别、同期群等自变量对第一份
工作存活函数的影响

二 生存分析参数模型变量设定

虽然对与工作流动相关的变量进行个别分析（即非参数描述方法）可以让我们看到这些变量的影响，但如果要想对理论进行检验的话，则需要求助正式的参数模型。我们在下一小节将拟合若干生存分析参数模型，这一小节先对模型中需要使用的自变量和控制变量进行设定。

(一) 自变量

1. 受教育年限与受教育程度

这两个变量测量了工作者的人力资本,是决定工作者与工作之间匹配程度的重要变量。受教育年限为从被访者上小学开始算起一共受过学校教育的年数,为连续变量。考虑到所分析问题的性质,我们有必要区分调查对象的最高学历是否为参加工作或劳动前所获得的。为此,在受教育年限变量之外纳入受教育程度变量。样本中有3566人的最高学历为参加工作前所获得,有420人的最高学历为参加工作后所获得。我们将"最高学历是否为参加工作之前获得"作为哑变量纳入模型。

2. 专门化技能

虽然无论在经济学还是在社会学的工作流动分析中,专门化技能都是一个核心变量,但人们对该变量的操作化一直没有达成一致的意见。中国综合社会调查2006年问卷中有三个问题看起来与专门化技能密切相关,包括:(1)要做好这个工作,是否需要接受专门的训练或培训?(2)掌握到的这些工作技能主要是从哪里获得的?(3)为掌握这份工作所需要的主要技能花了多少时间?根据专门化技能的定义,如果所从事的工作需要专门培训,那么可以说这份工作具有专门化技能;但根据人力资本理论,在职培训可以区分为一般培训和特殊培训,通过一般培训(general training)所获得的技能在其他企业同样有用,而通过特殊培训(specific training)所获得的技能只对工作者目前工作的企业有用(鲍哈斯,2010:300~301)。根据这一论述,那么严格来说,只有通过特殊培训所获得的技能才可以称之为专门化技能。在下面的分析中,我们对专门化技能变量进行了三种不同的操作化。第一,根据工作技能的获得途径,我们区分了技能的三种形式:(A)边干边学,包括自己边干边学,在公司或单位内部培训,跟师傅学;(B)正规教育,包括普通高中及以下学校教育、职业学校、技校、中专类学校教育，成人高等教育，大学专科教育，大学本科及以上正规高等教育；（C）社会培训，包括社会上的职业培训班，以及其他途径。第二，根据技能的三种形式，我们把"边干边学"类型（类型 A）的技能定义为有专门化技能，而把除此之外的技能（类型 B 和类型 C）定义为没有专门化技能。第三，根据掌握技能所需时间的长短，我们区分了有专门化技能和没有专门化技能。具体来说，掌握技能所需时间为以下情形的，归类为"没有专门化技能"，包括：一天；几天；大约一周；不到一个月；一个月到三个月；超过三个月，不到一年。所需时间为以下情形的，归类为"有专门化技能"，包括：一年以上；三年以上。

3. 技术和职称

CGSS 2006 问卷中询问了调查对象第一份职业的技术（针对务农职业）或职称（针对非农职业）。其中，务农职业的技术分为：（1）农业科学技术；（2）手工艺技术；（3）养殖畜牧技术；（4）医疗卫生技术；（5）农村其他技术。非农职业的职称分为：（1）低级职称；（2）中级职称；（3）高级职称；（4）无技术职称。虽然我们的数据已经将分析限制在了城市范围内，并且数据中没有选择"务农职业"的案例，但是，我们发现仍有一部分样本填答了务农职业的技术。通过数据分析我们知道，这一部分样本均为在城市中从事"农业生产职业"的工作者。在下面的分析中，我们把务农职业的相关技术合并为"农业技术"，并把技术和职称合并为一个变量。

4. 管理位置

与技术职称变量类似，CGSS 2006 问卷中也询问了调查对象第一份职业的管理位置。其中，务农职业的管理位置分为：（1）生产组长/小队长；（2）村/大队一般干部；（3）村主任/大队支书；（4）乡/公社一般干部；（5）乡/公社领导干部。非农职业的管理位置分为：（1）班组长/工段长；（2）单位基层管理；（3）单位中层管理；（4）单位主要领导；（5）不担任管理职务。与上面对技术职称变量的处理方式一样，在下面的分析中，我们把务农职业的相关管理位置合并为"农业管理"位置，把非农职业的管理位置简化为四种类型，并把务农职业管理位置和非农职业管理位置合并为一个变量。

（二）控制变量

1. 性别

一些研究表明，男性和女性的工作流动具有不同特点和模式，比如女性更多地受到家庭因素（如结婚、生育、照顾家庭）的影响，因此可能更容易产生工作流动。

2. 同期群效应

在我国，工作流动与国家的人事管理制度和政策紧密相关。在计划经济时代，一个人一旦参加工作进入单位，就很难转到其他单位。而随着市场经济的不断发展，国家的人事管理制度不断改革，人们进行工作流动的限制也在逐渐减少。从这个角度来讲，我们认为不同时代的工作者的工作流动将具有不同模式。为此，我们按照工作者的出生年份，建立同期群变量并加入模型分析。

3. 户口

在相当长的历史时期内，城乡户口以及城市户口中的不同类型影响着人们获得工作的机会，并且影响着工作流动的机会。在分析中，我们应该区分两种户口，即调查对象获得第一份工作之前的户口和调查对象获得第一份工作之后的户口。这样做是基于这样一个逻辑，即只有获得第一份工作之前的户口状态才能影响调查对象获得第一份工作的机会，进而影响其工作岗位匹配程度。当然，基于同样的逻辑，调查对象在第一份职业中的工作流动机会和流动意愿，受其获得第一份工作之后的户口的影响会更大。不过在 CGSS 2006 数据集中，我们既没有调查对象获得第一份工作之前的户口，也没有调查对象获得第一份工作之后的户口，在实际分析中，我们用调查对象结婚时的户口来表示获得第一份工作之前的户口，而用调查对象目前的户口来表示获得第一份工作之后的户口。然而我们知道,这样的操作化很不精确,因此要冒很大的风险,在结果解释上也要格外谨慎。

4. 上山下乡经历

在我国特定的历史时期,有相当大的一批人有过上山下乡的经历。这种经历对人们的工作机会和选择产生了较大影响。没有上山下乡经历的人一般直接在城市参加工作,而有过上山下乡经历的人则是在回城后参加工作。一般来说,这部分人回城后所分配的工作匹配程度较低,并且工作较不稳定。

5. 家中兄弟姊妹数

在我国传统家庭观念中,家中的长子或长女有照顾弟弟妹妹的责任,这可能促使家中年龄较长的子女过早地参加工作以赚取收入。另外,家中兄弟姊妹数也影响家庭中各子女的受教育机会,进而影响他们的工作机会和工作选择。为了得到家中兄弟姊妹数这一变量,我们对调查对象在10岁时健在的哥哥、姐姐、弟弟和妹妹的数量进行加总。之所以选用"10岁"这一年龄界限,而不是选用"曾经有过的兄弟姊妹数"或"目前健在的兄弟姊妹数",是因为考虑到10岁这一年龄距离被访者参加工作的时间较为接近,从而可以更好地测量家庭因素对工作选择的影响。

各变量的描述性统计如表5-1所示。

表5-1 各变量的描述性统计

变量	均值或占比	标准差
受教育年限(年)	10.24	3.69
最高学历获得(%)		
工作前获得	89	
工作后获得	11	
专门化技能(按时间,%)		
没有专门化技能	82	
有专门化技能	18	

续表

变量	均值或占比	标准差
技术职称（%）		
无技术职称	69.9	
农业技术	1.53	
低级职称	11.02	
中级职称	14.13	
高级职称	3.41	
管理位置（%）		
无管理位置	85.13	
农业管理	0.02	
基层管理	9.98	
中层管理	3.62	
高层管理	1.25	
性别（%）		
男性	46.30	
女性	53.70	
同期群（%）		
新中国成立前出生	20.84	
20世纪50年代出生	21.34	
20世纪60年代出生	23.41	
20世纪70年代出生	21.62	
20世纪80年代出生	12.77	
结婚时本人户口（%）		
农业户口	16.83	
乡镇非农	8.34	
县城非农	14.92	
地级市非农	24.15	
省会城市非农	16.15	
直辖市非农	19.58	
上山下乡经历（%）		
没有上山下乡	91.32	
有过上山下乡	8.68	

续表

变量	均值或占比	标准差
家中兄弟姊妹数（个）	2.58	1.84
N = 3986		

三 关于工作流动的生存分析参数模型

生存分析的参数模型可以分为半参数模型和参数模型。半参数模型，即Cox比例风险模型，是根据经验方式来估计基准存活函数；参数模型则是假定存活时间服从一种已知的理论分布，并据此来估计基准存活函数（汉密尔顿，2011:272）。在这里对工作流动/工作持续期的分析中，除了一般的Cox比例风险模型之外，我们还估计了其他分布模型，包括指数分布（Exponential）、威布尔分布（Weibull）、冈珀茨分布（Gompertz）、对数逻辑斯蒂分布（Loglogistic）、对数正态分布（Lognormal），以及广义伽马分布（Generalized Gamma）。表5-2展示了各模型的检验统计量。

表5-2 各生存分析参数模型的拟合指标

模型	Obs	ll (null)	ll (model)	df	AIC	BIC
Exponential	3525	-4294.62	-3962.8	23	7971.595	8113.45
Weibull	3525	-4273.38	-3962.75	24	7973.491	8121.515
Gompertz	3525	-4231.05	-3951.97	24	7951.941	8099.965
Loglogistic	3525	-4230.91	-3937.72	24	7923.447	8071.47
Lognormal	3525	-4181.59	-3911.61	24	7871.219	8019.242
Generalized Gamma	3525	-4145.59	-3910.82	25	7871.634	8025.825

注：ll (null) 表示空模型（基准模型）的对数似然值，ll (model) 表示拟合模型的对数似然值。

对表5-2中各模型的AIC（Akaike Information Criterion，赤池信息准则）值进行比较可以发现，对数正态分布模型的AIC值最小，并且最接近广义伽马分布模型的 AIC 值。根据最小 AIC 原则，可以认为对数正态分布模型的拟合度最高。出于模型比较的目的，我们在表 5-3 中报告了四个模型的分析结果，分别是：模型 1，不加入"专门化技能"变量的 Cox 比例风险模型；模型 2，加入"专门化技能"变量的 Weibull 模型；模型 3，不加入"专门化技能"变量的对数正态分布模型；模型 4，加入"专门化技能"变量的对数正态分布模型。

表 5-3 四种分布假设下的生存分析参数模型结果

变量	模型 1 Cox	模型 2 Weibull	模型 3 Lognormal	模型 4 Lognormal
受教育年限	1.038***	1.048***	0.956***	0.954***
最高学历获得（工作前获得）				
工作后获得	1.266**	1.328***	0.860	0.843
专门化技能（按时间，没有）				
有专门化技能		0.807**		1.166
技术职称（无）				
农业技术	1.837***	1.914***	0.517***	0.512***
低级职称	0.775**	0.779**	1.323**	1.308**
中级职称	0.473***	0.471***	2.359***	2.302***
高级职称	0.259***	0.258***	4.804***	4.655***
管理位置（无）				
农业管理	1.022	1.045	1.101	1.071
基层管理	0.815*	0.800*	1.235*	1.239*
中层管理	0.617**	0.589**	1.721**	1.713**
高层管理	1.510	1.554*	0.577*	0.571*
性别（男性）				
女性	0.926	0.935	1.115	1.123*
同期群（新中国成立前出生）				
20 世纪 50 年代出生	0.957	0.959	1.129	1.140

续表

变量	模型1 Cox	模型2 Weibull	模型3 Lognormal	模型4 Lognormal
20世纪60年代出生	1.303***	1.383***	0.826*	0.839*
20世纪70年代出生	1.593***	1.831***	0.624***	0.630***
20世纪80年代出生	2.792***	3.669***	0.332***	0.337***
上山下乡经历（没有）				
有过上山下乡	2.513***	2.712***	0.355***	0.353***
结婚时本人户口（农村）				
乡镇非农	0.494***	0.493***	2.085***	2.070***
县城非农	0.513***	0.504***	1.830***	1.811***
地级市非农	0.566***	0.552***	1.750***	1.744***
省会城市非农	0.583***	0.562***	1.682***	1.676***
直辖市非农	0.375***	0.354***	3.044***	3.047***
家中兄弟姊妹数	1.039**	1.041**	0.958**	0.956**
N	3525	3525	3525	3525

注：$*p<0.05$，$**p<0.01$，$***p<0.001$。

从模型1（Cox比例风险模型）中我们可以得知，受教育年限每增加1年，工作者发生工作流动的风险提高4%。如果最高学历为参加工作后获得，则工作者发生工作流动的风险增加27%。技术职称对工作流动具有显著影响，如果拥有农业技术，工作者发生工作流动的风险提高84%；如果拥有低级职称、中级职称和高级职称，则工作者发生工作流动的风险分别下降23%、53%和74%。管理位置变量对工作流动的影响比较复杂，处在农业管理位置上工作者发生工作流动的风险会提高2%，但这一影响并不具有统计显著性；处在高层管理位置上工作者发生工作流动的风险会提高51%，但这一影响同样不具有统计显著性；处在基层管理和中层管理位置上工作者发生工作流动的风险分别下降19%和38%，且分别在$p<0.05$和$p<0.01$的水平下显著。就控制变量来

说，我们发现性别对工作流动的影响并不显著，但从系数上来说，女性发生工作流动的风险更低一些。同期群效应非常显著，除20世纪50年代出生的同期群外，20世纪60年代、70年代和80年代出生的同期群发生工作流动的风险分别提高30%、59%和179%。有过上山下乡经历的人，发生工作流动的风险会提高151%。结婚时本人户口对工作流动同样具有显著影响，与农村户口相比，具有城市户口（按城市行政级别划分）的工作者发生工作流动的风险下降42%~63%；并且除了直辖市非农户口外，工作者发生工作流动风险的降低比例随着城市行政级别的提升而依次减小。这意味着，（在城市之间比较）城市越小，工作者的工作流动率越低；城市越大，工作者的工作流动率越高。家中兄弟姊妹数对工作流动的影响与我们的理论预期一致，兄弟姊妹数每增加1人，工作者发生工作流动的风险提高4%。

模型2（Weibull模型）的结果与模型1的结果无论在系数的大小上，还是在系数的统计显著性上基本没有太大差别。但在模型2中我们纳入了"专门化技能"变量。从模型2的结果可以看出，按掌握工作技能所需时间来定义的专门化技能对工作流动具有显著影响，有专门化技能的工作者发生工作流动的风险下降19%，这一结果与我们在第一节中关于专门化技能作用的讨论结果是一致的。需要指出的是，我们还在另一模型中（未报告）纳入了按获得工作技能的途径来定义的专门化技能变量，但模型结果显示按此定义的专门化技能对工作流动不具有显著作用。

模型3和模型4拟合了对数正态分布模型。我们可以看到，这两个模型的结果与模型1和模型2的结果相比，各个自变量的影响在方向上基本是一致的，但在各自变量影响的大小上有些差异（不过由于各个模型解释方式的不同，这种影响是无法直接比较的），而且有几个自变量的统计显著性发生了变化。具体来说，根据模型3，受教育年限每增加1年，则工作者留在工作中的时间减少4%。在技术职称方面，拥有农业技术，则工作者留在工作中的平均时间减少48%；如果拥有低级职称、中级职称和高级职称，则工作者留在工作中的平均时间分别增加32%、136%和380%。在管理位置方面，农业管理位置对工作者留在工作中的时间影响不显著；处在基层管理和中层管理位置上，工作者留在工作中的平均时间分别增加24%和72%；处在高层管理位置上，工作者留在工作中的时间下降42%。同期群效应对工作流动的影响很显著，除了20世纪50年代出生的同期群外，20世纪60年代、70年代和80年代出生的同期群留在工作中的平均时间分别减少17%、38%和67%；但需要指出的是，与模型1和模型2相比，在模型3中，20世纪60年代出生同期群的统计显著性从 $p<0.001$ 下降为 $p<0.05$。有过上山下乡经历的人，留在工作中的平均时间下降65%，并且在 $p<0.001$ 的水平下显著。在户口方面，拥有城市户口可以将工作者留在工作中的平均时间提高68%~204%；与上述模型1中的结果一样，除了直辖市非农户口外，工作者留在工作中的平均时间的提高比例随着城市行政级别的提升而依次减小。最后，兄弟姊妹数每增加1人，工作者留在工作中的平均时间减少4%。除了以上几个变量之外，我们还发现有几个重要变量的统计显著性发生了变化。第一，最高学历为工作之前或之后获得，对工作者留在工作中的平均时间没有影响。第二，有无专门化技能对工作者留在工作中的平均时间没有影响。第三，性别对工作者工作流动的影响从不显著变为显著，根据模型4，女性留在工作中的平均时间提高了12%，但只在 $p<0.05$ 的水平下显著。

四 工作生存时间的理论分布：一个初步讨论

正如前面所指出的，不同的参数模型对风险函数设定了不同的分布，这些分布意味着事件发生的风险随时间而呈现有规律的变化。表5-4总结了不同统计分布所对应的风险率的变化趋势。

表 5-4　生存分析参数模型的类别和性质

模型类别	性质
比例风险模型（PH）	
指数分布	发生失败事件的风险固定不变
威布尔分布	发生失败事件的风险随时间而均匀地提高或降低
冈珀茨分布	发生失败事件的风险单调上升、下降或保持不变
加速失效时间模型（AFT）	
对数逻辑斯蒂分布	发生失败事件的风险先上升而后下降（$p>1$），或者单调下降（$p\leq1$）
对数正态分布	发生失败事件的风险在开始阶段增大而后减小
广义伽马分布	发生失败事件的风险受形状参数（p）和规模参数（γ）的控制

　　为了更直观地表现上述各参数模型所对应的风险函数的形态特征，我们在图 5-7 中画出了各模型所拟合的发生工作流动的风险函数（hazard function）。就本章所关注的工作持续期和工作流动现象而言，不同的理论对随时间推移而发生工作流动的风险有着不同的预期，据此我们可以对各种分布的合理性做出理论上的判断（杜本峰，2008：98~120；陈强，2014：604~607；汉密尔顿，2011：272）。首先，指数分布模型意味着发生工作流动的风险不随时间的推移而变化，一个人在参加工作的初期和后期选择离职的意愿没有差异，根据前面我们所讨论的相关理论，这种假定显然是不合理的。其次，威布尔分布模型和冈珀茨分布模型都假定发生工作流动的风险随着时间推移而下降，这比起指数分布的假定显然要合理得多。威布尔分布模型和冈珀茨分布模型的风险函数都是单调函数，这意味着发生工作流动的可能性在一开始最大，然后逐渐变小。从对工作持续期数据的描述分析来看，这一变化趋势似乎是符合实际的。再次，对数逻辑斯蒂分布模型和对数正态分布模型均为非单调函数，其所对应的风险率先上升然后下降，

这与相关理论（如最优匹配理论和专门化技能理论）的预期似乎更加吻合，即在工作初期，由于"人—工作"匹配程度较低，工作者发生工作流动的可能性不断增加，但随着时间的推移，工作者在单位中的工作时间越长，其进行工作流动的意愿和可能性越小。

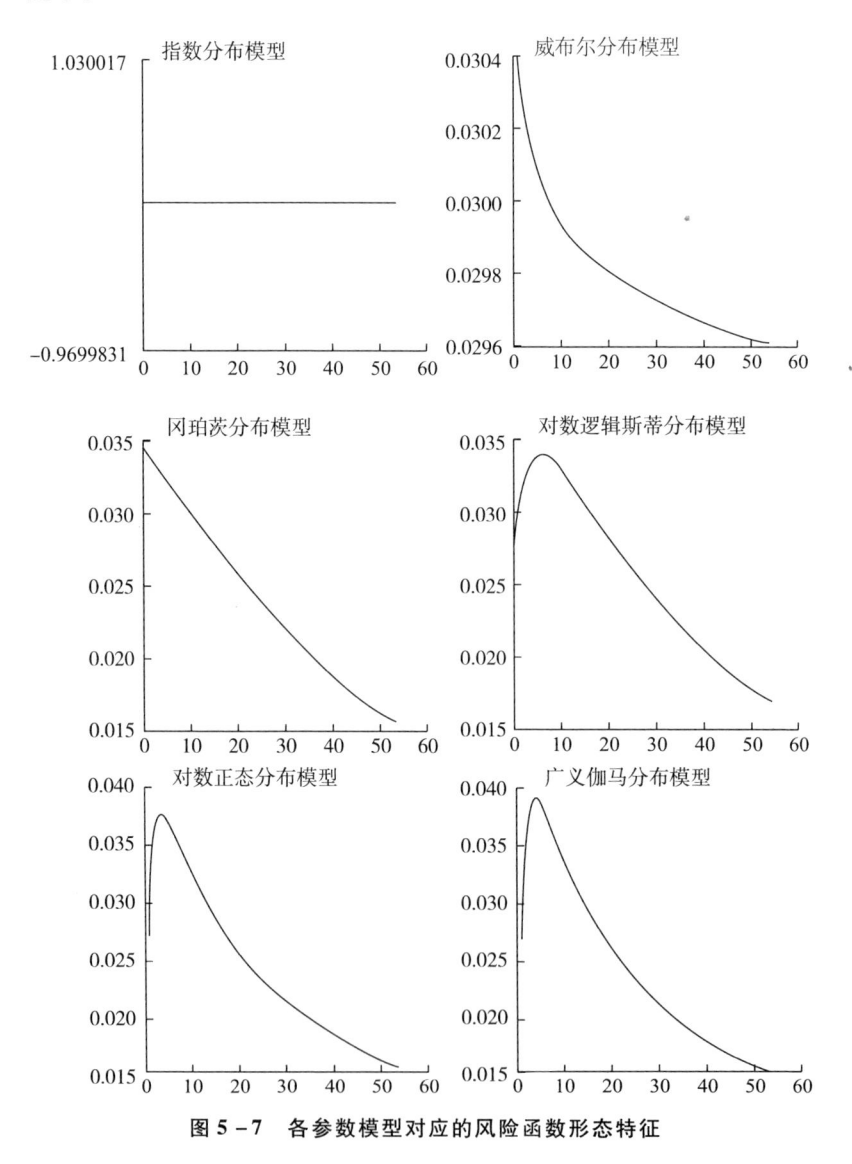

图 5-7 各参数模型对应的风险函数形态特征

在我们所拟合的威布尔分布模型（模型2）中，模型所给出的威布尔分布形状参数（shape parameter）p 的 95% 置信区间为 [0.95, 1.03]，这意味着我们无法对风险随时间推移而发生何种变化做出判断。在我们所拟合的广义伽马分布模型（未展示）中，我们对参数 k（kappa）进行了检验（H0：$k=1$，以及 H0：$k=0$），结果表明 $k=0$，这实际上支持了对数正态分布模型的合理性。我们在上一小节中已经展示了各参数模型的 AIC 统计量，并且指出对数正态分布模型的 AIC 值最小，因此对数据的拟合度最高。结合这里的讨论，我们认为，对数正态分布模型所拟合的风险函数形态，即发生工作流动的风险在开始阶段上升，然后下降，直到趋于静止，是符合实际情况的。

第四节 晋升分析

在前面一节中我们对工作流动进行了分析，但不可否认的是，这一分析存在严重的缺陷。因为在所使用的数据中，我们无法区分工作流动的不同类型，也无法知道工作流动的方向（根据被访者第二份职业的信息可以确定其工作流动方向，但遗憾的是满足要求的样本量太小）。就第一个问题来说，由于无法区分工作流动的类型，自变量的影响可能得不到正确估计。比如，前面的模型表明，受教育年限和工作流动率之间存在正向关系（受教育年限越长，工作流动率越高），但我们知道，虽然受教育年限长可能会提升辞职率，但受教育年限短同样会增加被解雇的风险，而辞职和被解雇最终都反映为"工作流动"。对于第二个问题，由于无法知道工作流动的方向（向上流动、向下流动或者水平流动），我们也就无法判断工作者的个人特征和组织特征到底是使其身处优势还是身处劣势。在这一小节中，我们对工作者的晋升（向上流动机会）进行分析，以弥补前面分析的不足。

表 5-5 中模型 5 和模型 6 分别对工作者在过去三年中的职务

职称晋升和工资等级晋升经历进行了回归。从这两个模型中可以看出，各个自变量对职务职称晋升和工资等级晋升的影响均具有统计显著性（除继续教育，即工作后获得最高学历变量之外），并且各个自变量对两者的影响在方向上也是一致的。为简便起见，我们这里只针对模型 5 来说明各个自变量对职务职称晋升的影响。根据模型 5，具有较长的受教育年限、具有专门化技能、具有技术职称、处在管理位置、签订劳动合同等均会显著增加工作者获得职务职称晋升的机会。与男性相比，女性职务职称晋升的发生比（odds ratio）减少 35%。年龄每增加 1 岁，工作者职务职称晋升的发生比减少 5%。此外，工作者最高学历无论参加工作前获得还是参加工作后获得，对其职务职称晋升没有显著影响。

表 5-5 中模型 7 和模型 8 分别对被访者的内部晋升机会和外部晋升机会进行了回归。根据模型 7，具有较长的受教育年限、具有技术职称（低级职称除外）、处在管理位置等均会显著提升工作者内部晋升机会。女性的内部晋升机会较小，年龄的增加也会显著降低内部晋升机会。最高学历无论参加工作前获得还是参加工作后获得，有无专门化技能，以及是否签订劳动合同这三个变量对工作者内部晋升机会没有显著影响。这些自变量对工作者外部晋升机会的影响也呈现相似模式，但技术职称对工作者外部晋升机会的影响不显著，处在高层管理位置也对工作者外部晋升机会没有显著影响。

表 5-5　实际晋升经历和预期晋升机会的序次 Logistic 模型

变量	模型 5 职务职称晋升	模型 6 工资等级晋升	模型 7 内部晋升机会	模型 8 外部晋升机会
受教育年限	1.124***	1.109***	1.209***	1.200***
最高学历获得（工作前获得） 　工作后获得	0.950	1.345*	0.790	0.960

续表

变量	模型5 职务职称晋升	模型6 工资等级晋升	模型7 内部晋升机会	模型8 外部晋升机会
专门化技能（按时间，没有）				
有专门化技能	1.340*	1.397***	1.190	1.078
技术职称（无）				
低级职称	1.970***	1.571***	1.138	1.056
中级职称	2.460***	1.684***	1.652***	1.287
高级职称	3.447***	1.857***	1.740*	1.342
管理位置（无）				
基层管理	3.271***	2.142***	3.170***	2.441***
中层管理	2.679***	2.224***	2.194***	1.672*
高层管理	2.007*	2.074**	2.482*	1.577
劳动合同（无）				
有劳动合同	1.361**	1.524***	1.114	0.926
性别（男性）				
女性	0.647***	0.688***	0.548***	0.541***
年龄	0.955***	0.975***	0.920***	0.933***
N	4125	4125	2575	2464

注：*$p<0.05$，**$p<0.01$，***$p<0.001$。

第五节　讨论与小结

我们在前面利用中国综合社会调查2006年数据对工作流动、工作生存和晋升进行了分析，受所用数据的限制，我们没有对本章一开始介绍的各种相关理论进行全面的检验，但是现有的分析结果对于我们理解工作生活质量的模式仍然具有启发意义。

在本章第三节对工作进行生存分析所得出的结果中，一个引人注目的地方在于，一方面，受教育年限的增加会提高工作者发生工作流动的风险；另一方面，其他一些变量，如有专门化技能、具有技术职称和处在管理位置则减少了工作者发生工作流动的风险。而本章第四节对晋升经历和晋升机会的 Logistic 模型分析的结果则显示，较长的受教育年限与有专门化技能、具有技术职称和处在管理位置一样，均会显著地增加工作者的实际晋升机会以及未来几年在单位内部的晋升机会；但是，对于离开目前单位而能获得的晋升机会而言，除了较长的受教育年限和处在特定的管理位置（基层管理和中层管理）能够增加此类机会之外，其他诸如有专门化技能、具有技术职称和处在高层管理位置等均对外部晋升机会没有显著影响。为了更清楚地展示这些关系，我们在表5-6中对各变量对工作流动和晋升机会的影响进行了概括。

表5-6　各变量对工作流动和晋升机会的影响

变量	工作流动	晋升（实际）	晋升（内部）	晋升（外部）
受教育年限	增加流动	增加机会	增加机会	增加机会
工作后的教育	增加流动	无影响	无影响	无影响
专门化技能	减少流动	增加机会	无影响	无影响
技术职称	减少流动	增加机会	增加机会	无影响
管理位置	减少流动	增加机会	增加机会	增加机会

根据本章第一节的相关理论以及第四节中的有关论述，我们知道，受教育年限、专门化技能、技术职称和管理位置均为能够使工作者处于某种"优势地位"（advantaged status）的资源或资本。既然如此，那么为什么这些资源或资本对工作流动以及晋升机会（主要是外部晋升机会）有不同的影响呢？也就是说，一方面，受教育年限的增加能够提高工作者发生工作流动的风险（机会），并且增加外部晋升机会；而另一方面，有专门化技能、具有技术职称和处在管理位置等则减少了工作者发生工作流动的风险（机会），并且基本无助于增加外部晋升机会。

我们认为,这一现象可以通过资源或资本的不同性质而得到解释。上述几种资本按照"可转移性"(transferability)可以划分为两类:一类是可以随身带走的人力资本(受教育年限),另一类则是无法随身带走的位置资本(专门化技能、技术职称和管理位置)。人力资本不受所处位置的影响,当工作者感到其资源与报酬不相匹配时,就会想要进行工作流动,寻找更加匹配的工作岗位;另外,由于人力资本是通用的,即可以在各个厂商之间相互转移,因此具有较高人力资本的工作者在离开目前工作的单位后,依然能够获得外部晋升机会。与此相反,位置资本是工作者所占据的位置的附属物,正如权威是职位的附属物一样,一旦工作者离开了位置,其位置资本也就相应地消失了。由于位置资本是不可通用的,因此掌握位置资本的工作者倾向于留在单位中以保持其位置资本,并且同样是由于这一点,这些工作者在离开目前工作单位后会发现,他们在外部毫无"优势"可言,因此也得不到提拔或升迁的机会。

人力资本的增加倾向于促使工作者进行工作流动,而位置资本的增加则倾向于阻止工作者进行工作流动,这事实上形成了一个"推拉模型"(见图 5-8)。从工作生活质量的角度来说,"推拉模型"意味着一个人一旦占据了一定的位置,即使目前的工作不能令其满意,他/她也很难下决心去改变这种状态,除非他/她的人力资本足够强大到可以使其放弃现有的内部"优势",而去外部寻求更大的优势和机会。

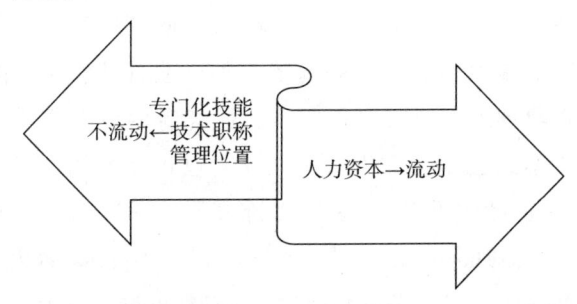

图 5-8 人力资本和位置资本对工作流动的"推拉模型"

第六章 参与、权威和工作自主权

第一节 工作生活质量和雇员参与

我们在第一章和第二章中指出,雇员参与是工作生活质量的重要维度,而且雇员参与可以说是工作生活质量研究从开始至今唯一一个持续得到关注的维度。和社会科学中的很多概念一样,"雇员参与"也是一个伞状概念(umbrella category),也就是说,在这个概念下包含很多内容,但这些内容对应着不同的领域和实践,有时这些内容在性质上甚至是截然相反的。正如欧雷·布斯克等人所指出的,雇员参与承载了不同意义并且受不同理论支配(Busck et al., 2010; Knudsen et al., 2011)。

从起源上和理论依据上来说,雇员参与至少和三种社会思潮或者运动,又或者实践密切相关,即产业民主运动、社会整合主义,以及人力资源管理运动。第一,产业民主运动。正如我们在第一章中所论述的,产业民主是二战后在欧洲国家,尤其是北欧国家(挪威、瑞典和芬兰)兴起的一种企业管理领域中的人道主义运动。在早期的雇员参与研究中,研究者的一个重要意图就是推动工作生活的民主化和人道主义化,也正因如此,在一些研究者看来,产业民主和雇员参与实际指的是同一件事(Bolweg, 1976; Emery & Thorsrud, 1976)。产业民主的一个基本内涵就是在参与工业的各方之间"分享权力",而不是将权力集中在少数人手中(Thorsrud & Emery, 1970)。正如卡罗尔·佩特曼(Carole Pateman）所指出的，在正统的权威结构中，决策制定是管理方的"特权"，工人一方不得介入。而工业领域中工人参与（industrial participation）的核心就在于，它对这种正统的权威结构做了程度上或大或小的修改（Pateman，1970：68）。第二，社会整合主义。同产业民主运动一样，社会整合主义（social-integrationist）也强调雇员和雇主的合作，所不同的是，后者更加突出国家的立法规制在促进这种合作中的重要性（Busck et al.，2010）。第三，人力资源管理运动。除了上述两种思潮之外，雇员参与在企业中的大规模普及，还得益于人力资源管理日益受到企业的重视。从人力资源管理的角度出发，雇主认为，通过赋予雇员以工作自主权，让雇员参与决策制定，会提高他们的工作主动性，从而使企业受益（Spector，1986）。这个角度的雇员参与是由雇主所发动的，其目的是提高组织的生产效率，因此本质上是功利主义的。

一 雇员参与的分类

雇员参与是一个有着长期历史的概念，它包含极其丰富的和多种多样的实践，而且不同理论指导下的雇员参与实践有着不同的取向和目标。从适当的角度对雇员参与进行分类，对于更好地理解雇员参与概念以及研究雇员参与的因果影响，是非常有必要的。下面我们分别从三种不同角度来对雇员参与进行分析。

（一）直接参与 VS 间接参与

一种最常见的分类方式是把雇员参与分为直接参与和间接参与。所谓直接参与（direct participation），指的是雇员以一种直接的方式由自己做出决定或者参与决策制定，主要包括获得工作自主权、参加拥有自主权的工作小组等。间接参与（indirect participation），又被称为代表人参与（representatives participation），指的是通过选举出来的代表来行使对企业和组织决策的影响力。

（二）雇员参与 VS 雇员卷入

杰夫·海曼（Jeff Hyman）和鲍勃·梅森（Bob Mason）在雇

员参与和雇员卷入之间进行了区分（Hyman & Mason, 1995）。海曼和梅森认为，雇员参与（employee participation）指的是在传统的产业民主理念指导下，通过选举代表人等间接方式，让雇员参与组织的决策制定并发挥影响力，在雇员参与中，雇员所享有的权利是通过法律规制或者集体谈判的方式来保障的；而雇员卷入（employee involvement）则指的是那些由雇主发动的直接参与形式，这种形式基本上只面向雇员个人，只赋予雇员很有限的提出意见的自由，其目的在于加强和提升雇员的组织承诺和绩效。根据他们的观点，雇员参与的前提是多元主义的，它指的是利益不一致的两方（雇员和雇主，或者劳方和资方）之间达成社会妥协。与此相反，雇员卷入的前提是一元主义的，它假设雇员和雇主之间有着共同利益，或者更直白地说，雇员被要求按照雇主的利益行事。

（三）雇员参与的深度和广度

除了上述两种常见的分类之外，还有一些研究者提出了不同的分类角度。这些划分在很大程度上是一致的，而且分类之间有很大的继承性，下面我们按照时间线索来介绍若干分类。

首先是佩特曼在《参与和民主理论》一书中提出的分类。佩特曼区分了虚假参与、部分参与和完全参与（Pateman, 1970；佩特曼，2012：65~67）。虚假参与（pseudo participation）指的是虽然雇员可以接收信息并提出意见，但其目的在于说服雇员接受雇主事先早已做出的决策；部分参与（partial participation）指的是雇员能够影响决策，但与管理方的权力并不对等；完全参与（full participation）则指的是雇员和雇主拥有同等权力（Pateman, 1970；Knudsen et al., 2011）。

其次是保罗·布莱顿（Paul Blyton）和彼得·特恩布尔（Peter Turnbull）提出的分类。他们认为，雇员参与可以从深度（depth）、范围（scope）、形式（form）、层次（level）和目的（aim）等5个方面进行区分（Blyton & Turnbull，2004：254-257）。根据布莱顿和特恩布尔的观点，雇员参与的深度指的是雇员或者雇员的代表影响最终决策的程度。雇员参与是一个连续统，按深度由浅到深可以划分为没有参与、接收信息、联合讨论、联合决策、雇员控制（Blyton & Turnbull，2004：255）（见图6-1）。

没有参与 ⇒ 接收信息 ⇒ 联合讨论 ⇒ 联合决策 ⇒ 雇员控制

图6-1　按深度划分的雇员参与类型

最后是布斯克等人根据雇员参与的强度（intensity）来进行的区分。布斯克等人认为，雇员参与的强度是下述两个因素的函数，一个因素是雇员在参与中所获得的权力，另一个因素是参与的层次（Busck et al.，2010）。这里的第一个因素（权力）对应于布莱顿和特恩布尔的"深度"维度；第二个因素，即层次（level）则对应于布莱顿和特恩布尔的"范围"维度。按照布斯克等人的观点，从层次上来划分，雇员参与可以分为操作层次、战术层次和战略层次。操作层次（operational level），又称为任务层次（task level），指的是与具体的工作绩效相关的决策制定；战术层次（tactical level）是与工作组织、技术和人事管理相关的议题和决策；战略层次（strategy level）则是与组织的生产、投资和裁员目标等相关的决策。

上述几种分类方式是相互关联的。比如海曼和梅森所定义的"雇员参与"大多采取间接参与的形式，主要存在于战术和战略层次上，并且对应于佩特曼的"部分参与"概念；相反地，"雇员卷入"则表现为直接参与的形式，主要存在于操作层次上，并且对应于佩特曼的"虚假参与"概念（佩特曼，2012：65~66）。布斯克等人指出，欧洲国家的雇员参与正在经历一种转型，即在理论依据上，由产业民主理念转变为人力资源管理理念；在战略目标上，由人道主义追求转变为效率和功利主义追求；在参与形式上，则由间接参与为主转变为直接参与为主（Busck et al.，2010）。由于雇员参与有多种不同形式，而每种形式背后又有着不同的依据和取向，因此在实证研究中，区分这种不同的形式就显得非常有必要。近年来欧美一些学者有关工作生活质量的研究，在这个方面取得了一些进展。例如，凯勒伯格等人研究了雇员参与对工人压力的影响，他们在分析中把雇员参与区分为三种不同的形式，包括工作自主权、磋商会议和工作小组等（Kalleberg et al.，2009）。汉德·伊南（Hande Inanc）等人在研究直接参与对雇员的学习机会和技能提升的影响时，区分了直接参与的两种主要形式，即工作自主权和参与组织决策（Inanc et al.，2015）。这些研究均表明，雇员参与的不同形式对于雇员的影响以及产生影响的方式或机制是非常不同的（Kalleberg et al.，2009；Inanc et al.，2015；Busck et al.，2010；Knudsen et al.，2011）。

二 工作自主权

正如前面所指出的，雇员参与包括在形式、深度、层次和目的等方面存在不同程度差异的各种实践。这些差异化的实践之所以能够被统一到"雇员参与"的概念之下，是因为它们都涉及一个基本事实，即雇员通过和管理者之间的互动，而对决策制定施加影响（Wall & Lischeron，1977；Blyton & Turnbull，2004：254；Knudsen et al.，2011）。通过梳理已有的文献可以发现，社会学对雇员参与的研究大多集中在以下几个方面：（1）工作自主权，即对工作任务的内容、进度和强度等有自由裁量空间；（2）参与决策制定，即在有关工作条件和其他组织管理议题的决策上能够与雇主交流意见；（3）小组工作，尤其是自我指导小组（self-directed team）工作（Appelbaum et al.，2002；Kalleberg et al.，2009；Kalleberg，2011：132-144；Busck et al.，2010；Knudsen et al.，2011；Gallie，2013a；Inanc et al.，2015）。就它们的区别而言，工作自主权是工作者在工作任务层面上的"参与"，参与决策制定则是他们在组织层面上的"参与"(Green, 2006)。我们在这一章中主要讨论工作自主权的问题。

工作自主权(work autonomy, 或者 task discretion)是马克思主义劳动社会学中的一个重要概念。在马克思那里, 工作自主权意味着对于工作内容的控制(control over the work)。马克思认为, 在资本主义的劳动分工中, 工作的构想和执行被分隔开, 工人们失去了对自己工作的控制权, 这造成了工人的"异化"(alienated)(马克思、恩格斯, 2012)。哈里·布雷弗曼(Harry Braverman)继承并发展了马克思的劳动分工和异化观点, 正如我们在第二章中曾经论述过的, 布雷弗曼认为, 在垄断资本主义中, 工作的构想和执行之间的鸿沟被进一步拉大了(Braverman, 1974)。布雷弗曼的重要贡献在于他提出了"去技能化"(deskilling)的命题, 针对哈里·杰罗姆(Harry Jerome)等人主张的"劳动中的平均技能水平趋于上升"这一说法, 布雷弗曼指出, 在垄断资本主义中, 技能水平倾向于两极分化, "经理和技师们对劳动过程的控制能力日益增强, 不足以补偿广大工人对劳动过程的控制能力的下降; 广大工人并没有从这一事实中得到好处。恰恰相反, 他们的技能不仅在绝对意义上降低了, 而且在相对意义上更加降低了", 由于技能水平的实质下降, 工人们对工作的控制也就越来越弱, 正如布雷弗曼所说的, "科学越是被纳入劳动过程之中, 工人就越不了解这种过程; 作为智力产物的机器越是复杂, 工人就越不能控制和理解这种机器"(布雷弗曼, 1978: 380; Braverman, 1974: 294-295)。通过"去技能化"这一命题, 布雷弗曼把工作自主权和技能发展(skill development)联系了起来。事实上, 很多社会学家和布雷弗曼一样, 认为工作自主权与技能水平之间存在正向关系, 技能水平较低的雇员对工作的控制权和自主权较少, 而具有较高技能的雇员则倾向于被赋予较大的工作自主权(Blauner, 1964; Kerr et al., 1973; Gallie et al., 2012)。他们的不同之处在于对整体社会技能水平发展趋势的判断上, 布雷弗曼认为, 社会的技能水平呈两极化发展，工人的技能水平在下降，而这导致了他们的低工作自主权，而其他社会学家则主张整体社会的技能水平一直在提高，从而具有自主权的工作和工作者数量也在增加。在今天，工作自主权和技能发展之间的关系仍然是社会学家所致力于研究的一个核心议题（Kalleberg et al.，2009；Inanc et al.，2015）。工作自主权除了和技能水平密切相关外，还可能同工作组织类型相联系。凯勒伯格认为，在高端道路、高绩效工作组织（high-road，high-performance work organization）中的工人会得到更多的培训，有机会获得更大的自主权和控制权；相反地，在低端道路工作组织（low-road organization）中的工人更容易受制于官僚命令和控制系统，培训机会很少，并且很少有机会对自己的工作施加影响（Kalleberg，2011：72-75，135）。但是，凯勒伯格的这一理论在某些情形下并不适用，例如大卫·M. 戈登（David M. Gordon）指出，与高绩效工作组织相关的一些实践可能降低工作自主权，比如工作小组可能会限制个人的行动（Gordon，1972）。邓肯·加列（Duncan Gallie）、阿兰·费尔斯特德（Alan Felstead）和弗朗西斯·格林（Francis Green）的研究也指出，由于工作强度的提高和竞争压力的加剧，高绩效组织中的工作自主权下降了（Gallie et al.，2004）。

第二节　工作自主权和工作中的权威关系

工作自主权在工业与组织心理学中是一个极其重要的概念。海克曼和奥海姆把工作自主权定义为"工作为个人提供某种程度的实质自由、独立和自由裁量权，使个人自主地设定工作的日程安排，并决定开展工作的程序步骤"（Hackman & Oldham，1975）。社会学的工作自主权概念植根于马克思主义传统，强调雇佣关系中工作者对自身劳动控制权的让渡和保留，并且特别强调工作者对"工作过程"的自主控制程度。但在操作化上，工业与组织心理学与社会学之间差别不大，人们普遍从三个方面来定义和测量工作自主权，即工作者在多大程度上由自己来决定：(1) 工作任务的内容；(2) 工作进度的安排；(3) 工作量或工作强度（Wright, 1985; Kalleberg et al., 2009; Inanc et al., 2015）。

工作自主权与组织中的权威关系和等级结构密切相关。从权威关系的角度来对阶级进行划分，曾是当代阶级分类的一个普遍策略。洛克伍德和戈德索普都曾经使用市场状况和工作状况两个维度来划分阶级（Lockwood, 1958; Goldthorpe, 1980）。其中的工作状况（work situation）就指的是"（雇员）在权威和控制系统中的位置，以及他们在执行其工作任务和扮演角色时的自主权程度"（Goldthorpe, 1980）。赖特在其早期提出的阶级分类模型中，也以支配—控制关系为标准对阶级进行划分。赖特认为，控制既有着质上的区别，也有着量上的差异。就质的方面来说，控制可以分为对货币资金的控制、对生产资料的控制和对劳动力的控制；而就量的方面来说，控制可以分为完全的控制、部分的控制、微量的控制，以及没有控制。根据这些要素的不同组合，赖特区分出以下方面（见图6-2）。(1) 资产阶级：控制货币资金、生产资料和劳动力。(2) 高级管理者：完全或部分控制三种资产中的一

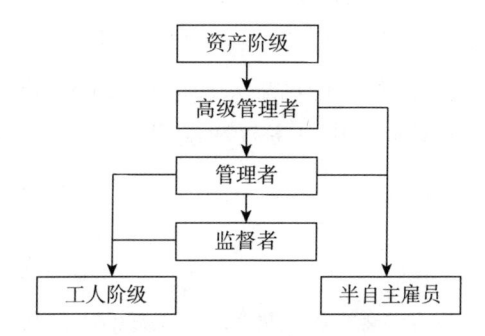

图6-2 赖特按权威和工作自主权的阶级划分

种或两种。管理者：部分控制三种资产中的一种或两种。监督者：仅控制劳动力。(3) 工人阶级：既不控制货币资金和生产资料，也失去了对自己劳动力的控制权。除了这些阶级之外，赖特还区分出了半自主雇员（semi-autonomous employee）阶级，这个阶级不掌握货币资金和生产资料，但对他们自己直接的劳动过程具有实际控制权。在这里，赖特引入了自主权的概念，他把自主权定义为"对自己的劳动力拥有控制权"（Wright，1985：47）。赖特的这种分类策略存在很多逻辑上和经验上的问题，他后来抛弃了这样的理论构思（Wright，1985）。有意思的是，作为赖特的竞争对手[①]，戈德索普后来也完全放弃了工作状况这一概念，他现在关于阶级分类框架的理论陈述中已经完全没有权威关系和工作自主权的影子了（Erikson & Goldthorpe，1992；Chan & Goldthorpe，2007）。

在赖特和戈德索普的概念设计中，工作自主权和权威似乎是相互排斥的，也就是说，如果我们在雇员里面进行划分，就会发现雇员要么是有权威的（管理者和监督者），要么是有工作自主权的（半自主雇员），要么是既没有权威也没有工作自主权的（普通工人）。不过这种印象是错误的，管理者和监督者当然是有工作自主权的，问题存在于划分标准的优先性和次序上，在实际进行阶级划分时，首先要看雇员有没有权威，如果有权威，则归类为管理者和监督者阶级；如果没有权威，则要再看雇员是否具有工作自主权，如果拥有工作自主权，则归类为半自主雇员阶级，而剩下的既没有权威也没有工作自主权的雇员则归入普通工人阶级。表6-1清楚地表明了工作自主权和组织中的权威关系之间的相关性。

[①] 从学派上来说，赖特属于新马克思主义，而戈德索普则属于新韦伯主义。不过即使抛开这个有意识形态意味的因素不谈，单就阶级分析的"旨趣"来说，赖特和戈德索普也一直是针锋相对的。

表6-1　各管理位置中的工作自主权状况

管理位置	工作任务自主权 均值	工作任务自主权 标准差	工作进度自主权 均值	工作进度自主权 标准差	工作强度自主权 均值	工作强度自主权 标准差
无管理位置	1.510568	0.698108	1.601449	0.72491	1.552234	0.709125
基层管理	1.876797	0.737876	1.977412	0.74363	1.839836	0.752919
中层管理	2.152611	0.672624	2.232931	0.67349	2.172691	0.694373
高层管理	2.192308	0.721789	2.346153	0.78669	2.371795	0.704512

在实际的工作场所中，除了工作过程本身之外，工作者还能够在其他地方（或者方面）感受到自主权，比如对自己上下班时间的控制，自己决定和哪些同事交往。迈克尔·施瓦布（Michael Schwalbe）指出，除了常规的工作自主权，即对工作过程本身的控制之外，工作者的"自主权范围"（sphere of autonomy）还包括：(1) 拥有在工作场所中走动（移动）的自由；(2) 确立自己的工作计划的自由；(3) 免于被上级直接监督的自由；等等（Schwalbe，1985）。施瓦布认为，研究者应该在控制权（control）和自主权这两个概念之间进行区分。控制权意味着自己能够"决定"工作的方法、节奏和工作量，而自主权却不必然涉及"自我决定"，它仅仅是指能够获得免于被连续和频繁地监督的自由。如果工作者能够真正控制他的工作，那他必然有自主权；但反过来则不成立，工作者可能拥有免于被直接监督的"自由"，但是仍然对他自己的工作方法、节奏和工作量没有"控制权"（Schwalbe，1985）。

施瓦布的上述观点对我们具有启发意义，这一观点表明，除了关注雇员对工作过程本身的控制权和自主权之外，我们还需要关注雇员在工作场所其他领域中的"自由"，尤其是他们在与上级直接主管的互动中所拥有的自由。这将再次把我们引向工作质量各维度的关联模式问题，在这里就是工作自主权与自主权的其他方面之间所呈现的关联模式。如果工作者拥有工作自主权，那么他在工作领域的其他方面的自由程度会如何呢？比如说，如果工作者能够自己安排自己的工作任务和工作进度,那么他/她是否会自由地安排自己的上下班时间,是否会很少受到上级的监督和检查,同时又是否会对上级主管的安排表示不同意见呢?在这一节中,我们关注了自主权范围中的以下几个方面:(1)上下班的时间模式;(2)工作中对姿势的要求;(3)接受上级监督或检查的频率;(4)工作时间能否有离岗等行为;(5)直接主管如何安排工作;(6)能否自由对直接主管表达意见。

要想观察工作自主权和这些方面是否相互关联,我们可以采用列联表的检验方式,比如表6-2就是工作进度自主权和上下班时间模式的列联表。

表6-2 工作进度自主权和上下班时间模式的列联表

单位:%

工作进度自主权	上下班时间是否固定			
	时间完全固定	时间基本固定	时间不固定	总计
完全由他人决定	75.48	18.01	6.51	100
部分由自己决定	52.98	36.36	10.65	100
完全由自己决定	47.55	31.11	21.33	100
总计	62.82	26.61	10.57	100

从表6-2中我们可以清楚地看到工作进度自主权和上下班时间是否固定或自由这两者之间的对应模式,皮尔逊卡方检验值等于362.44,且在$p<0.001$的水平下显著。这说明如果工作者对工作进度安排有较大的自主权,那么他也有很大的可能性拥有上下班时间的自由。为了研究工作自主权的模式,我们可以列出所有相关的列联表,但很显然,这种做法的效率太低了,而且即使我们能够通过这种方式了解任意两种自主权领域之间的彼此关联,我们也无法了解这些自主权领域在整体上呈现何种模式。为了从整体上了解工作者的自主权模式,我们在下面求助多重对应分析(Multiple Correspondence Analysis,MCA)的方法。

第六章　参与、权威和工作自主权

　　在多重对应分析中,除了工作自主权是必须包括的变量之外(我们对工作自主权变量的处理参见本章第四节的说明),还需要纳入反映工作者在其他领域中拥有的自主权的变量。我们在前面列出了工作者涉及的6种"自主权范围",但是为了简便起见,我们只选择了其中的3种:(1)上下班的时间模式;(2)接受上级监督或检查的频率;(3)能否自由对直接主管表达意见。这几个变量都是取值范围为1~3的分类变量,取值越低表示相应领域中的自主权越少,取值越高则表示相应领域中的自主权越多。关于这些变量的详细信息我们在本章第四节中还会介绍,这里不再赘述。多重对应分析的结果如图6-3所示。

　　从多重对应分析图中我们可以看出,工作者在工作场所中的自主权呈现明显的集群分布模式。(1)具有高度工作自主权的雇员,会同时具有以下方面的自由:上下班时间不固定;极少受到上级监督或检查工作进度或工作质量;能够自由地对直接主管表达不同意见。(2)具有低度工作自主权的雇员,会同时在以下几个方面缺乏自由:上下班时间完全固定;频繁地受到上级监督或检查工作进度或工作质量;不能自由地对直接主管表达不同意见。(3)具有中度工作自主权的雇员,在其他领域中也表现出"中度"的自由:上下班时间基本固定;每周到每个月接受一次上级对工作进度或工作质量的监督或检查;在向直接主管表达不同意见方面,有着"中等程度的自由"。实际上,当我们在多重对应分析模型中加入其他三个变量(工作中对姿势的要求;工作时间能否有离岗等行为;直接主管如何安排工作)时,所得到的模式也是一样的。多重对应分析的结果表明,工作者在工作场所中所获得的自主权是一个整体,在对某些方面具有控制权的同时,也会在其他方面拥有较大的自由空间。这种模式和我们在前面几章中所分析的模式在背后的机制上是完全一致的,我们把它称作"马太效应",其核心之处就在于,组织中的各种优势和好处被集中赋予一群雇员,而各种劣势则被集中赋予另外一群雇员。

181

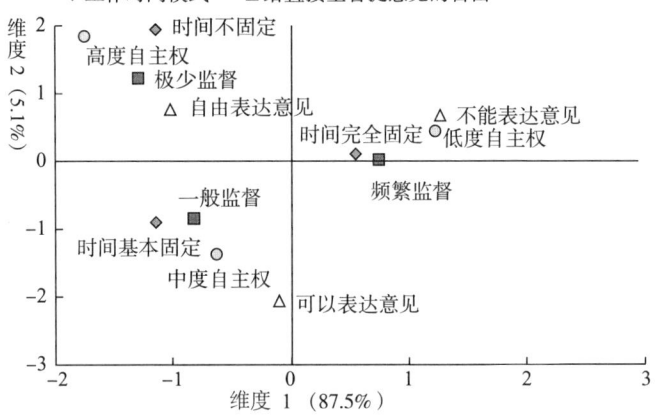

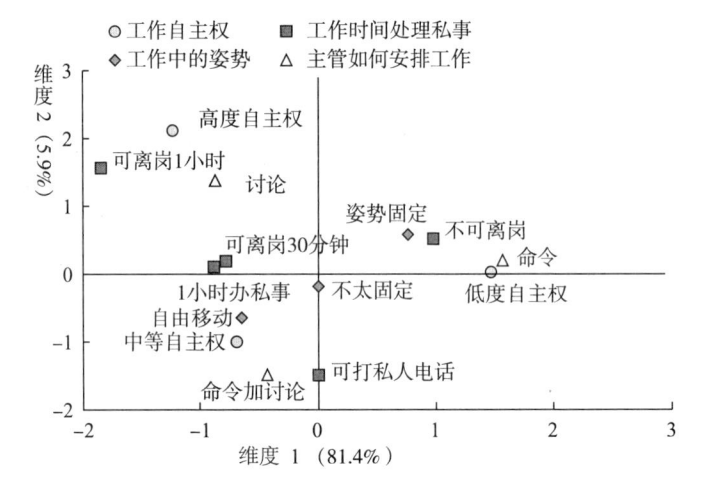

MCA 坐标图

○ 工作自主权　■ 受到监督的频率
◆ 工作时间模式　△ 给直接主管提意见的自由

图 6-3　工作自主权与工作时间模式等变量的多重对应分析

第三节　工作自主权的决定因素

我们在这一节将研究工作自主权的决定因素。在中国综合社会调查 2006 年数据（CGSS 2006）中，工作自主权是从三个方面来测量的,即(1)工作任务的内容;(2)工作进度的安排;(3)工作量或工作强度。CGSS 2006 的问卷询问了调查对象这三个方面在多大程度上是由自己来决定的。回答被分为三个级别,即完全由自己决定、部分由自己决定和完全由他人决定。为了便于对后面的模型结果进行解释,我们对问卷中原始的编码方式做了颠倒,完全由自己决定赋值为3,部分由自己决定赋值为2,完全由他人决定赋值为1,这样一来,在我们的数据中,工作自主权越高,其分值也就越高。工作自主权程度的比例分布如表6-3所示。

表6-3 工作自主权程度的比例分布

单位:人,%

工作自主权程度	工作任务		工作进度		工作强度	
	人数	占比	人数	占比	人数	占比
完全由他人决定	2234	54.14	1982	48.04	2141	51.89
部分由自己决定	1286	31.17	1408	34.13	1333	32.31
完全由自己决定	606	14.69	736	17.84	652	15.80

(一)自变量

1. 受教育年限

根据前面几章的分析可知,一个人的受教育年限是与其在工作组织中的优势地位息息相关的,我们有理由相信受教育年限会对工作自主权产生影响。在后面的模型中,对受教育年限变量的处理与前面几章中是一样的,这里不再赘述。

2. 技能水平

我们用三个变量来测量雇员的技能水平。第一,要做好目前的工作,是否需要接受专门的培训或训练,如第五章所指出的,这个变量测量的是被访者的主观认知。第二,有无专门化技能。这里我们使用为掌握工作所需的主要技能需要花费的时间来对专门化技能进行操作化。具体来说,掌握技能所需时间为以下情形的,归类为"没有专门化技能",包括:一天;几天;大约一周;

不到一个月；一个月到三个月；超过三个月，不到一年。所需时间为以下情形的，归类为"有专门化技能"，包括：一年以上；三年以上。第三，技术职称，分为无技术职称、低级职称、中级职称和高级职称，技术职称的分布是非常不平衡的，无技术职称的样本量占到全部样本量的66%还多。我们这里需要对技能水平变量的操作化多说几句。从传统上来说，社会学家是用接受培训所花费的时间长短来划分技能水平的，通常技能水平被划分为三个档次，比如工人可以分为熟练工人（skilled worker）、半熟练工人（semi-skilled worker）和非熟练工人（unskilled worker）。伍德沃德在1965年出版的《工业组织：理论和实践》一书中写道："人们普遍接受的看法是，有技能的工人是其训练用了几年时间，而且在某个个别公司之外也得到正式承认的技工；半技能工人是经过一定训练时期（一般是二至十二个星期），已经具备了为当前工作所需要的熟练程度或操作机器的知识的工人；而无技能工人的工作则不需要任何正式训练"（Woodward, 1965: 28 – 29；布雷弗曼，1978: 386~387）。技能水平的三分法（熟练、半熟练、非熟练）曾经在有关阶级、工作或组织的社会学著作中占据显要位置（Lockwood, 1958; Dahrendorf, 1959），不过在今天人们似乎很少再继续使用这样的概念了。事实上，我们遵从伍德沃德的指示按照训练时间对技能水平进行了操作化，不过实证结果显示（未展示）半熟练工人和非熟练工人之间在工作自主权上并无显著差异。我们对按训练时间划分的技能水平和工作者的技术职称（以及工作是否需要培训）做了交叉，结果如表6 – 4所示，从中可以看出，非熟练工人中仍有相当比例（18.5%）获得了从低级到高级的技术职称，而熟练工人中则有高达37.8%的人是没有任何技术职称的。总之，我们认为，训练时间的长短似乎不能准确反映工作者的技能水平，尤其是在职业结构已经发生了巨大变化的当今社会。

表6-4 培训、技术职称、技能熟练程度之间的关系

技术职称	不需要培训			需要培训		
	非熟练	半熟练	熟练	非熟练	半熟练	熟练
无技术职称	1139	81	28	674	567	253
低级职称	74	16	6	96	173	99
中级职称	78	21	19	113	231	239
高级职称	26	9	3	25	60	96

3. 职业类别

按照一般的定义，职业是具有相同工作内容、技能水平和培训要求的一组工作的集合（Kalleberg & Griffin，1980；Stolzenberg，1975）。从定义上可以看出，职业和技能、职称、头衔等有着密切关系，很多研究者用职业类别来对技能水平进行操作化（Gallie et al.，2012；Inanc et al.，2015）。但是，职业划分和技能水平划分并不完全重叠，同一职业内部的工作者可以有不同的技能水平（比如工人可以分为熟练工人、半熟练工人和非熟练工人），从事相同职业的人可能获得不同等级的技术职称（比如大学教授可以分为讲师、副教授和教授）。因此，职业类型主要是对相似的技术活动的聚类，只不过某些职业倾向于比其他职业具有更高的平均技能水平。

4. 管理位置

我们在前面第二节中已经分析了权威关系和工作自主权之间的关系。根据前面的分析，占据管理位置，从而拥有权威的工作者会同时拥有工作自主权；不占据管理位置的工作者可能拥有工作自主权（半自主雇员），也可能没有工作自主权（普通工人）。

5. 组织变量

根据第一节中提及的凯勒伯格的观点，我们预期组织结构变量会对工作自主权产生影响。同前几章中一样，我们仍然聚焦于三个组织变量。第一，主管单位级别，工作者所在单位的主管单位或挂靠单位的级别。第二，单位类型，分为党政机关、企业单

位、事业单位、个体经营和其他。第二，单位所有制性质，分为国有、集体所有、私有和外资企业，以及其他。

(二) 控制变量

1. 性别

按照一般的假设，有很多职业是性别化的。比如管理和专业人员中男性似乎占多数，而服务人员中似乎以女性为主。由于我们预期职业类型的不同会造成工作自主权的差异，所以在模型中需要对性别变量加以控制。

2. 年龄

我们预期年龄和工作自主权呈正相关关系。首先，年龄越大，工作者获得更高技能水平和管理职位的可能性也就越大，而这会提高其工作自主权；其次，年龄通常还和工作者在组织中的工作年限（即资历）呈正相关关系，当工作者在组织中待的时间足够长时，他很容易获得相对自由的工作空间；最后，年龄本身也是一种权威来源，年龄的增长倾向于减少工作者受到的监督压力。

由于上述的绝大多数自变量和控制变量在前面几章的分析中使用过，为节省篇幅，我们不再展示其描述性统计结果。这里我们只展示对雇员的职业类型所做的描述性统计（见表6-5），因为这个变量在前面几章中没有使用。

表6-5 各职业类型的人数和样本比例

单位：人，%

职业类型	人数	比例
负责人	272	6.59
专业技术人员	499	12.09
办事人员	913	22.13
服务人员	691	16.75
农业生产人员	70	1.70
工人	1581	38.32

续表

职业类型	人数	比例
其他	93	2.25
缺失值	7	0.17

下面，我们把工作自主权作为因变量，使用序次 Logistic 回归对其三个维度分别建立模型，模型的回归结果如表 6-6 所示。

表 6-6 工作自主权各维度的序次 Logistic 回归结果

变量	模型 1 自主权：工作任务	模型 2 自主权：工作进度	模型 3 自主权：工作强度
受教育年限	0.0662***	0.0332**	0.0353**
是否培训（无）			
有过培训	-0.0503	0.0410	-0.102
专门化技能（按时间，没有）			
有专门化技能	0.205*	0.274**	0.334***
技术职称（无）			
低级职称	0.244*	0.230*	0.189
中级职称	0.199*	0.143	0.124
高级职称	-0.0512	0.0625	0.0193
职业类型（负责人）			
专业技术人员	-0.273	-0.276	-0.542**
办事人员	-0.312*	-0.348*	-0.359*
服务人员	-0.652***	-0.736***	-0.830***
农业生产人员	0.619*	0.143	0.364
工人	-1.010***	-1.031***	-1.052***
其他	-1.085***	-1.270***	-0.930***
管理位置（无）			
基层管理	0.831***	0.820***	0.631***
中层管理	1.034***	0.980***	0.972***
高层管理	1.166***	1.410***	1.500***

续表

变量	模型1 自主权： 工作任务	模型2 自主权： 工作进度	模型3 自主权： 工作强度
主管单位级别（无）			
中央级	-0.334	-0.209	-0.0223
省级	-0.264	-0.204	-0.0312
地市级	-0.337**	-0.285**	-0.176
区县级	-0.408***	-0.330**	-0.233*
乡镇级	-0.164	-0.324*	-0.344*
居委会级	-0.698*	-0.468	-0.459
其他	-0.218	-0.224	-0.370
单位类型（党政机关）			
企业单位	0.210	0.0609	0.00359
事业单位	0.258	0.218	0.226
个体经营	0.348	0.272	0.249
其他	0.473	0.739**	0.887**
单位所有制性质（国有）			
集体所有	0.292**	0.266**	0.231*
私有和外资企业	0.314*	0.400**	0.346**
其他	0.411*	0.347	-0.0227
性别（男性）			
女性	-0.121	-0.155*	-0.156*
年龄	0.0151***	0.0104***	0.00671*
cut1	1.233***	0.376	0.249
cut2	3.035***	2.192***	2.032***
N	4119	4119	4119

注：$*p<0.05$，$**p<0.01$，$***p<0.001$。

从模型分析结果中我们可以看出以下方面。

第一，受教育年限对获得工作自主权具有显著的正向影响。从工作自主权的三个方面比较来说，受教育年限对工作任务自主权的影响更大，而且在统计上也更加显著（$p<0.001$）。

第二，在技能水平的三个变量中，工作是否需要培训对工作自主权没有显著影响。专门化技能对工作自主权有显著影响，而且这种影响的显著性呈现很有意思的程度上的差别，有专门化技能对工作强度自主权的影响最显著（$p<0.001$），对工作进度自主权的影响显著性次之（$p<0.01$），对工作任务自主权的影响则显著性最低（$p<0.05$）。值得注意的是技术职称对工作自主权的影响。我们看到，获得技术职称对工作任务自主权有显著的正向影响，但仅限于低级职称和中级职称，获得高级职称会降低工作任务自主权，但这种影响在统计上不显著。对于工作进度自主权来说，只有低级职称对其有显著的正向影响（$p<0.05$）。最后，技术职称对于工作强度自主权没有显著影响。

第三，职业类型对工作自主权有显著影响，与负责人职业相比，从事其他职业的工作者获得较高工作自主权的可能性较低，但农业生产人员是个例外。具体来说，对于工作任务自主权，除了专业技术人员、农业生产人员外，其他职业对其都具有显著的负向影响，而且影响的大小符合一般的预期，即职业的平均技能水平和职业地位越低，获得较高工作任务自主权的可能性也就越低。对于工作进度自主权来说，各职业类型的影响表现出了与决定工作任务自主权相同的模式，但农业生产人员的影响在统计上不显著。同样地，各个职业类型对工作强度自主权的影响模式和前面是一样的，但在这里，专业技术人员的影响在统计上是显著的。

第四，管理位置对工作自主权具有较大的和极显著的影响，这一点在模型中所有自变量的影响模式中是特别突出的。不过鉴于我们在本章第二节中所论述的组织中的权威关系和工作自主权的关系，管理位置变量所表现出来的这种影响模式实际上一点也不奇怪。

第五，主管单位级别对工作自主权的影响集中在地市级及以下，与没有主管单位的工作组织相比，在有主管单位的工作组织中工作的人容易获得较低的工作自主权，这一点与单位所有制性质变量所表现出来的影响模式基本是一致的并且能彼此验证。我们发现，单位所有制性质对工作自主权具有显著影响，而且单位所有制性质对工作自主权的影响呈现一致的规律性，即单位所有制性质越是属于体制内或者距离体制越近，工作自主权也就越低，而单位所有制性质距离体制越远，获得较高工作自主权的可能性也就越高。最后，工作单位类型（党政机关、企业单位、事业单位、个体经营）对工作自主权没有显著影响，只有单位类型属于"其他"者具有统计显著性，但显然这不具有什么分析意义。

第六，性别对工作任务自主权没有显著影响，但对工作进度自主权和工作强度自主权均有显著影响（$p < 0.05$），和我们前面的预期一致，女性获得较高工作自主权的可能性低于男性。年龄对工作自主权的三个方面均有显著的正向影响，年龄越大，获得较高工作自主权的可能性也越大。

在下面，我们在控制其他自变量取均值的情况下，分别画出了管理位置、技能水平和职业类别各自在不同取值时，工作者"落入"工作自主权（这里仅展示了工作任务自主权）不同类别的概率（见图6-4）。为了便于对比，我们画了两张管理位置的边际效应图，这些图很直观地展示了这三个变量对工作自主权的影响。我们可以发现，管理层级越高，工作任务完全由他人决定的可能性就越低（从0.6下降到0.2），而工作任务部分由自己决定或者完全由自己决定的可能性则越高（分别从0.3上升到0.4，从0.1上升到约0.4），但对于高层管理者来说，落入后两种情形的概率几乎是一致的。从第二张图中可以看到，技能水平越高，工作任务完全由他人决定的可能性越低，而相应地，工作任务部分由自己决定或者完全由自己决定的可能性则越高。从第四张图中同样可以看到，职业地位越高（从右向左），工作任务完全由他人决定的可能性越低，而工作任务部分由自己决定或者完全由自己决的可能性则越高。

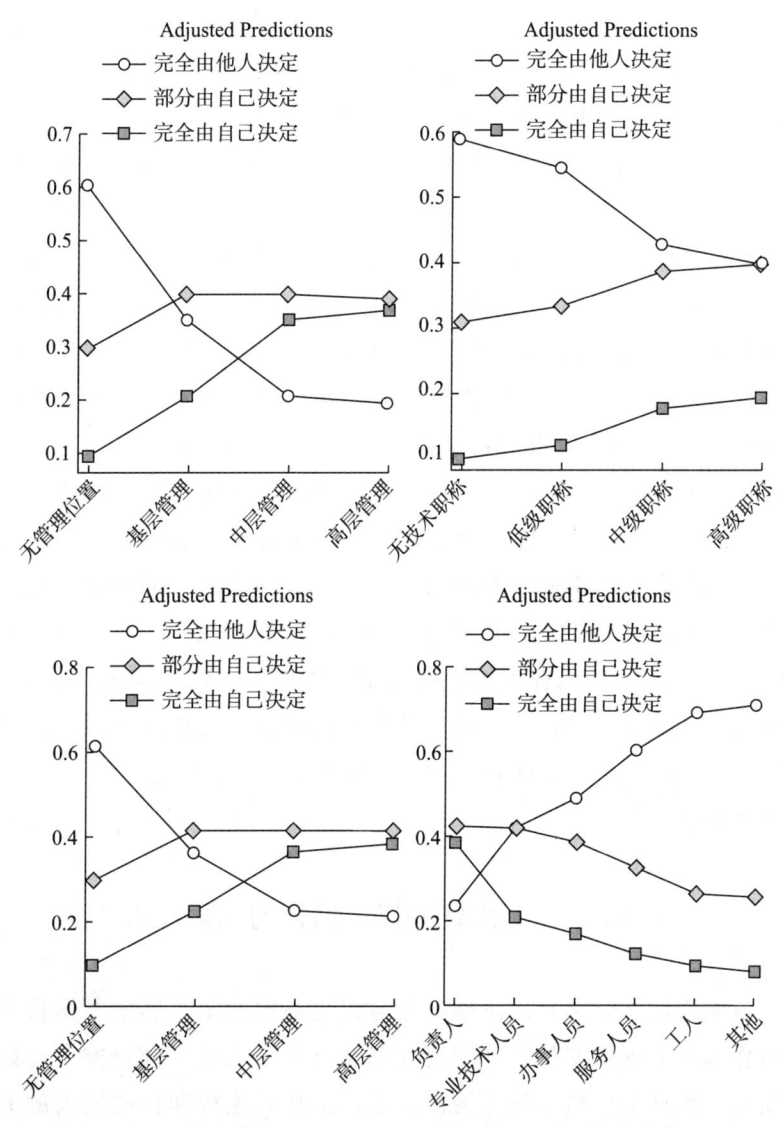

图 6-4 管理位置（左上、左下）、技能水平（右上）和职业类别（右下）对工作自主权影响的边际效应

从图 6-4 中我们可以清楚地看到，和管理位置的影响相比，技能水平对于提升工作自主权的影响是相对较小的。我们来看工作者落入"工作任务的内容完全由自己决定"这一类别的概率，从图中可以看到，处在高层管理位置能够把概率从0.1提升到约0.4；而具有高级职称则只能把概率从0.1提升到0.2。再来看工作者落入"工作任务的内容完全由他人决定"这一类别的概率，处在高层管理位置能够把概率从0.6降低到0.2；而具有高级职称则只能把概率从约0.6降低到0.4。对于职业类型的分析也得出了一致的结论。就工作者落入"工作任务的内容完全由自己决定"这一类别的概率来说，负责人的概率是约0.4，而专业技术人员的概率则是0.2；就工作者落入"工作任务的内容完全由他人决定"这一类别的概率来说，负责人的概率是约0.2，而专业技术人员的概率则是约0.4。这些分析结果表明，在城市雇员中，工作自主权的获得主要是和管理位置联系在一起的，并且受管理位置的影响最大；相对来说，技能水平对于工作自主权的影响很有限。迈克尔·萨拉蒙（Michael Salamon）在关于雇员参与的分析中曾经提出两种模式，即（1）以权力为中心的雇员参与（power-centred participation）；（2）以任务为中心的雇员参与（task-centred participation）（Salamon，1998）。仿照萨拉蒙的划分，我们可以说，在中国的城市雇员中，工作自主权的分布是以权力为中心的，而非以任务为中心。

第四节 工作自主权、信任与人际交往

无论是社会学家，还是工业与组织心理学家，都把工作自主权作为一个重要变量，并围绕此概念进行了大量实证研究，比如研究工作自主权和工作压力的关系，工作自主权和技能发展的关系，以及工作自主权和人格发展的关系，等等（关于这些研究的具体信息，可以在下面的参考文献中寻找。社会学家的研究包括Kalleberg et al.，2009；Inanc et al.，2015；Kohn & Schooler，1973，1978，1982；Schwalbe，1985。工业与组织心理学家的研究

包括 Karasek，1979；Karasek & Theorell，1990；Johnson & Hall，1988；Landsbergis，1988；Fletcher & Jones，1993；Wall et al.，1996；De Jonge & Schaufeli，1998；Rahkonen et al.，2006；Jonge et al.，2010；Brough & Biggs，2013）。这里我们无意于再去重复这些研究，尽管这并不意味着此前的这些研究议题在今天已经不再重要了。我们在这一节想要探究的是，雇员在工作场所中所获得的自主权（包括对工作过程本身的控制以及在工作中其他方面的自由）对他们在工作组织内部的人际交往具有怎样的影响。

很多社会学家把工作自主权与中间阶层联系起来，把拥有工作自主权作为界定中间阶层（政府行政人员、管理者、专业人员）的一个标准（Goldthorpe，1980；Wright，1985）。我们有理由认为，拥有工作自主权将对工作者的个性特征和社会行为产生影响。事实上，这并不是一个新鲜话题，早在20世纪50年代，赖特·米尔斯（Wright Mills）就指出中间阶层的关系日益客观化，而"不需要相互熟识"（米尔斯，1986：266）。在20世纪60年代，布劳纳在《异化与自由：工厂工人及其产业》一书中也指出，"工人工作的性质影响了他的社会特征和个性……不同的工业环境形成了不同的社会性格类型"，比如汽车工人对权威表现出愤世嫉俗的态度，而轧花工人对自己缺乏信心，他们普遍的情感状态是恐惧和焦虑，相反地，那些对自己的工作有较高控制权的印刷工人则表现出"强烈个人主义和自主性的……社会个性，坚定地支持社会中公民权的观念"（Blauner，1964；佩特曼，2012：48~50）。同样地，在20世纪70年代，佩特曼提出了"参与民主"（participatory democracy）的概念，她颇为乐观地提出，工人在工作场所中，尤其是在企业决策过程中的参与机会将会培养他们的民主能力，并且因此有助于民主社会的形成（佩特曼，2012：44~61）。前人的这些分析意味着，工作自主权将影响工作场所中的人际关系，而这又继而会影响工作场所之外的社会和政治参与。

很多社会学家从"工人团结"（worker solitary）的角度来研究

人际关系和交往。洛克伍德对办事人员群体的研究表明,办公室职员之间倾向于彼此疏远,却与其上级管理者和监督者保持密切的个人关系(Lockwood,1958：81)。在第三章中提到的卢顿研究表明,对于体力工人群体来说,同事之间的情感关系非常松散,他们与上级监督者的关系则因自身地位的不同而呈现一定的差异。正如我们在本章第一节所提到的,有一种研究观点认为,雇员参与作为雇主一方所采取的一种控制策略,削弱了工人之间的团结,使他们以牺牲自己的工作为代价来追求管理方的目标(Rankin,1990)。我们在第二章中提到了20世纪70年代和80年代的很多"工厂研究"(factory study)著作,在这些著作中一个普遍的研究结论就是认为工作自主权削弱了工人之间的团结。例如,安德鲁·弗莱德曼指出,"责任自主(responsible autonomy)策略试图控制劳动力的顺从性,这一策略赋予工人可以出差错的余地,并鼓励他们以有利于企业的方式来适应变化了的工作状况"(Friedman,1977)。迈克尔·布若威在《制造同意：垄断资本主义劳动过程的变迁》一书中发现,在一个机器加工车间中,工人们自主权的增加减弱了他们对管理方的抵抗,工人与管理者之间的纵向冲突被代之以工人们之间的横向冲突(Burawoy,1979)。后来,在对此前的研究进行回顾的基础上,兰迪·胡德森(Randy Hodson)等人提出假设,认为工作自主权会削弱工人之间的团结,因为工作自主权会把工人与管理方之间的矛盾冲突扩散并转移成为工人之间的横向冲突(Hodson et al.,1993)。在下面的分析中,我们就把关注的焦点转向工作者在组织内的人际交往,包括与上级领导、平级同事和下级同事之间的交往频率。

(一) 因变量

我们的分析使用的仍然是中国综合社会调查2006年数据(CGSS 2006)。在问卷中,访问对象被问及了这样一个问题："在工作中,您与下列各类人员打交道的频繁程度是?"这些人员包括九种类别:(1)顾客/服务对象;(2)客户/供应商;(3)各种来客;(4)上级领导;(5)下级同事;(6)平级同事;(7)上级部门/单位;(8)下级部门/单位;(9)其他单位。我们把分析的范围限定在单位内部的人际交往中,即集中关注工作者在工作中与上级领导、平级同事和下级同事之间的交往频繁程度。在变量处理方面,为了方便对结果的解释,我们仍然采取和前面部分类似的变量编码策略,即交往越是频繁,变量取值就越大。

不可否认,我们这里选择的这种因变量的测量方式是有很大局限性的。问卷中的题目询问的是打交道的频繁程度,在中文语境下,"打交道"一词含有一种"不得不为之"的意思。这样说来,通过这里的因变量,我们实际上并不能够区分被访者是与所提及人员之间有着"积极"交往还是在工作中"不得不"去与某些人交往。由于存在这个问题,我们在下面必须谨慎对待和解释模型结果。

(二) 自变量

1. 工作自主权

我们对工作者在工作任务的内容、工作进度的安排,以及工作量或工作强度这三个方面的得分进行加总,得到一个取值范围为3~9的变量。然后,我们把这个变量处理为分类变量,编码规则如下:取值3归入低度工作自主权;取值4~6归入中度工作自主权;取值7~9归入高度工作自主权。这里所用三个变量的克隆巴赫阿尔法(Cronbach's alpha)值为0.8803,因此对它们进行加总处理是合适的。

2. 工作中的姿势

该变量测量的是工作者在工作时能否自由移动身体,我们对相关变量进行处理,得到一个分类变量,其中取值1表示姿势固定,包括必须站着、必须坐着和必须走动着三种情况;取值2表示工作姿势视情况而定;取值3表示可以随意变换姿势或自由移动身体。

3. 上下班时间模式

这也是一个分类变量，分为三种情形。取值1表示完全按固定的或上级安排的上下班时间工作；取值2表示有基本固定的上下班时间，但自己有一定的灵活空间可以自由安排；取值3表示没有固定的上下班时间，完全看工作需要由本人安排。

4. 上级监督频率

该变量测量："上司会多久来监督或检查一次您的工作进度或工作质量？"原始的变量分为八种情形，我们将其合并简化为一个取值为1~3的分类变量。具体来说，取值1表示频繁监督，它包含原始变量的三种情形：一周几次；差不多每天；日常工作均在领导的直接监督下完成。取值2表示一般监督，它包含三种情形：约每月一次；约半月一次；约每周一次。取值3则表示极少监督，它包含两种情形：从来不会；年度、季度审核。

5. 工作时间的离岗行为

在原始问卷中，该变量对应的是："在工作时间，不征求直接主管的同意，您是否可以有下列行为呢？"具体包括四种情形：打私人电话；离开工作岗位30分钟；处理私事花费1小时；由于处理私事，离开工作岗位超过1小时。

6. 上级安排工作的方式

该变量包括三种情形，分别是：取值1表示命令雇员如何去做；取值2表示既命令雇员如何去做，同时也和雇员进行讨论；取值3表示跟雇员讨论这项工作。

7. 给上级提意见

该变量测量的是雇员是否能够自由地对直接主管表达不同意见。我们对原始变量进行合并，得到一个取值为1~3的定序变量。其中，取值1表示不能表达意见，对应原始变量中的一点也不自由和不太自由这两种情况；取值2表示可以表达意见，对应原始变量中的中等程度的自由；取值3表示自由表达意见，对应原始变量中的有较大的自由和完全自由这两种情况。

(三) 控制变量

性别和年龄。这是两个常规的控制变量,对于它们在模型中的表现我们不做任何预期,在此也不再详细阐述相关理论和实证研究。

从上面对各个自变量的设定说明中,除了工作自主权变量之外,我们可以看出:第一,工作中的姿势变量对应于施瓦布提及的"在工作场所中随意走动的自由";第二,上级监督频率和工作时间的离岗行为变量都是对工作场所中监督的测量,对应于施瓦布的"免于被上级直接监督的自由";第三,上级安排工作的方式和给上级提意见这两个变量测量的都是工作场所中的民主气氛或者说"领导风格"(style of leadership)。表6-7展示了各个自变量的描述性统计结果。

表6-7 自变量描述统计

自变量	样本量	占比(%)
工作自主权	4126	
低度工作自主权		42
中度工作自主权		39
高度工作自主权		19
上下班时间模式	4126	
时间完全固定		64
时间基本固定		26
时间不固定		10
工作中的姿势	4117	
完全固定		49
不太固定		7
自由移动		44
上级监督频率	3972	
频繁监督		55
一般监督		27

续表

自变量	样本量	占比（%）
极少监督		18
工作时间的离岗行为	4126	
不得离开岗位		45
可打私人电话		30
可离岗 30 分钟		11
可花 1 小时办私事		4
可离岗超过 1 小时办私事		10
上级安排工作的方式	3855	
命令		35
命令加讨论		33
讨论		32
给上级提意见	3883	
不能表达意见		33
可以表达意见		24
自由表达意见		43

我们按照被访者的交往对象（上级领导、平级同事和下级同事）分别拟合了三个序次 Logistic 模型，三个模型的回归结果如表 6-8 所示。

表 6-8　关于单位内部人际交往的序次 Logistic 回归结果

变量	模型 4 上级领导	模型 5 平级同事	模型 6 下级同事
工作自主权（低度）			
中度工作自主权	0.295***	-0.192*	0.751***
高度工作自主权	0.407***	-0.293**	1.034***
工作中的姿势（固定）			
不太固定	-0.0376	0.392*	0.525***
自由移动	0.217***	0.0283	0.386***

续表

变量	模型4 上级领导	模型5 平级同事	模型6 下级同事
上下班时间模式（固定）			
时间基本固定	-0.0934	-0.146	-0.0323
时间不固定	0.0676	-0.257	-0.0870
上级监督频率（频繁）			
一般监督	0.149*	-0.277**	0.369***
极少监督	-0.177*	-0.502***	0.0754
工作时间的离岗行为（不可离岗）			
可打私人电话	0.00368	-0.0727	-0.317***
可离岗30分钟	-0.140	-0.168	-0.468***
可花1小时办私事	-0.00495	-0.642***	-0.120
可离岗超过1小时办私事	0.0247	-0.246	-0.130
上级安排工作的方式（命令）			
命令加讨论	0.194*	0.112	0.391***
讨论	0.277**	-0.177	0.213*
给上级提意见（不能）			
可以表达意见	0.172*	0.320**	0.286**
自由表达意见	0.252**	0.462***	0.456***
性别（男性）			
女性	-0.300***	-0.139	-0.299***
年龄	-0.00317	-0.00146	0.000343
cut1	-2.056***	-4.145***	-0.384*
cut2	-0.346	-2.819***	0.512**
cut3	1.495***	-1.271***	1.632***
N	3634	3649	2429

注：$*p<0.05$，$**p<0.01$，$***p<0.001$。

从表6-8中的三个模型回归结果中我们可以看到以下方面。第一，工作自主权对组织中的人际交往频率具有显著的影响。具体来说，工作自主权程度越高，与上级领导和下级同事的交往就越频繁，但与平级同事的交往则越少。根据定义，工作自主权指的是工作者对自己的工作过程（工作任务、工作进度、工作量、工作方法等）有着自主的控制，并且因此相应地会在很大程度上免于上级领导的指导、监督和检查。如果是这样，那么我们就会产生疑问，为什么工作自主权越高，与上级领导打交道的程度不仅不会降低，反而会更加频繁呢？在这里可以提出两种可能的解释，第一种解释是，工作自主权越高，意味着工作者在组织中的地位越高，这就增加了其与更高职位者交往的频率；第二种解释是，工作自主权越高，意味着工作者得到上级领导的信任越多，从而越容易建立和上级领导的良好人际关系。很明显，这两种可能的解释对应于我们在介绍因变量时所提及的组织人际交往的两种情形，即"不得不"交往和"积极"交往。无论在这两种解释中选择哪一个，我们似乎还是无法解释接下来的问题，即为什么工作自主权越高，与平级同事的交往越少，而与下级同事的交往却越频繁。对于这些问题，我们将在下面介绍完其他变量的影响之后，再试图进行讨论。

第二，工作中的姿势。工作者在工作中的身体越是能够自由移动，他与上级领导、平级同事（在统计上不显著）和下级同事的交往就越频繁。工作者在工作中的姿势以及在工作场所中能否自由活动，很大程度上是与所从事的职业相关的。越能够自由移动身体，意味着工作者在组织中的地位也越高。

第三，上级监督频率。该变量的影响呈现复杂且有趣的结果。（1）如果受到的是一般监督，则工作者倾向于和上级领导交往越频繁；但如果受到的是极少监督，则工作者与上级领导的交往就越少。（2）受到上级的监督越少，工作者与平级同事的交往就越少。（3）受到上级的监督越少，工作者与下级同事的交往就越多（受到极少监督时，在统计上不显著）。引起我们注意的是，这一变量的影响与前面的工作自主权变量的影响呈现了几乎一致的模式。也就是说，工作者获得的自由越大，与上级领导和下级同事的交往越多，而与平级同事的交往越少。这里唯一的例外在于，如果工作者受到的是极少监督（包括没有监督或者仅仅是年度、季度审核），那么他与上级领导的交往也就会越少。

第四，上级安排工作的方式。如果直接主管以讨论，或者命令加讨论的方式做出工作安排，则会增加工作者与上级领导和下级同事之间的交往，但这一变量对他们与平级同事的交往没有显著影响。

第五，给上级提意见。能否向直接主管提出不同意见对于组织中的交往具有一致的影响模式，雇员越是能够自由地提出意见，他们与上级领导、平级同事和下级同事间的交往也就越频繁。我们在前面已经指出，上级安排工作的方式和给上级提意见这两个变量都属于对组织中"领导风格"的测量（斯佩克特，2010：276~283）。工业与组织心理学的一些研究表明，领导—成员交换关系（leader-member exchange）的质量会影响工作绩效、组织承诺以及工作满意度等。作为雇员参与的一种形式，让雇员享有较多的工作自主权，应该有助于产生良好的领导—成员交换关系，而这相应地会增加雇员与上级领导的交往频率。

第六，性别。模型结果显示，与男性相比，女性雇员与上级领导和下级同事的交往更少。单从系数来看，女性雇员与平级同事的交往同样要少于男性雇员，但这里不具有统计显著性。

第七，我们可以看到，上下班时间模式、工作时间的离岗行为以及年龄这三个变量基本上不存在显著影响，这里我们不再详细展开讨论。

在对前面遗留的问题进行解答之前，让我们先处理两个问题。首先是这样一种可能的反对意见，这种意见认为，我们前面在设定自变量时，把工作自主权的不同方面加以合并的做法是不妥当的。鉴于不同的工作自主权形式可能有着不同的意义，我们把工作自主权的三个方面（工作任务自主权、工作进度自主权和工作强度自主权）作为三个单独的自变量纳入了模型。从表6-9中我们可以发现，工作自主权对组织中的人际交往的影响模式，在表6-8的模型4到模型6和在此处的模型7到模型9的结果基本是一致的。我们发现，工作任务自主权越大，工作者与上级领导和下级同事的交往越频繁，与平级同事的交往越少，但高度工作任务自主权对工作者与上级领导的交往影响不显著。工作进度自主权越大，工作者与上级领导（影响不显著）和下级同事的交往越频繁，但与前面不同的是，当工作进度自主权为中度时，工作者与平级同事的交往较少（但影响不显著）；当工作进度自主权为高度时，工作者与平级同事的交往较多。当工作强度自主权为中度时，工作者与上级领导和下级同事的交往较频繁；当工作强度自主权为高度时，工作者与平级同事的交往较少；其他情况下的影响在统计上都不显著。

表6-9 人际交往频率对工作自主权的序次Logistic回归结果

变量	模型7	模型8	模型9
	上级领导	平级同事	下级同事
工作任务自主权（低度）			
中度自主	0.299***	-0.213*	0.444***
高度自主	0.105	-0.556***	0.407**
工作进度自主权（低度）			
中度自主	0.172	-0.0334	0.372**
高度自主	0.205	0.338*	0.529**
工作强度自主权（低度）			
中度自主	0.275**	0.0372	0.360**
高度自主	0.178	-0.439**	0.298
cut1	-1.911***	-3.736***	-0.681***
cut2	-0.225***	-2.549***	0.154**
cut3	1.554***	-1.071***	1.212***
N	3934	3963	2639

注：$*p<0.05$，$**p<0.01$，$***p<0.001$。

其次是单位中人际交往的性质问题。我们在前面曾经指出，根据问卷中的问题提问方式，我们无法分清因变量所测量的人际交往是"不得不"交往，还是自愿的"积极"交往，为了对这个问题做一个判定，我们检验了与不同人群的人际交往对工作满意度的影响（见图6-5）。结果表明，与上级领导和下级同事的交往越频繁，工作者的工作满意度就越高，但与平级同事的交往频率对工作者的工作满意度没有显著影响。既然与上级领导和下级同事的交往能够提高工作满意度，那么我们似乎有理由认为前述模型中因变量测量的是工作者自愿的"积极"人际交往。

我们在前面检验了工作自主权和工作领域中其他方面的自由对于组织中人际交往频率的影响。模型的结果并不出人意料，因为这一结果表明，工作者的工作自主权越高，与上级领导（和下级同事）的交往越频繁，而与平级同事的交往则越少。这一结果与我们前面介绍的很多研究所得出的结论基本是一致的。事实上，正如施瓦布所指出的，在工作场所中，工作自主权具有三个方面的指示意义：一是地位的象征；二是工作技能和责任要求的指示器；三是对可靠和称职的工作表现的奖赏（Schwalbe，1985）。也就是说，如果工作者获得了工作自主权，那就意味着，他在组织中有着较高地位，他的工作是需要较高技能水平的，并且他的工作赢得了上级领导的信任。与工作自主权密切相关的是上级对工作者的监督和检查频率，在工作场所中走动的自由，工作时间可以离岗，以及不用每天或时刻接受领导的监督和检查，都是工作者赢得上级领导信任的表现。另外，在工作努力不易监督或者工作产出不易测量的情况下，工作者通过主动接近监督者，也会增加他们晋升或获取其他福利的机会。由于工作自主权改善了雇员（工作者）和雇主（监督者）之间的关系，相应地，就可能弱化雇员之间的团结意识，甚至增加雇员之间的竞争和冲突。很多工厂研究表明，严格的直接监督会增加工人之间的团结，但如果监督是不那么严格的（比如我们模型中所设定的一般监督或极少监

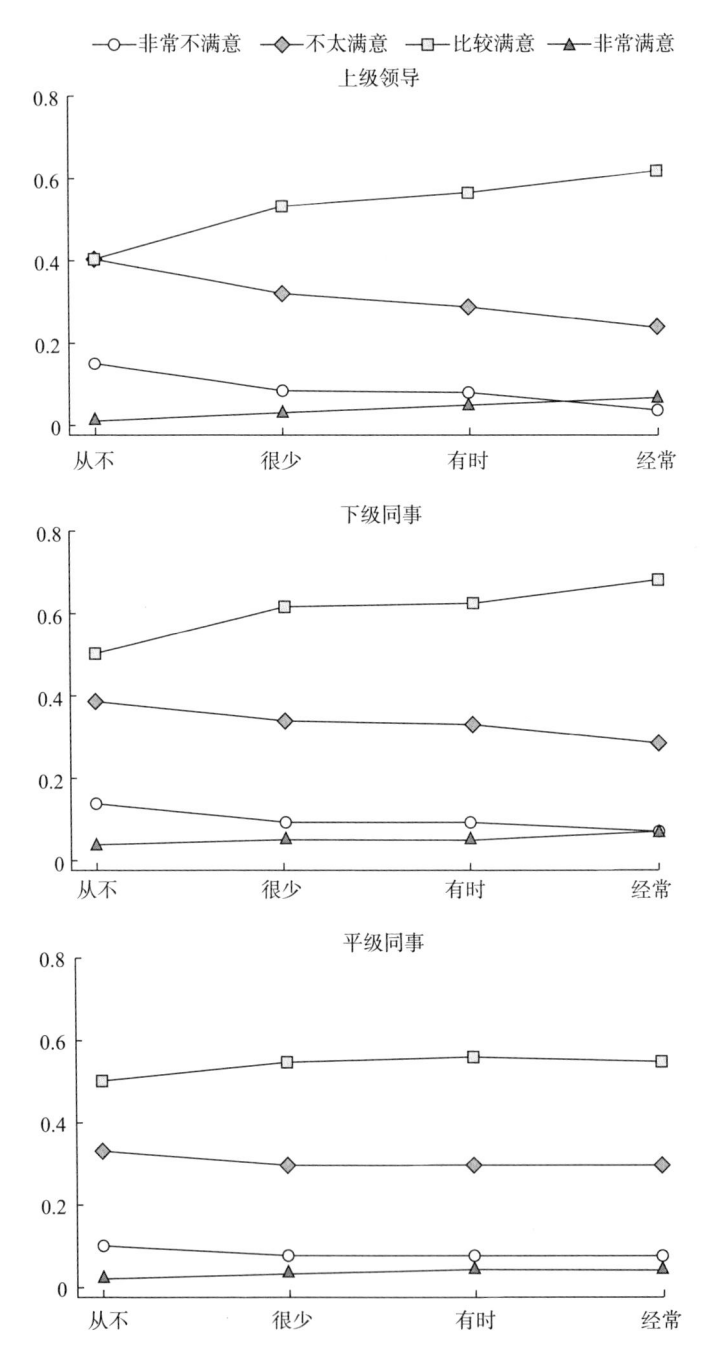

图 6-5 与不同人群的人际交往对工作满意度的影响

督），并且管理者营造一种民主的管理气氛，则会"把垂直冲突变成水平冲突"（Burawoy, 1979; Fantasia et al., 1988; Hodson et al., 1993）。从上述意义上来理解工作自主权，那么我们可以推知，工作自主权的提高，会增加工作者与上级领导和下级同事的交往，并减少他们与平级同事的交往。工作自主权对单位中人际交往的不同影响如图 6-6 所示。

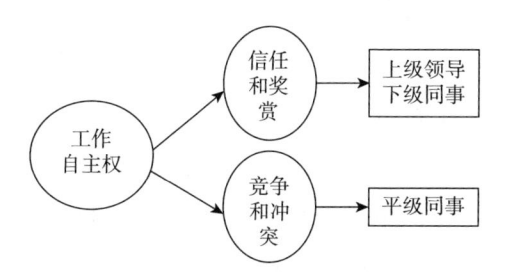

图 6-6　工作自主权对单位中人际交往的不同影响

第五节　讨论与小结

我们在这一章中对雇员参与的概念和形式做了讨论，我们指出作为工作生活质量的一个重要维度，雇员参与有着若干个不同的起源和理论依据，这导致了雇员参与在形式、目标和对雇员的影响上存在差异。比如说，起源于产业民主运动的雇员参与多采取间接参与形式，并且旨在提高雇员在决策制定中的影响力，并改善雇员的工作条件；相反地，以人力资源管理运动为依据的雇员参与则多采取直接参与的形式，并且其目的主要是引导雇员配合和接受组织的管理决策，并由此提高组织的生产率和利润（Hodson, 1996）。

我们在本章中把关注的焦点放在了雇员参与中的"工作自主权"上。我们分析了工作自主权的决定因素（第二节和第三节），以及工作自主权对雇员个人的影响（第四节）。我们对工作自主权模式的分析表明，在雇佣组织中，工作自主权和工作场所中其他方面的自由形成了明显的集聚模式，即工作者在获得工作自主权的同时，也会在其他方面拥有较大的自由空间。对工作自主权决定因素的分析表明，工作自主权是与雇员的技能水平及其在组织中的管理位置密切相关的，技能水平越高，雇员获得工作自主权的机会也越大，同样地，占据管理位置也能极大地增加雇员获取工作自主权的机会。我们还证明，在中国的雇佣组织中，管理位置是比技能水平更显著的决定工作自主权的因素，因此工作自主权的分配倾向于以权力为中心而非以任务为中心。

我们研究了工作自主权对组织中人际交往频率的影响。结果发现，工作者的工作自主权越高，与上级领导和下级同事的交往越频繁，而与平级同事的交往则越少。我们引用了此前的一些研究来对这一发现进行了初步的解释，研究发现，工作自主权能够增加工作者与上级领导、下级同事之间的信任，但与此同时也增加了工作者与平级同事之间的冲突。这一分析表明，工作自主权作为工作生活质量的一个重要维度，它能够通过多种方式影响人们在组织中实际感受到的地位和人际信任，进而影响工作者的工作满意度。

第七章　工作质量状况的历时和跨国比较

第一节　工作质量状况的比较

本书前面各章主要是对工作生活质量的各维度及其组合模式的分析，通过这些分析，我们了解了各个维度所呈现的分化以及决定这种分化模式的各种影响因素。比如对于客观工作质量，我们知道了工作的市场状况（收入、福利和晋升机会）和工作状况（工作模式、技能、权威、工作自主权等）倾向于聚合成以"好工作—坏工作"为主轴的若干分化模式，而且这种分化是受宏观经济社会因素，特别是受组织中的雇佣关系的影响的。在雇佣关系连续统中，雇主可以根据雇员的人力资本、专门化技能、劳动力供需结构等分别匹配不同质量的工作。在工作的报酬方面，我们知道了在不同体制之中，特别是在以劳动合同所指示的以就业稳定性为分界的不同劳动力市场中，工资的决定机制也不同，在初级劳动力市场中，工资受到工人权力、部门分割等位置因素和非市场机制的调节；而在次级劳动力市场中，工资主要受人力资本等市场因素和市场机制的调节。在工作的流动和保障性方面，我们知道了工作流动既是工作者与工作之间不断调整匹配度的一个过程，同时也反映了工作的保障性和稳定性，工作者的专门化技能和工人权力的积累会有助于提升他们工作的稳定性，但同时工作者个人资源的增加也会刺激他们不断寻求资源与报酬的相互匹配，所以总的来说，不可转移的位置资本倾向于减少工作流动，而可转移的人力资本则会增加工作流动的机会。在工作的自主权方面，我们知道了工作自主权既表现为对工作过程的控制，还表现为在工作场所中其他各种自主权领域中的"自由"，工作者在技能水平和管理位置上的提升有助于增加他们的这种控制权和自由权，而工作者的工作自主权实际上意味着他们与雇主之间结成了某种信任关系，这增加了他们与上级领导的交往频率，但同时也可能引起平级同事之间的人际冲突。

总的来看，我们前面几章的工作可以说更多的是解释性的，当然也可以说它是描述性的，也就是说，我们从中实际上能够看到工作生活质量在各个不同群体之间的差异。这些不同群体就是由在前面各模型中纳入的各种自变量所指示的群体，比如说，有劳动合同的群体和没有劳动合同的群体，人力资本较多的群体和人力资本较少的群体，有专门化技能的群体和没有专门化技能的群体，以及在国有单位或体制内工作的群体和在私营企业或非体制内工作的群体，等等。更不用说还有一些由控制变量所指示的各种群体，如男性和女性，以及各年龄群体等。通过对工作生活质量的各组成维度（工资、工作保障、晋升机会、流动机会、工作自主权）在各种群体之间差异化分布的描述，我们就能够在很大程度上了解哪些群体占据着"好工作"，哪些群体占据着"坏工作"，以及特别是各种位置因素对机会的不平等、优势/劣势的累积以及个人福利等方面所带来的影响。尽管如此，我们仍然缺乏对工作质量状况随着时间推移而发生的变化，以及可能令某些人感兴趣的，我国的工作质量状况与欧美等西方国家的差异等问题的认识。最后这一章，我们就着手处理这一问题，当然受制于可用的数据集及数据的可比性等因素，这里的讨论只能是非常简略的并且是非常初步的。

第二节 工作质量状况的历时比较

为了进行工作质量的历时比较,最好的办法是构建工作质量指数,从而能够从整体上判断工作质量随时间推移而发生的变化趋势。构建工作质量指数受制于相关数据集的可用性以及各年调查数据(如果有相关调查数据的话)的可比性。在这方面,欧洲工作条件调查(European Working Conditions Survey,EWCS)就是一个很好的示范,该调查开始于1991年,但从1995年开始每隔五年进行一次,至2015年已开展了6次。该调查除了时间跨度长之外,主要的优点还在于数据之间的可比性。弗朗西斯·格林(Francis Green)和塔里克·穆斯塔法(Tarek Mostafa)等根据第五次欧洲工作条件调查的数据(2010年),构建了一系列工作质量指数(Job Quality Indices),其中包括收入指数、工作前景指数、内在工作质量指数(又分为技能和自主权指数、工作社会环境指数、工作物理环境指数和工作强度指数)以及工作时间质量指数(Eurofound,2012)。及至第六次欧洲工作条件调查(2015年),研究者仍然沿用了第五次欧洲工作条件调查数据的格林-穆斯塔法工作质量指数(以下简称格林工作质量指数)的计算方法(见图7-1)。所不同的是,他们不再使用内在工作质量指数这一概念,并且对各指数的顺序进行了调整(这一定程度上意味着理论框架和关注重点的细微变化),现在的顺序是:工作物理环境指数、工作社会环境指数、工作强度指数、技能和自主权指数、工作时间质量指数、工作前景指数和收入指数(Eurofound,2017:36-37)。格林工作质量指数的计算方法相对来说比较简单。它的主要步骤包括:第一步,为各个工作质量指数选取相应的指标;第二步,将每一个指标进行标准化,使其取值范围变为0~1;第三步,对标准化后的各指标进行等权重加总,并利用Cronbach's alpha统计量判断这些指标加总是否能有效地抓住所要测量的概念;第四步，将加总后的值再次标准化，使其取值范围变为 0～100（Eurofound，2012：18－25）。下面我们将按照格林工作质量指数的计算方法，利用目前可用的数据集（选择其中的城市雇员样本）分别构建工作前景指数、工作自主权指数和工作物理环境指数，并由此简单考察我国的工作质量在这几个维度上历时的变化趋势。

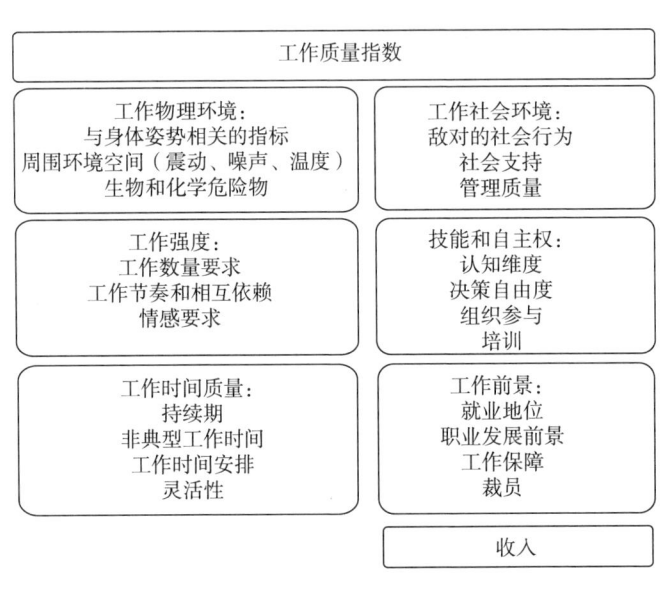

```
                        工作质量指数

  工作物理环境：                    工作社会环境：
  与身体姿势相关的指标              敌对的社会行为
  周围环境空间（震动、噪声、温度）   社会支持
  生物和化学危险物                  管理质量

  工作强度：                        技能和自主权：
  工作数量要求                      认知维度
  工作节奏和相互依赖                决策自由度
  情感要求                          组织参与
                                    培训

  工作时间质量：                    工作前景：
  持续期                            就业地位
  非典型工作时间                    职业发展前景
  工作时间安排                      工作保障
  灵活性                            裁员

                                    收入
```

图 7－1　格林工作质量指数（第六次欧洲工作条件调查，EWCS 2015）

资料来源：Eurofound（2017：37）。

在格林工作质量指数中，工作前景指数是由 4 个指标构成的，即（1）在未来 6 个月内是否可能失去工作；（2）工作是否提供了职业发展的良好前景；（3）雇佣地位，即属于雇主、自雇佣还是雇员；（4）签订了哪种类型的劳动合同。在目前我们可获得的数据集里面，只有中国综合社会调查 2006 年数据（CGSS 2006）和中国城镇居民工作环境调查 2017 年数据（CWES 2017）包括其中的部分指标。具体来说，CGSS 2006 数据集的 qc02a 题询问了工作者"与单位/雇主是否签订了劳动合同"；qc30 题询问了在未来的几年内，"在单位里得到提拔或升迁的机会有多大"。CWES 2017 数据集的 c5 题询问了

工作者"目前是否签订了书面劳动合同";d20题询问了工作者在未来的三年内,"在单位内升迁的机会有多大";c39题询问了工作者在将来的12个月内,"会不会失去现在这份工作"。中国劳动力动态调查2012年数据(CLDS 2012)中也有关于是否签订劳动合同的问题,但没有像前两个调查那样询问工作者的单位内部升迁机会,不过CLDS 2012有询问工作者对目前工作的晋升机会是否满意的问题。总之,目前可用的数据集都没有完全涵盖欧洲工作条件调查中相应的4个指标,这里我们只利用劳动合同和晋升机会这两个指标来构建工作前景指数。从表7-1中的结果看,从2006年到2017年,我国的工作前景指数得到了较大的提升,十余年间大约提高了20.5。但必须指出的是,从Cronbach's alpha值来看,这里的工作前景指数的信度非常低,从统计意义上说,不具有参考价值。

表7-1 工作前景指数的变化(2006年、2012年、2017年)

	CGSS 2006	CLDS 2012	CWES 2017
工作前景指数	32.4	40.7	52.9
1. 没有合同	60.2%	49.7%	31.7%
2. 没有升迁机会	77.9%	27.7%	39.4%
Cronbach's alpha	0.28	0.00	0.29
样本量	2660	4442	5011

注:(1)我们在计算过程中对CGSS 2006和CLDS 2012数据中的相应指标做了逆向处理(reverse),从而使较大的取值代表工作前景较好;CWES 2017数据则不存在这一问题。(2)对于CLDS 2012数据,我们使用工作者对晋升机会的满意度来代替他们对将来晋升可能性的判断。这样处理之后,根据CLDS 2012数据计算得到的工作前景指数在可比性上大大降低了,而且从Cronbach's alpha值来看,CLDS 2012的工作前景指数在统计上没有任何意义(Cronbach's alpha等于0.00)。(3)我们在表中还列出了构成工作前景指数的两个指标,以及特定取值(如这里的没有合同和没有升迁机会)在样本中所占的比例。下面的工作自主权指数和工作物理环境指数也提供了同样的内容。(4)根据第六次欧洲工作条件调查数据计算的2015年欧洲平均工作前景指数为63(Eurofound,2017:91)。

在格林工作质量指数中,技能和自主权指数由15个指标构成,其中包括是否参加旨在提高技能的培训、工作任务的复杂性和思维要求、对工作任务等的自主控制、工作中是否能发表意见或者影响决策、是否使用电脑和网络、工作者的受教育年限，以及工作者所在职业的平均受教育程度等几个大类。受数据的限制，在这里我们只关心工作自主权问题，正如在第六章中已经指出的，工作自主权的测量已经存在基本的共识且较为成熟。而且幸运的是，我们使用的三个数据集全都有关于工作自主权的问题。具体来说，CGSS 2006 数据集的 qc20 题询问了工作者在工作任务的内容、工作进度的安排，以及工作量或工作强度等三个方面的工作自主权。CLDS 2012 数据集的 I3a1.16 题与 CGSS 2006 数据集的 qc20 题是一样的。CWES 2017 数据集的 c26 题则询问了工作者在工作量的大小、工作时间的长短、工作节奏的快慢、工作地点的选择、工作内容的取舍、工作进度的调整等六个方面的工作自主权。这里我们利用关于工作任务、工作进度和工作强度自主权这三个指标来构建工作自主权指数。从表 7-2 的结果看，从 2006 年到 2017 年，我国的工作自主权指数总体上仅有相当微小的提升，而且 2017 年的指数值相比 2012 年还有下降。从 Cronbach's alpha 值来看，这里的工作自主权指数具有较高的测量信度。

表 7-2 工作自主权指数的变化（2006 年、2012 年、2017 年）

	CGSS 2006	CLDS 2012	CWES 2017
工作自主权指数	32.6	39.0	34.3
1. 工作任务无自主权	52.8%	48.1%	51.4%
2. 工作进度无自主权	47.4%	39.5%	38.1%
3. 工作强度无自主权	51.2%	43.1%	40.3%
Cronbach's alpha	0.87	0.81	0.80
样本量	2660	4442	5011

注：(1) 我们在计算过程中对 CGSS 2006 和 CLDS 2012 数据中的相应指标做了逆向处理（reverse），从而使较大的取值代表工作自主权较高；CWES 2017 数据则不存在这一问题。(2) 根据欧洲工作条件调查数据计算的 2010 年和 2015 年欧洲平均技能和自主权指数分别为 54 和 56（Eurofound, 2017: 80）。

格林工作质量指数中的工作物理环境指数由 14 个指标构成,包括工作者暴露于风险因素的可能性以及工作者在工作中的姿势要求两大类,前者主要是诸如工作场所中的噪声、高温、低温、粉尘、化学物质接触以及有害物质接触等问题,后者则主要是诸如工作疲劳、搬运重物、长时间站立以及重复的体力劳动等问题。在我们可用的数据集里面只有少数题目涉及这些指标。具体来说,CGSS 2006 数据集的 qc9 题询问了工作者在工作过程中,是否遇到过长时间的工作、繁重的体力劳动、快速且频繁地移动身体的位置,以及需要快速反应的思考或脑力劳动等四种情形。CLDS 2012 数据集的 I3a1.19 题询问了工作者在工作过程中是否需要付出繁重的体力劳动、频繁地移动身体的位置、快速反应的思考或脑力劳动等三种情形。CWES 2017 数据集的 c22 题询问了工作者的这份工作是否需要干重体力活、不停地来回运动、重复单调的劳动,以及长时间集中注意力等。此外,CWES 2017 数据集的 c14 题还询问了工作者的工作环境中是否含有粉尘、放射性物质、有毒化学品、物理危害、有害生物等有害物质,但这一问题在其他两个数据集里都没有涉及。这里我们只利用这三个数据集里的繁重体力劳动和频繁移动身体位置这两个指标来构建工作物理环境指数。从表 7-3 的结果看,从 2006 年到 2017 年,我国的工作物理环境指数有了较大的提升,十余年间大约增加了 23。从 Cronbach's alpha 值来看,CGSS 2006 和 CLDS 2012 的工作物理环境指数勉强可以接受,而 CWES 2017 的工作物理环境指数的测量信度则变得非常差。

表 7-3　工作物理环境指数的变化 (2006 年、2012 年、2017 年)

	CGSS 2006	CLDS 2012	CWES 2017
工作物理环境指数	59.6	55.6	82.5
1. 繁重体力劳动	17.6%	35.5%	10.5%
2. 频繁移动身体	32.9%	47.6%	21.9%
Cronbach's alpha	0.62	0.63	0.26

续表

	CGSS 2006	CLDS 2012	CWES 2017
样本量	2660	4442	5011

注：（1）我们在计算过程中对 CWES 2017 数据中的相应指标做了逆向处理（reverse），从而使较大的取值代表工作物理环境较好；CGSS 2006 和 CLDS 2012 数据则不存在这一问题。（2）根据欧洲工作条件调查数据计算的 2005 年、2010 年和 2015 年欧洲平均工作物理环境指数分别为 82、83、84（Eurofound，2017：43）。

总的来看，从 2006 年到 2017 年的十余年间，我国的工作质量状况应该说是有所提升的（见图 7-2）。但是，由于数据集所包含的相应指标的大量缺失、各年数据集之间缺乏可比性，以及建构效度和测量信度较低等方面的限制和缺陷，这里的结论毋宁说是探索性的并且具有相当的易错性。无论如何，这毕竟是向着考察我国城市雇员工作质量状况的历时变化迈出了一步，无论这一步是多么微小，它都将具有一定的启示意义。

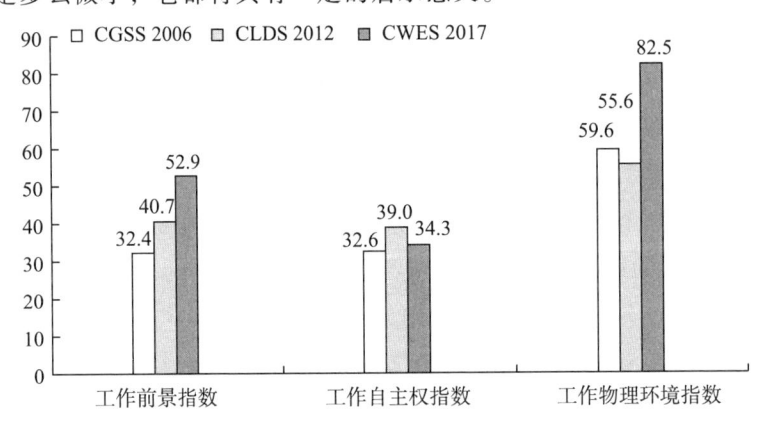

图 7-2　工作前景指数、工作自主权指数和工作物理环境指数的变化（2006 年、2012 年、2017 年）

第三节　工作质量状况的跨国比较

本章第二节通过构建工作质量指数，考察了我国城市雇员在工作前景指数、工作自主权指数以及工作物理环境指数等方面的工作质量状况变化趋势。我们当然希望利用这些指数来进行跨国比较（在每一个指数下面也都注明了根据欧洲工作条件调查数据所计算的相应指数作为参考），但由于指数构成指标上的差异等原因，中国和欧洲的这些指数的可比性是很差的。为了进行跨国比较，下面我们来考察各国的工作匹配状况，由于这种考察主要看的是各国工作者在工作质量各维度相应类别上的比例分布，因此数据的可比性较强。在大多数国家中，就业主要是通过劳动力市场把工作者与工作相互匹配的过程。但是由于劳动力供给不平衡、市场失灵、制度障碍等多种因素的作用，工作匹配的过程并不能达到完全令人满意的程度。工作匹配情况与工作质量密切相关，可以说，任何的工作不匹配都将不同程度地降低工作者的工作体验以及工作质量。这一节我们将根据2017年中国城镇居民工作环境调查数据（CWES 2017），聚焦技能匹配和时间匹配这两类工作匹配问题，并与欧美国家的状况进行比较。

一 技能匹配及其比较

凯勒伯格区分了五大类工作不匹配的情况，包括技能不匹配、空间不匹配、时间不匹配、收入不匹配以及工作—家庭不匹配等（Kalleberg，2007）。技能匹配指的是工作者的教育资格和技能水平与工作的技能要求之间的匹配。具体来说，技能匹配要求在给定工作者的教育资格和技能水平下，有与之相匹配的在工作中使用他们的知识和能力的机会，并且工作能够提供与他们在教育上所做的投资相匹配的收入（Kalleberg，2007：70）。当上述条件不满足时，就出现了技能不匹配。技能不匹配又可以分为两种情况，即资格过度和资格不足。资格过度（overqualification）指的是工作的技能要求低于工作者目前所掌握的教育资格或技能水平，相反地，资格不足（underqualification）指的是工作的技能要求超过了工作者具有的技能。[①]

要分析工作者的技能匹配情况，首先，需要对供需两侧的技能水平和要求进行测量，即一方面是测量工作者的教育资格和技能水平，另一方面是测量工作岗位的技能要求。对于工作者的教育资格和技能水平，可以用工作者的平均受教育年限来表示，也可以交由工作者进行自我评估。测量工作岗位的技能要求则比测量工作者的教育资格和技能水平复杂得多：一些研究者采用专家评估、雇主调查、工作分析等方法来测量完成工作所需要的技能，也有一些研究者要求被访者对其工作的教育资格或技能水平进行自我评估，还有一些研究者则相对直接地采用职业的平均教育水平来代表该职业的技能要求（Hartog，2000）。下面我们将主要利用教育水平变量来测量工作者的技能水平和工作的技能要求，虽然这一方法存在缺陷，但正如朱普·哈托格（Joop Hartog）在评论有关工作技能要求的各种测量方法时所说的，"工作的技能要求涵盖了工作者能力和才能的多种维度，工作所需的教育水平作为单一的指标必然压缩许多信息。但是，它仍然是朝着正确方向迈出的一步"（Hartog，2000）。其次，在测量了工作者的技能水平和工作的技能要求之后，还需要确定资格过度和资格不足的标准。最简单的方法是只要工作者的教育资格或技能水平高于工作要求，即定义为资格过度，反之即为资格不足。有的社会学家则人为设置一个阈限值，比如，工作者的受教育年限比工作所需的受教育年限多3年，即意味着存在资格过度；反过来，工作者的受教育年限比工作所需的受教育年限少3年，即意味着存在资格不足（Kalleberg，2007：82，115）。还有的研究者直接采用主观认定的方法，让被调查者回答他/她所从事的工作需要哪种受教育程度，由此确

---

① 与此相关的术语包括教育过度（overeducation）、培训过度（overtraining）、技能利用不足（skill underutilization）等，关于这些术语之间的联系和区别，可参见 Kalleberg（2007：70 - 71）。

定被调查者的教育资格和技能水平是否超过或低于这一要求（李骏，2016）。

本书采用各职业的平均受教育年限加减一个标准差作为判定资格过度和资格不足的标准，如果工作者的受教育年限大于所在职业的平均受教育年限，则加一个标准差，即认定为资格过度；反之，如果工作者的受教育年限小于所在职业的平均受教育年限，则减一个标准差，即认定为资格不足。根据我们的判定标准，在全部工作者中，有将近26.18%的人存在技能不匹配的情况，其中资格过度的占10.79%，资格不足的占15.39%（见表7-4）。与国外相比较，可以发现一些有意思的现象。比如，美国在1993~2002年有大约20%的工作者存在资格过度的问题，大约7%的工作者存在资格不足的问题，两者相加占27%（Kalleberg，2007：83，116）。在英国，2002年左右有大约37%的工作者属于资格过度的情况，大约17.6%的工作者属于资格不足的情况，两者相加占54.6%（Green，2006：40-41；Felstead et al.，2002：46-49）。需要指出的是，这些数据反映的是美国和英国10多年前的情况，而且判定技能不匹配的标准不一样，所以在进行比较时应该采取保守的态度。但我们可以认为，在欧美国家，技能不匹配相对来说主要表现为资格过度，而在我国，技能不匹配则主要表现为资格不足。也就是说，相对而言，在我国更为普遍的情况是工作者所掌握的知识和技能达不到工作的技能要求。

表7-4 工作者的技能匹配情况

职业大类	样本数	技能匹配情况（%）			平均受教育年限（年）
		资格过度	资格不足	资格匹配	
单位负责人	1225	2.78	17.22	80.00	13.29
专业技术人员	887	12.29	13.87	73.84	15.54
办事人员	1219	2.30	6.56	91.14	14.27

续表

职业大类	样本数	技能匹配情况（%）			平均受教育年限（年）
		资格过度	资格不足	资格匹配	
服务人员	2299	12.70	22.92	64.38	12.47
生产制造人员	983	26.45	6.10	67.45	11.57
农业劳动人员	21	38.10	19.05	42.86	10.86
军人和其他	232	4.31	22.41	73.28	12.98
总计	6866	10.79	15.39	73.81	13.22

注：Pearson chi2（12） = 717.5230，Pr = 0.000。

通过分析技能匹配在各个职业大类中的分布情况会发现，资格过度的问题主要集中在生产制造人员和农业劳动人员之中，资格不足问题则集中在单位负责人、办事人员、服务人员等职业中间，专业技术人员中的资格过度和资格不足的比例相对平衡。这里需要注意的是，农业劳动人员仅有21人，在全部样本中所占比例极低，因此其在这里表现出来的技能匹配情况几乎不具有代表性；而且分析发现，农业劳动人员平均受教育年限的标准差为4.13年，远高于3.06年的平均标准差，这也足以说明问题。抛开农业劳动人员的情况不论，在城市工作者中，单位负责人、办事人员和服务人员等第三产业从业人员较多地表现出了资格不足的问题（比同职业类别内属于资格过度的工作者比例高出4~15个百分点），即他们的知识和技能不太能满足工作的技能要求；相反地，在第二产业就业的生产制造人员则有很高的比例（26.45%）存在资格过度的问题，即他们的知识和技能相对于工作的技能要求是有所"剩余的"。这里的发现在一定程度上印证了蔡昉在分析农民工的人力资本状况时所得出的结论。蔡昉的研究发现，2011年，我国农民工的人力资本（用平均受教育年限来表示）能够适应第二和第三产业劳动密集型岗位的要求（分别为9.1年和9.6年），但与第二产业资本密集型和第三产业技术密集型岗位的要求

(分别为 10.4 年和 13.3 年)之间还有较大差距(蔡昉,2017：144)。虽然蔡昉的分析只针对农民工群体,而且讨论的是 2011 年的情况,但他的这一结论与我们的数据分析结果在方向上基本是一致的。

为了更清楚地了解技能匹配的分布情况,我们还分析了工作者的人口统计学特征(如户口、性别、受教育程度和年龄)与技能匹配的关联,并且与美国的情况进行比较。从表 7-5 中可以得出以下几个基本发现。第一,农村户口的工作者相比于城镇户口的工作者,更多地表现为资格不足的问题,这一点进一步证实了上述引用的蔡昉的相关分析。第二,男性工作者和女性工作者相比,男性更多地表现为资格过度的问题,女性更多地表现为资格不足的问题。而在美国,性别之间的技能匹配差异不大。第三,在受教育程度方面,工作者的受教育程度越高,存在资格过度问题的比例就越大[①];反之,工作者的受教育程度越低,存在资格不足问题的比例就越大。这一点与美国的情况表现出高度的一致,不同之处只在于我国的分布更不均衡,比如硕士和博士中资格过度的比例达到100%,而小学和没有上过学中资格不足的比例也达到了100%,这一点可能更多地与我们采用的判定标准有关。第四,在我国,总体上工作者的年龄越小,存在资格过度问题的比例就越大;工作者的年龄越大,存在资格不足问题的比例就越大。而在美国,技能不匹配的问题在各个年龄组之间的分布相差并不太大。这说明在我国,随着义务教育的普及和高等教育的大众化,工作者的年龄越小,受教育程度越高;而在美国,由于人们的教育决策受劳动力市场供求波动的影响较大,年龄与受教育程度之间的关联相对并不密切。

[①] 作为相互印证,李骏(2016)发现,高学历劳动者(大学生)中过度教育的比例为 28.84%,这一结果与我们的分析结果(大学教育程度者中的资格过度比例为 23.71%)大致相当。

表7-5 工作者的人口统计学特征与技能匹配情况的分布

单位：%

变量	中国资格过度	美国资格过度	中国资格不足	美国资格不足	中国资格匹配
户口	Pearson chi2（2）= 299.4542　Pr = 0.000					
农业（农村）户口	8.55	—	26.34	—	65.11
城镇（非农）户口	11.82	—	10.25	—	77.93
性别	Pearson chi2（2）= 13.2730　Pr = 0.001				
男性	12.45	20.3	14.2	7.2	73.34
女性	9.86	19.8	16.03	6.7	74.11
受教育程度	Pearson chi2（14）= 6.6e+03　Pr = 0.000				
没有上过学	0		100		0
小学	0	1.3	100	41.2	0
初中	0		72.07		27.93
高中、技校、职高、中专	0	6.0	4.77	7.0	95.23
大专	9.99	17.1	0	2.5	90.01
大学	23.71	29.8	0	2.2	76.29
硕士	100	51.0	0	0.6	0
博士	100		0		0
年龄	Pearson chi2（10）= 511.7090　Pr = 0.000				
16~24岁	10.84		10.84	—	78.31
25~34岁	13.76	20.8	8.23	5.5	78.01
35~44岁	10.04	19.0	16.49	6.4	73.47
45~54岁	5.08	20.1	29.68	7.4	65.24
55~65岁	2.51	18.9	47.24	11.4	50.25
66~76岁	11.11	—	55.56	—	33.33

注：（1）表中所列美国的技能匹配情况数据反映的是美国1993~2002年的情况，引自 Kalleberg（2007：83，116）。（2）表中的皮尔逊卡方（Pearson chi2）检验是针对中国数据的检验结果。

二 时间匹配及其比较

工作的时间匹配也是工作质量的一个重要维度，它影响工作者的身体和精神健康以及工作—家庭平衡等很多重要结果。时间匹配指的是工作者想要获得或付出的工作时间与其实际工作时间相匹配。同技能不匹配一样，时间不匹配也可以分为两种情况，即工作时间过度和工作时间不足。工作时间过度（overworking）指的是工作者在工作中实际花费的时间多于其理想工作时间；反过来，工作时间不足（underworking）指的是工作者在工作中实际花费的时间少于其理想工作时间。时间匹配还与工作强度（work intensity）紧密相关，有的工作者虽然在工作时间的绝对量上并不多，但工作强度很大；有的工作者虽然工作时间很长，但工作过程比较轻松。所以研究时间匹配，必须关注工作强度问题。

测量工作时间过度或不足的方法主要包括两种。一种方法是直接询问工作者的理想工作时间，然后以这一理想时间低于或高于其实际工作时间为依据，来判断工作时间是过度还是不足。另一种方法着重对工作强度的测量，通过询问工作者对工作时间投入的主观意见，比如工作是否经常处于紧绷状态，工作节奏是否很快，工作是否要求非常努力，等等，来判断工作时间的匹配状况（Green，2006：53）。在2017年中国城镇居民工作环境调查中，虽然询问了工作者的每天实际工作时间，但没有询问其理想工作时间。另外，对于工作时间、工作节奏等变量均是从自主权、满意度和实际行为等角度进行测量的，比如"您是否能够自主决定工作节奏的快慢"（自主权）、"您对自己的工作强度是否满意"（满意度）、"您在工作岗位上是否出现过有意放慢工作节奏的情况"（实际行为）等。考虑到在数据可获得性方面存在的这些问题，这里我们将主要通过分析实际工作时间与工作者的工作时间感受和行为之间的关系，来研究时间匹配问题。

首先来看我国工作者的时间匹配情况与欧洲国家的比较。数据中全部样本的平均每周实际工作时间为 42.29 小时，比欧洲国家（2015 年）的 36.6 小时高出了近 6 小时（Eurofound，2017：54）。如果我们以每天工作 8 小时为标准（即每周工作 40 小时）划界，会发现每天工作未超过 8 小时的工作者占 66.7%，而每天工作超过 8 小时的工作者占 33.3%，其中前一群体的每周平均实际工作时间为 38.03 小时，后一群体的每周平均实际工作时间高达 50.84 小时。欧洲一些研究将每周工作超过 48 小时界定为"长时间工作"，以此为标准，则我国长时间工作者的比例占 23.97%，高出欧洲国家的相应比例（15%）近 9 个百分点；将每周工作少于 34 小时界定为"短时间工作"，则我国短时间工作者的比例占 8.21%，远低于欧洲国家 28% 的占比（Eurofound，2017：53 - 54）。总的来看，我国城镇工作者的每周平均实际工作时间为 42.3 小时，有超过 23.9% 的人存在"长时间工作"现象（每周工作时间超过 48 小时），这些均高于同时期的欧洲国家。

通过分析实际工作时间在各个相关变量上的分布可以发现，不同职业、性别、受教育程度、年龄的工作者在实际工作时间（每周工作时间）上存在显著差异（见表 7-6）。比如我们发现，农业劳动人员的平均实际工作时间最多，为 45.24 小时；其次是单位负责人，为 44.41 小时；而专业技术人员的平均实际工作时间最少，为 40.35 小时。男性工作者的平均实际工作时间为 43.27 小时，女性为 41.77 小时，比男性少 1.5 小时。从受教育程度来看，基本呈现受教育程度越高，工作者平均实际工作时间越少的特点，比如没有上过学的工作者的平均实际工作时间为 45.00 小时，受教育程度为博士的工作者的平均实际工作时间仅为 40.00 小时，比前者少了接近一个工作日。从年龄来看，则呈现一种倒 U 形分布，即随着年龄增加，工作者平均实际工作时间也相应增加，但当达到一定年龄（45～54 岁）之后，工作者实际工作时间就转而下降。

表7-6 工作者的职业和人口统计学特征与实际工作时间
（方差分析）

变量	平均值（小时）		变量	平均值（小时）	
职业大类			受教育程度		
单位负责人	44.41		没有上过学	45.00	
专业技术人员	40.35		小学	43.57	
办事人员	40.55	F=22.98, Prob>F=0.0000	初中	44.23	F=10.27, Prob>F=0.0000
服务人员	42.36		高中、技校、职高、中专	42.70	
生产制造人员	42.90		大专	41.90	
农业劳动人员	45.24		大学	40.99	
军人和其他	44.27		硕士	39.97	
			博士	40.00	
户口			年龄		
农业（农村）户口	42.73	F=0.17, Prob>F=0.6789	16~24岁	41.15	F=4.94, Prob>F=0.0002
城镇（非农）户口	42.09		25~34岁	42.07	
			35~44岁	42.88	
性别			45~54岁	42.64	
男性	43.27	F=39.52, Prob>F=0.0000	55~65岁	41.65	
女性	41.77		66~76岁	41.67	

值得指出的是，在控制了加班因素的方差分析中，性别因素对工作时间的影响不再显著。而工作者是否签订书面劳动合同则与加班行为以及实际工作时间有显著关联（见表7-7）。比如，在没有签订劳动合同且有过加班的工作者中，每天平均实际工作时间未超过8小时的占38.24%，超过8小时的占61.76%；与之恰好相反的是，签订了劳动合同且有过加班的工作者中，每天平均实际工作时间未超过8小时的占60.96%，超过8小时的占

39.04%。这一结果意味着,有劳动合同的工作者虽然有加班行为的比例更高,但总的工作时间并不长;相反,没有劳动合同的工作者由于加班时间较长而显著增加其总的工作时间。另外,欧美国家的研究发现,零工就业(part-time job)一般会显著减少工作者的实际工作时间,从而使这部分人面临工作时间不足的问题。但中国城镇居民工作环境调查数据分析发现,零工就业和其他就业形态(包括正式工、临时工和劳务派遣工等)之间在实际工作时间上虽有差异,但统计显著性并不太高(F = 2.75,Prob > F = 0.0411),而且在排除了正式工之后,零工就业与临时工以及劳务派遣工之间的实际工作时间不再具有显著差异(F = 0.20,Prob > F = 0.8168)。

表7-7 工作者有无劳动合同与加班以及实际工作时间的关系

		无劳动合同		有劳动合同		总体	
		没有加班	有过加班	没有加班	有过加班	没有加班	有过加班
未超过8小时	人数	1272	270	1848	854	3120	1124
	比例(%)	71.26	38.24	88.29	60.96	73.52	26.48
超过8小时	人数	513	436	245	547	758	983
	比例(%)	28.74	61.76	11.71	39.04	43.54	56.46

注:表中无劳动合同和有劳动合同单元格中的比例为列比例(column),总体单元格中的比例为行比例(row)。

第四节 讨论与小结

通过最后这一章的分析,我们能够概略地了解我国城市雇员工作质量状况的发展变化,整体来看,工作者在工作前景指数、工作自主权指数以及工作物理环境指数等方面有了一定的提升。其中工作前景指数(劳动合同和晋升机会)和工作物理环境指数的提升特别显著,这一定程度上反映了我国城镇劳动力市场的规范性、保障性以及职业对工作者的友好性在不断得到改善。虽然上述各个工作质量指数的建构存在一些明显的缺陷,但通过多种数据的交叉验证,可以说在这些方面向着好的趋势变化的方向是比较确定的。此外,通过对城市雇员的技能匹配状况和时间匹配状况的跨国比较,可以发现我国工作者的技能匹配具有特殊性,即一方面技能不匹配更多地表现为资格不足的问题,且该问题集中在单位负责人、办事人员、服务人员等第三产业的职业之中,企业和组织必须通过职业技能培训、继续教育等措施补齐人力资本存量的短板,才能真正建立适应现代化高质量发展要求的宏观调控体系;另一方面我国工作者的实际工作时间和"长时间工作"的比例均超过欧洲国家,而且随着技术变迁以及互联网、电子通信工具等的使用,工作者的工作时间和工作强度有不断增加的趋势,用人单位应该通过增加工作者的自主权,减轻长时间工作和高强度工作对工作者健康造成的损害。

附录 工作生活质量指标和量表

第一节 工作生活质量量表：回顾

根据第一章对工作生活质量的起源和发展历史的梳理，我们知道工作生活质量起码包含三层意义，即工作生活质量是一种社会运动（产业民主运动），是一种管理活动（工作生活质量项目），还是一个学术领域（工作生活质量研究）。在长期发展过程中，工作生活质量概念在管理学、心理学、社会学和经济学中均已经占有一席之地，并且与产业民主、工人参与、工作设计、工作丰富化、工作满意度、工作自主权等研究密切相关。工作生活质量研究所包含的大多数维度在相应学科中是专门的研究主题，换句话说，如果不冠以"工作生活质量"研究这样的"名头"，这些维度或者子领域在相应学科中也是自主存在的。比如在第四章讨论的工资问题，实际上工资决定机制一直是劳动经济学和劳动力市场社会学等学科的研究主题，并不需要把它放在工作生活质量概念之下才能得到充分研究。在第五章讨论的工作流动和晋升问题，一直是劳动经济学和内部劳动力市场理论所擅长的领域，工作生活质量研究似乎并没有提供任何自己的理论来对此现象进行解释。在第六章所讨论的工作参与和工作自主权问题，的确是工作生活质量研究一直所关注的主题，但正如在第六章所看到的，工作自主权问题在阶级理论和劳工研究中也占据显要位置。我们在前面章节中曾经提到过，工作生活质量是一个伞状概念，不过颇为尴尬的是，如果没有这样一把"伞"，其下面的东西不会受到任何损害。如果说工作生活质量概念有什么存在价值的话，那就是一方面，它提出了从质量的角度来对工作进行研究，并且强调对雇员的福利进行关注；另一方面，它发展了一些工作生活质量量表，用于从整体上测量一个组织或者社会的工作状况，并且允许对工作状况进行国际比较。这里的第一个方面，正是前面的几个章节所处理的问题或者隐藏的线索；第二个方面，即工作生活质量量表，是贯穿该领域研究各阶段的一个重要议题（Walton, 1975; Cherns, 1975; Taylor, 1978; Levine, 1983; Turcotte, 1988; Elizur & Shye, 1990; Sirgy et al., 2001; Martel & Dupuis, 2006）。近年来，欧洲各国的政府、政府间组织和研究机构都在构建工作质量指标方面努力。但受篇幅所限，我们仅以附录的形式来展示一些常见的工作生活质量量表，以及近年来在欧洲国家和组织中使用的量表。在展示这些量表之前，这一节将对工作生活质量量表的发展历程和趋势进行简要的叙述和讨论，除了对基本背景的这些必要介绍之外，我们不做过多展开。为了便于叙述，下面的内容主要围绕学科来组织。

一 管理学（组织行为学、工业与组织心理学）

这里所说的管理学主要是指组织行为学（Organizational Behavior）以及工业与组织心理学（Industrial and Organizational Psychology）。早期的大多数关于工作生活质量的量表是由这两个学科领域的学者提出的，比如工作描述指数（JDI）、工作诊断调查（JDS）、工作特征清单（JCI）等。这些成果主要发表在《应用心理学杂志》（*Journal of Applied Psychology*）、《美国管理学会杂志》（*The Academy of Management Journal*）、《职业心理学杂志》（*Journal of Occupational Psychology*）等期刊上。管理学领域的工作生活质量研究具有如下几个特征：第一，以促进企业的生产力为主要目的；第二，与企业管理的创新举措（如工作设计）密切相关；

第三，融入了很多心理学要素，特别关注心理层面的事实，如工作满意度。相应地，这一领域的工作生活质量量表更多地强调工作者的技能特点、工作任务的特征，以及工作的反馈等方面。

我们以第三章提到的海克曼和奥海姆的"工作诊断调查"量表为例（Hackman & Oldham, 1975）（见图1），来说明管理学领域的工作生活质量量表的特点。第三章曾经提及，海克曼和奥海姆提出"工作诊断调查"量表的目的是"在工作设计之前对工作进行诊断，以及评估工作设计对工作者的实际影响"（Hackman & Oldham, 1974, 1975）。在管理学界，工作设计和工作丰富化是早期用来提高工作生活质量的主要手段。（1）工作设计是对雇员工作的内容、任务、目标和相互关系等进行组织和设计，通常包含工作轮换、工作工程学、工作扩大化、工作丰富化、社会技术系统等一系列措施和方法，其中，工作丰富化指的是通过赋予员工执行工作中更多的控制权、责任和自由决定权，来增加工作的深度（纽斯特罗姆、戴维斯，2000：261~262）。（2）海克曼和奥海姆的工作特征模型是工作设计领域的重要理论之一。他们在"工作诊断调查"量表中提出的一套测量指标，极大地刺激了实证研究的发展。海克曼和奥海姆在"工作诊断调查"量表中提出了五个核心工作特征：（1）技能的多样性（skill variety），即工作所需的技能数；（2）工作的完整性（task identity），即雇员做的是工作的全部还是工作的一部分；（3）任务的重要性（task significance），即某一工作对其他人的影响程度；（4）工作自主权（autonomy），即雇员能够自己决定如何工作的自由程度；（5）工作反馈（feedback），即告知雇员完成工作是否正确的明确程度（斯佩克特，2010：185）。从工作丰富化的角度来讲，企业需要将五个核心维度进行丰富化，从而提高对雇员的激励（纽斯特罗姆、戴维斯，2000：264）。这里对核心工作特征的测量仅是"工作诊断调查"的一个部分，即客观工作质量。关于工作诊断调查对主观工作质量的测量，我们已经在第三章中进行了详细分析，这里不再赘述。

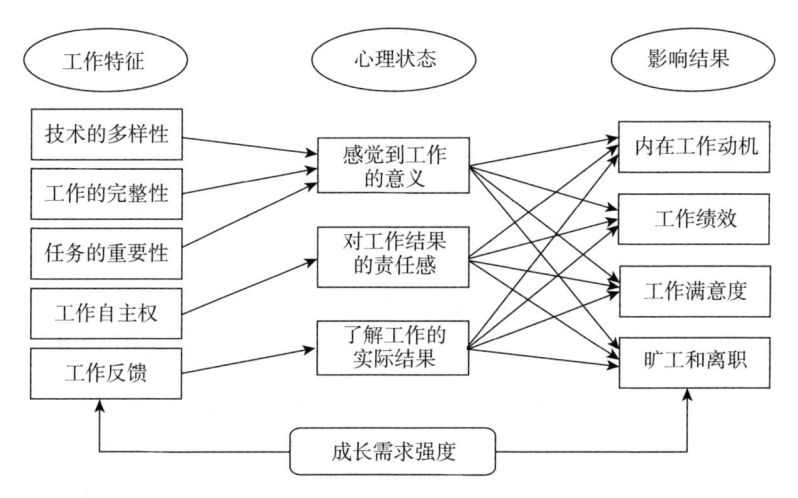

图 1　海克曼和奥海姆的"工作诊断调查"量表

二　社会学

社会学很少发展量表,在工作生活质量研究中也是如此。在大多数情况下,社会学家或者借用其他学科中成熟的量表,或者干脆绕开关于量表的话题。社会学中比较有名的一个关于工作特征的清单,是由梅尔文·L.科恩(Melvin L. Kohn)和卡米·施库勒(Carmi Schooler)提出来的。科恩和施库勒提出工作条件包含50多个单独的维度。在这些工作条件中,与人的心理功能(psychological functioning)相关的有14个维度:实质复杂性;常规化;监督严密程度;所有权;官僚化;等级中的位置;时间压力;沉重程度;脏乱程度;工作时间;责任;失业风险;工作保障;工作收入(Kohn, 1969; Kohn & Schooler, 1969, 1973, 1982)。

即使是在工作质量研究得到复兴的今天,社会学家也没有急切地想要提出一个用于测量工作生活质量的量表,大多数研究是针对工作生活质量的某一个维度来进行的。在很多全国性调查中,即使不专门针对工作生活质量而设计,但只要调查数据中有若干相关变量,就能够满足分析所需。这样的调查有很多,如美国的综合社会调查（General Social Survey，GSS）、英国的劳动力调查（Labor Force Survey，LFS），以及欧洲工作条件调查（EWCS）等。进入21世纪之后，中国的一些高校和科研院所也执行了一些长期的大型全国性社会调查，为分析工作生活质量提供了大量数据。这些数据中比较有名的包括中国人民大学社会学系从2003年开始执行的中国综合社会调查（China General Social Survey，CGSS）、中山大学社会科学调查中心执行的中国劳动力动态调查（China Labor-force Dynamics Survey，CLDS）等。但需要指出的是，由于大多数调查并非专门设计用于工作质量研究，研究者很难从较为综合的角度来对工作质量有一个全貌的认识。另外，近几年的中国综合社会调查（CGSS）过多地偏向主观态度方面的问题，工作模块的题项比例大大降低，使得我们很难用这些数据对近年来的工作质量状况进行研究。

三 经济学

传统上，经济学拒绝研究人的主观幸福，也拒绝研究雇员的主观工作质量。大多数经济学家认为，个人对满意度的判断和其他的主观意见是一个"黑箱"，只应该交由心理学家和社会学家来开启（Levy-Garboura & Montmarquette，1997）。不过近20年来，一些经济学家也开始认识到研究主观工作质量的重要性（Clark et al.，1996；Frey & Stutzer，2002；Green，2006）。正如R.B.弗里曼（R.B. Freeman）所说的，"人们对他们的工作感觉如何？对这个问题的回答并不是无意义的，相反地，它传递了关于经济生活的有用信息，对此我们不应忽略"（Freeman，1978）。

这些经济学研究的一个重要特点就是把工资作为决定工作质量的最重要因素，并且把工作质量等同于工作满意度（Clark，1996）。弗朗西斯·格林（Francis Green）从经济学的角度对此进行了解释。格林认为，工作生活质量有两种测量方法，即主观方法和客观方法。主观方法起源于功利主义，它认为个人的福利取决于个人有能力满足个人品位或偏好的程度。根据这一理论，工作生活质量由整体效用函数决定，而效用函数则完全取决于对一系列工作特征的主观评价。尽管经济学是以个人为基础的，但是关于个人偏好的证据不能作为实际证据来源。经济学认为，个人对其自身状况和偏好的评价受到社会规范的影响，而社会规范本身是无法观察的，并且由社会和历史因素决定。除此之外，调查中的被访者受到很多偏误的影响。出于这些原因，经济学主张应该从个人可观测的行为来进行推断，因为有意义的不是人们"说了"什么，而是人们"做了"什么（Green, 2006: 10）。也正是由于这一点，经济学把工资作为工作质量的最重要指标。

由于工作生活质量的概念、测量方法充满争议，尤其是主观工作质量和工作满意度的关系一直困扰着研究者，很多研究者希望为工作生活质量概念寻找新的理论基础。比如以丽佐和沙耶提出以行动系统概念作为工作生活质量的基础（Elizur & Shye, 1990），塞尔吉等人提出要以需求满足理论和溢出理论（Spillover Theory）作为工作生活质量的基础（Sirgy et al., 2001），而马泰尔和杜普伊斯则把工作生活质量（Quality of Working Life, QWL）与一般的生活质量（Quality of Life, QOL）联系了起来（Martel & Dupuis, 2006），这也成了近年来工作质量研究领域中的一个越来越明显的趋势。

第二节 常见的工作生活质量量表：1960~2010年

常见的工作生活质量量表如表1所示。

表1 常见的工作生活质量量表

简称	英文名	中文译名	作者
JDI	Job Descriptive Index	工作描述指数	Smith, Kendall & Hulin, 1969

续表

简称	英文名	中文译名	作者
QES	Quality of Employment Survey	就业质量调查	Quinn, Mangione & Seashore, 1975
JDS	Job Diagnostic Survey	工作诊断调查	Hackman & Oldham, 1974, 1975
JCI	Job Characteristic Inventory	工作特征清单	Sims, Szilagyi & Keller, 1976
SDQWL	Self-Developed Quality of Work Life	雇员自拟工作生活质量量表	Levine, 1983
ASQWL	Quality of Work Life Based on Action System	基于行动系统概念的工作生活质量	Elizur & Shye, 1990
NSQWL	Quality of Work Life Based on Need Satisfaction and Spillover Theories	基于需求理论和溢出理论的工作生活质量	Sirgy, Efraty, Siegel & Lee, 2001
QWLSI	Quality of Working Life Systemic Inventory	工作生活质量系统清单	Martel & Dupuis, 2006

一 工作描述指数（Smith, Kendall & Hulin, 1969）

（一）工作中的人

想一下你在工作中共事或接触的大多数人，下面的词或短语多大程度上正确地描述了这些人？选项分为三类：是；否；不确定。

能激励人；令人讨厌；缓慢；能帮助人；愚蠢；有责任感；可爱的；很聪明；容易树敌；粗鲁；漂亮整洁；很懒；令人不愉快；给予人支持；积极的；兴趣狭窄；令人沮丧；固执

（二）工作整体

整体上想一下你的工作，总的来说你的工作大多数时间是什么样子的？选项分为三类：是；否；不确定。

令人愉快的；坏的；极好的；浪费时间；好的；不合心意的；

值得的；比大多数工作要坏；能接受的；优越的；比大多数工作要好；令人不快的；让我满足；不适合的；优秀的；极坏的；令人享受的；糟糕的

（三）工作中的任务

想一下你目前的工作，下面的词或短语多大程度上正确地描述了你的工作？选项分为三类：是；否；不确定。

吸引我的；常规的；令人满意的；令人讨厌的；好的；给予成就感；受人尊重；令人振奋的；有价值的；有用的；有挑战性；简单的；重复的；有创造力的；枯燥无味的；令人不感兴趣的；可以看到结果；使用我的能力

（四）报酬

想一下你现在得到的报酬，下面的词或短语多大程度上正确地描述了你目前的报酬？选项分为三类：是；否；不确定。

公平；仅依靠收入生活；很坏；令人舒适；比我应得的要少；很优厚；足够生活；报酬很低

（五）晋升机会

想一下你现在得到的晋升机会，下面的词或短语多大程度上正确地描述了你的晋升机会？选项分为三类：是；否；不确定。

良好的晋升机会；晋升机会有限；靠能力晋升；没有出路的工作；很好的晋升机遇；非常有限；很少晋升；常规晋升；相当好的晋升机遇

（六）监督

想一下你在工作中受到的监督，下面的词或短语多大程度上正确地描述了你受到的监督？选项分为三类：是；否；不确定。

支持性的；不令人愉快；无礼的；会表扬工作出色的人；得体的；有影响力的；最新式的；不仁慈的；有亲信或得宠的人；告诉我我的立场；令人讨厌的；固执的；很了解工作；坏的；很

聪明；糟糕的计划者；需要时会出现；懒惰的

二 就业质量调查(Quinn, Mangione & Seashore, 1975)

1. 我有大量机会结识朋友。
2. 我有很好的晋升机会。
3. 我的同事很友善，也肯帮忙。
4. 我有机会发展我自己的专门能力。
5. 上下班都很方便。
6. 我得到足够的帮助和装备来完成我的工作。
7. 我没有被要求做过量的工作。
8. 工作很有趣。
9. 我得到足够的信息来完成我的工作。
10. 报酬很好。
11. 我被给予大量自由来决定如何完成我的工作。
12. 我被给予机会来完成我最擅长的事情。
13. 工作保障性很好。
14. 我要去解决的问题非常困难。
15. 我的上级监督者很胜任他的工作。
16. 我的责任得到了清晰的界定。
17. 我得到足够的权威来完成我的工作。
18. 我的附加福利很好。
19. 周围物理环境很舒适。
20. 我可以看到我的工作成果。
21. 我可以忘记我的私人问题。
22. 我有足够的时间来完成我的工作。
23. 我的上级监督者很关心他底下人的福利。
24. 我没有遇到他人对我提出相互冲突的要求这样的烦恼。
25. 工作时间很好。
26. 我的上级监督者能成功让人们一起工作。

27. 晋升机会很公平。

28. 我共事的人对我有私人兴趣。

29. 我的雇主会给予每一个人以前进的机会。

30. 我的上级监督者非常友善。

31. 我的上级监督者能切实帮助我完成我的工作。

32. 我共事的人能切实帮助我完成我的工作。

33. 我共事的人很胜任他们的工作。

34. 我共事的人都很友善。

三 工作诊断调查（Hackman & Oldham, 1974, 1975）

第一部分——工作维度

这一部分要求被访者尽可能客观地描述他们的工作。被访者在回答这部分问题时不能显示他多么喜欢或多么不喜欢他的工作。相反地，被访者需要让自己的回答尽可能地精确和客观。

1. 你的工作在多大程度上要求你与其他人密切配合？

2. 你在工作中有多大的自主性，即你的工作在多大程度上允许你自己决定如何完成工作？

3. 你的工作在多大程度上涉及完成一件"完整的"和可视为同一件的工作？也就是说，工作是具有明显开始和结束的完整的一件任务，或者工作只是一个整体工作的一小部分，最终需要由其他人或者机器来完成？

4. 你的工作中有多少变化？也就是说，你的工作在多大程度上要求你做很多不同的事情，使用多种多样的技能和才干？

5. 总体而言，你的工作有多大的影响，或者有多重要？也就是说，你的工作结果是否显著地影响其他人的生活或福利？

6. 管理者或合作者在多大程度上会让你知道你的工作完成得有多出色？

7. 完成工作这件事本身在多大程度上为你提供关于你的工作表现的信息？也就是说，实际工作本身是否提供了一些关于你的工作有多出色的线索,除了合作者或监督者可能提供给你的"反馈"之外?

第二部分——工作维度

这一部分要求被访者尽可能客观地判断每一个题目的陈述是否精确地描述了他的工作,而不管被访者是喜欢还是不喜欢他的工作。

1. 工作要求我使用许多复杂的或者高水平的技能。
2. 工作要求我与其他人进行大量合作。
3. 工作的安排使我没有机会从头到尾做完一件完整工作。
4. 干完工作所要求的那些活使我有很多机会了解我干得有多好。
5. 工作非常简单并且都是重复的。
6. 工作可以由一个人单独来完成——无须和其他人交流或者相互检查。
7. 监督者和合作者几乎从来不会给我任何反馈,让我了解我干得有多好。
8. 在这份工作中,很多其他人会受到这个活干得有多好的影响。
9. 这份工作不允许我有任何机会使用我的个人主动性或者判断力来完成工作。
10. 监督者经常让我知道我的工作完成得有多么出色。
11. 工作提供机会让我从头到尾完整地完成一件工作。
12. 工作本身很少提供什么线索,让我了解我是否出色地完成了任务。
13. 工作给我提供了大量机会独立和自由地完成任务。
14. 就更大范围来讲,工作本身不是非常有影响,或者非常重要。

第三部分——心理状态

工作者个人对其工作的感受。被访者要求在这里表明他们自己对其工作的个人感受。

1. 在工作中我很难关心工作是否正确地完成了。

2. 当我出色地完成工作后，我的自信提升了。

3. 总体上来讲，我对这份工作非常满意。

4. 我在这份工作中所做的大多数工作看起来是无用的或者不重要的。

5. 我通常会知道我在这份工作中所做的事情是不是令人满意的。

6. 当我出色地完成了工作后，我会感受到很强烈的个人满意感。

7. 我在这份工作中所做的工作对我是非常有意义的。

8. 对于我在这份工作中所做的工作，我感受到非常强的个人责任感。

9. 我经常想要辞去这份工作。

10. 当我发现我在这份工作中表现很糟糕时，我会感到很糟糕和不高兴。

11. 我通常无法了解我在这份工作中是做得很出色还是很糟糕。

12. 我感觉我个人应该为我在这份工作中所做的事情的结果受到表扬或者受到责备。

13. 我总体上对于我在这份工作中所做的事情类型感到满意。

14. 我个人的感受通常并不会以某种方式受到我多么出色地完成了这份工作的影响。

15. 这一工作是否正确地完成了，明显是我的责任。

第四部分——个人结果

这一部分要求被访者回答对其工作中的某些具体方面是否满意。

1. 拥有的工作保障性。

2. 获得的报酬和附加福利。

3. 通过完成工作所能获得的个人成长和发展。

4. 在工作中交流和共事的同伴。

5. 从老板那里获得的尊敬和公平对待。

6. 从完成工作中所获得的成就是值得的。

7. 在工作中认识和了解其他人的机会。

8. 从监督者那里获得的支持和指导。

9. 对于我为组织所做的贡献，我得到公平的报偿的程度。

10. 在工作中可以运用的独立思考和行动。

11. 未来在这一组织中的保障性。

12. 在工作中帮助他人的机会。

13. 工作的挑战性。

14. 从工作中获得的监督的整体质量。

第五部分——心理状态

这一部分要求被访者描述工作中其他人的感受。

1. 工作中的大多数人会在出色地完成工作时感到极大的个人满意感。

2. 工作中的大多数人对这一工作非常满意。

3. 工作中的大多数人感到这一工作是没用的或者不重要的。

4. 工作中的大多数人感到对于他们所做的工作有着极大的个人责任。

5. 工作中的大多数人对于他们多么出色地完成了工作有着很好的了解。

6. 工作中的大多数人感到工作是非常有意义的。

7. 工作中的大多数人感到工作是否正确地完成了明显是他们自己的责任。

8. 工作中的人经常想要辞职。

9. 工作中的大多数人发现他们工作完成得很糟糕时，会感到很遗憾或者很不高兴。

10. 工作中的大多数人无法了解他们到底是做得好还是做得

不好。

第六部分——个人成长需求强度

这一部分要求被访者回答个人想要哪些工作特征。

1. 来自监督者的尊重和公平对待。

2. 激励和挑战性的工作。

3. 在工作中施展独立思考和行动的机会。

4. 较高的工作保障。

5. 非常友善的合作者。

6. 从工作中学习新事物的机会。

7. 优厚的薪水和较多的附加福利。

8. 在工作中实现创造力和想象力的机会。

9. 较快的晋升。

10. 在工作中拥有个人成长和发展的机会。

11. 在工作中感到值得的成就。

第七部分——个人成长需求强度

这一部分要求被访者回答工作中的哪一方面对于他们是最为重要的。每个题目中都简要描述了两种不同类型的工作,然后要求被访者从中选择一个他们喜欢的类型。

1. A. 报酬很丰厚的工作。

   B. 有大量机会施展创造力和创新力的工作。

2. A. 通常要求做出重大决策的工作。

   B. 有很多友善的人一起共事的工作。

3. A. 最出色地完成任务的人会被赋予更大责任的工作。

   B. 具有最长资历的忠诚雇员会被赋予更大责任的工作。

4. A. 财务出现问题,并且很可能在年内会倒闭。

   B. 你不被允许有任何意见,关于你的工作如何做出日程安排,或者用于执行工作的程序。

5. A. 很常规的工作。

   B. 合作者不是非常友善的工作。

6. A. 监督者经常在其他人面前严厉地批评你和你的工作。

   B. 你没有机会使用你花费很长时间来发展的技能。

7. A. 监督者很尊重你并且对待你很公平。

   B. 持续地为你提供机会学习新的和有趣的事情。

8. A. 很可能会下岗的工作。

   B. 很少有机会去做有挑战性的工作。

9. A. 有机会发展新的技能和在组织中晋升。

   B. 提供大量休假以及一系列极好的附加福利。

10. A. 没有自由和独立性去按你认为是最佳的方式来完成工作。

    B. 工作条件非常糟糕。

11. A. 有着令人满意的小组工作。

    B. 允许你最大限度地使用你的技能和能力。

12. A. 极少或没有挑战。

    B. 要求你完全与合作者隔离开。

第八部分

这一部分询问的是被访者背景。

性别

年龄

受教育程度

工作头衔

四 工作结构和工作条件(Kohn & Schooler, 1973, 1982)

工作的复杂性

常规性

时间压力

工作环境的清洁度

工作的安全性

感受到归属感

授权的水平

监督的水平

官僚化

等级结构中的位置

工作的保障性

工作的稳定性

报酬

工作的时间安排

五 工作特征清单[①]（Sims, Szilagyi & Keller, 1976）

1. 在多大程度上你需要在其他雇员完成工作后才开始你的工作？

2. 你的工作中有多样性？

3. 你在多大程度上自己来完成自己的工作？

4. 你是否经常看到项目或工作完工？

5. 在多大程度上你能知道你工作有多出色？

6. 有多大的机会遇到你想要与其发展友谊的人？

7. 你的工作多大程度上依赖你与他人共事的能力？

8. 你的工作任务有多重复？

9. 在执行你的工作任务时，在多大程度上你能够独立于你的监督者？

10. 在多大程度上你需要在其他雇员开始工作后完成你的一件工作？

11. 在多大程度上你从上级那里获得关于你的工作表现的信息？

12. 在工作的时候，在多大程度上你有机会与其他雇员非正式地谈话？

[①] 对问题1~17，答案选项为"很少"、"适度"和"很多"；对问题18~35，答案选项为"极少量"、"适量"和"极大量"；对问题36~37，分别适用这两类选项。

13. 在多大程度上与他人打交道是你工作的一部分？

14. 每天你所执行的任务多么相似？

15. 在多大程度上你能够独立于他人来做你的工作？

16. 在多大程度上你的工作等同于一台大机器的一个小齿轮？

17. 在多大程度上你的工作结果是清晰可见的？

18. 来自监督者的反馈，关于我多么出色地完成了工作。

19. 来自合作者的友谊。

20. 在工作中与其他人交谈的机会。

21. 做许多不同事情的机会。

22. 自由地去做很多我在工作中想要做的事情。

23. 我所参与的工作从头到尾由我自己来处理的程度。

24. 了解我在工作中多么出色的机会。

25. 在工作中了解其他人的机会。

26. 自己完成大量工作。

27. 工作中的多样性数量。

28. 独立思考和行动的机会。

29. 完成由我所开启的工作的机会。

30. 我知道我完成工作是很出色还是很糟糕。

31. 在工作中发展亲密友谊的机会。

32. 在工作中结识其他人。

33. 拥有对工作节奏的控制。

34. 从头到尾完成一件工作的机会。

35. 从监督者之外的其他人那里获得工作反馈的程度。

36. 在多大程度上完成"一整件"工作？

37. 在工作中给予他人帮助的机会。

六 早期的工作生活质量维度（Walton，1975；Seashore，1975）

你认为你所在的公司、组织或政府机构应该在多大程度上关

心下列问题？（5级量表）

充足和公平的报酬

1. 好的报酬。

2. 好的附加福利计划。

3. 个人可以获得各种类型的财务报酬。

安全和健康的工作条件

2. 方便的工作时间。

4. 安全的工作条件。

7. 较低的与工作相关的压力。

12. 较低的与工作相关的疾病。

成长和保障机会

20. 工作保障。

28. 使用知识和技能的机会。

38. 雇员成长和学习的机会。

39. 在各种挑战性工作之间进行选择的机会。

40. 提供职业生涯发展的机会。

工作组织中的社会整合

10. 管理方－雇员联合委员会。

15. 最小化社会歧视。

19. 工作中良好的社会关系。

29. 消除地位差异。

31. 管理方－雇员之间关于工作内容的联合委员会。

32. 较高的雇员自尊。

33. 组织中所有层级成员之间的良好信任。

35. 组织中所有层级成员之间的诚信沟通。

41. 最小化性别歧视。

工作组织中的章程

6. 适用于组织中所有成员的公平和平等标准。

21. 鼓励关于组织议题自由发表意见。

42. 确保适用于组织中所有成员的正当过程。

工作与总体生活空间

3. 让人满意的上下班交通。

23. 享受工作之外生活的机会。

27. 雇员参与社区事务的兴趣较高。

工作生活的社会关联物

30. 把工作活动与产品使用者的利益关联起来的机会。

37. 肯定工作是社会想要的。

雇主角度的工作生活质量

8. 最小化工作时间中的时间损失。

13. 较高的产品/服务质量。

14. 减少盗窃或蓄意破坏。

16. 对组织的忠诚。

17. 提高雇员动机。

18. 消除废物和浪费。

24. 提高生产率。

25. 较高的雇员士气。

26. 最小的设备损伤。

社会层面的工作生活质量

5. 提供可用的娱乐疗养设施。

9. 较低的社区失业率。

22. 对工会的忠诚。

34. 促进工会的效率和积极性。

七 五个维度的工作生活质量（Taylor，1978）

当前议题

41. 最小化性别歧视。

4. 安全的工作条件。

12. 较低的与工作相关的疾病。

15. 最小化社会歧视。

26. 最小的设备损伤。

14. 减少盗窃或蓄意破坏。

42. 确保适用于组织中所有成员的正当过程。

6. 适用于组织中所有成员的公平和平等标准。

社会工作环境

31. 管理方 – 雇员之间关于工作内容的联合委员会。

35. 组织中所有层级成员之间的诚信沟通。

10. 管理方 – 雇员联合委员会。

33. 组织中所有层级成员之间的良好信任。

21. 鼓励关于组织议题自由发表意见。

32. 较高的雇员自尊。

成长与发展

40. 提供职业生涯发展的机会。

38. 雇员成长和学习的机会。

39. 在各种挑战性工作之间进行选择的机会。

28. 使用知识和技能的机会。

11. 好的附加福利。

雇主角度的工作生活质量

16. 对组织的忠诚。

18. 消除废物和浪费。

24. 提高生产率。

8. 最小化工作时间中的时间损失。

19. 工作中良好的社会关系。

25. 较高的雇员士气。

17. 提高雇员动机。

社会层面的工作生活质量

9. 较低的社区失业率。

3. 让人满意的上下班交通。

34. 促进工会的效率和积极性。

37. 肯定工作是社会想要的。

23. 享受工作之外生活的机会。

22. 对工会的忠诚。

八 雇员自拟工作生活质量量表（Levine，1983）

1. 充分的放松设施。

2. 附加福利。

3. 公平的薪水。

4. 设定我自己的工作时间的自由。

5. 在预期时间量中工作比我能处理的要多。

6. 在组织生活的所有方面都有平等的机会，公平和公正的对待。

7. 工作单位往返很方便。

8. 充分的指导使我理解我的工作。

9. 有机会在工作中学习。

10. 合作者对他们的工作很自豪。

11. 经济上不依赖其他人。

12. 公平的晋升。

13. 自尊。

14. 参与计划和决策制定。

15. 我的工作之外的生活影响工作的程度。

16. 工作中的小组工作和合作。

17. 工作的保障性。

18. 工作的挑战性。

19. 以我自己的方式，没有外界干涉，完成我的工作的自由。

20. 舒适的物质环境。

21. 适当的培训和资源来完成我的工作。

22. 获得假期，照料我的私人事务。

23. 我因工作而得到承认。
24. 公司关心雇员的个人需求。
25. 我的上级尊重我的程度,以及对我的能力有信心的程度。
26. 在常规工作中的多样性。
27. 遇到多种多样的人,并与他们一起工作。

九　四维度的工作生活质量量表(Turcotte,1988)

(一)工作本身的性质

任务的复杂性

与任务相关的自主性

工作任务内在的角色

参与工作任务相关的决策制定

(二)物理环境

湿度

温度

噪声

照明

气味

震动

(三)心理环境

社会和情感支持

尊重和关心

领导权的性质

认同公司

归属需求的满意度

交流的可能性

(四)组织环境

计划的水平

管理的意识形态

信息系统

组织结构

培训项目

技术支持

晋升和交流的可能性

十 基于行动系统概念的工作生活质量（Elizur & Shye, 1990）

在多大程度上，你的工作能够使得你：

1. 表现你独特的个性？
2. 把你独特的品质与既存的条件相平衡和匹配？
3. 令人满意地平衡和匹配你个性中的不同方面？
4. 个性品质的这种组合在几年来保持或大或小的稳定性？
5. 成功地表现你的身体能力：力量、敏捷等？
6. 把你的身体品质与既存的条件适当地加以平衡和匹配？
7. 令人满意地平衡和匹配你身体品质的不同方面？
8. 身体品质的这种组合在几年来保持或大或小的稳定性？
9. 成功地影响他人和社会？
10. 把你的社会要求与社会框架和其他外部条件适当地加以平衡和匹配？
11. 令人满意地平衡和匹配你的各种社会要求？
12. 与社会环境的关系结构在几年来保持或大或小的稳定性？
13. 成功地表现你所信奉的价值观？
14. 把你的文化和价值观要求与既存的条件适当地加以平衡和匹配？
15. 令人满意地平衡和匹配你所信奉的信念和价值观的各个方面？
16. 信念和文化价值观的这种组合在几年来保持或大或小的稳定性？

十一　基于需求理论的工作生活质量（Sirgy，Efraty，Siegel & Lee，2001）

（一）健康和安全需求
在工作中我感到身体安全。
我的工作提供很好的健康福利。
我尽力保持健康。
我的工作场所是安全和卫生的。
我的很多合作者谈论大量关于如何减少风险，过更长寿和健康的生活。
工作中的每一个 IE 人看起来都在谈论健身、健康和健康饮食。
工作的体力要求对我的健康和安全没有危害。
我的工作不是特别有压力。
我的工作有助于我保持身体和精神健康。
我的监督者尽力保护我和其他人免于工伤，以及在其他相关的工作场所中的健康风险。
我不会犹豫去找监督者要求请假，去看病。
我的监督者会关心我的个人健康。
清洁员和维修工工作很出色，使得工作场所保持干净和卫生。
单位提供很好的健康福利礼包。
单位为其雇员提供健康福利，包括设立健身设施和项目。

（二）经济和家庭需求
对从工作中获得的报酬感到满意。
我感觉我的工作长期来看是有保障的。
我的工作对我的家庭很有利。
我没有听到我的合作者经常谈论他们的报酬。
单位长期以来都像家人一样对待雇员，一旦你加入单位，你的工作就是终身保障的。
单位关心它的雇员和雇员的家庭。

我的工作有一定的灵活性，我可以选择生产更多进而获得更多的钱。

我的工作的技能要求使得单位无法轻易地替换我。

我可以很容易地管理我的工作，并且照料我家庭的需求。

我感到我的监督者关心我的经济福利。

我无法想象我的监督者会解雇我。

我不会犹豫去找我的监督者要求请假，去处理家庭问题。

单位提供项目帮助雇员有效地投资和管理其财务。

如果裁员是必要的，单位有早退休项目，鼓励雇员早点退休，因此避免了强制解雇。

我们在工作中有儿童看护中心。

（三）社会需求

我在工作中有一些好朋友。

我有充足的时间离开工作享受生命中其他事情。

我的工作单位是分权的（具有同僚间平等授权的特点）。

工作中的人看起来很享受工作之外的生活。

我的工作要求我作为一个或更多小组或委员会的成员，在工作时间要定期开会讨论与工作相关的问题。

我的工作与我的休闲生活并不冲突。

我感觉管理者关心如何使得工作场所成为分权的、温馨的和友善的。

我的监督者关心我在工作之外的生活。

我们有休闲室，雇员在一起休息、喝咖啡和用午餐。

我们在工作中有灵活的时间。

（四）自尊需求

我感受到在工作中受到赞赏。

在单位中的人和本专业内的人认为我是工作领域中的专业人士和专家。

几乎每个人都是基于表现获得报酬的。

几乎每个人都被认为是他或她所在领域的专家。

我的工作要求特定类型的技能，我确定已经掌握。

我感觉我已经掌握了我的专业技能（或者取得了很大进展）。

我感觉我的监督者赞赏我所做的工作。

我的监督者会做任何他或她能够做的事情，使得我的工作在单位之外得到承认和认可。

在单位里每一个雇员都有机会由于出色的表现而被单位公开认可。

单位发布关于专业会议或研讨会的信息，有助于雇员获得专业资格证书、承认和奖励。

（五）实现需求

我的工作允许我实现我的全部潜力。

我感到我正在实现我作为工作中的专家的潜力。

单位帮助其雇员实现他们的潜力。

单位尽力帮助其雇员尽可能变得专业。

我的工作要求我做出挑战性的决策，影响我的部门。

我的工作允许我施展很多我的天赋和特殊技能。

我感到我的监督者关心帮助我实现我的潜力以帮助单位。

我的监督者关心我是谁，以及我在专业上想成为什么。

单位有项目，确保雇员常规地和定期地被评估，可能获得晋升。

单位有项目，允许雇员承担不断具有挑战性的任务和更大的责任。

（六）知识需求

我感到我总是在学习新东西帮助我把工作做得更好。

这份工作允许我增加我的专业技能。

单位帮助其雇员学习所需的工作技能。

单位尽力教育其雇员，使他们更加专业。

我的工作要求我学习新东西。

我的工作要求我思考一些东西，它们有助于我作为人和作为专业人士的成长。

我的监督者会为我提供机会学习新东西，能够帮助我更好地完成工作。

我感到我的老板关心帮助我提升我的专业技能。

单位有教育项目，持续地使得雇员暴露其标准或者技术，以改进工作表现。

单位有项目，为雇员参加专业发展的教育项目提供补贴。

(七) 美学需求

工作中涉及大量的创造性。

我的工作有助于我在工作之外发展我的创造性。

单位中每个人都被鼓励表现他或她的创造力。

单位文化鼓励雇员在工作中和工作之外表现其创造力。

我的工作要求我表现一定程度的创造性。

我的工作促进我对创造力、艺术和美学有更好的理解。

我的监督者鼓励我在工作中表现出创造性的思考。

我的监督者对有创造力的人很看重。

我的工作设施的设计很美观。

行政部门建立一个项目，培训和鼓励雇员在工作和私人生活中有创造力。

十二 工作生活质量系统清单 (Martel & Dupuis, 2006)

执行任务的时间

参与涉及我的任务的决策制定

技能和工作类型之间的匹配

执行任务时的自主性

任务的多样性

工作中的效率

执行任务所需的物理要求

工作环境（噪声、照明、清洁度等）

工作中所需的设备和工具

福利设施（日托、餐厅、停车位等）

感受到归属感

情感能力

竞争性

与同事的关系

与上级的关系

与雇主或管理者的关系

涉及家庭原因而请假的公司政策

领导不在时我的工作表现

其他雇员不在时的工作配置

晋升的可能性

调动

培训和专业发展

评论和评估

工作计划表

灵活工作计划

我在组织中的角色的清晰程度

相互冲突的角色

交流与信息

收入

福利

收入的保障性

与工会的关系

雇员援助资源

第三节 欧洲的工作生活质量量表

表2 欧洲和其他国家的工作生活质量量表

简称	英文名	中文译名	作者/机构
Laeken	Laeken Indicators of Job Quality	莱肯工作质量指标	European Commission (2008)
EJQI	The European Job Quality Index	欧洲工作质量指数	Leschke & Watt Finn (2008)
EWCS	European Working Conditions Survey	欧洲工作条件调查	Parent-Thirion et al. (2007)
GJI	Good Jobs Index	好工作指数	Avirgan, Bivens & Gammage (2005)
DWI-1	Decent Work Index-1	体面工作指数1	Ghai (2003)
DWI-2	Decent Work Index-2	体面工作指数2	Bonnet, Figueiredo & Standing (2003)
DWI-3	Decent Work Index-3	体面工作指数3	Anker et al. (2003)
DWI-4	Decent Work Index-4	体面工作指数4	Bescond, Châtaignier & Mehran (2003)
QEI	Quality of Employment Indicators	就业质量指标(加拿大、美国和欧洲)	Brisbois (2003)
IJQ	Indicators of Job Quality	工作质量指标(加拿大)	Jackson & Kumar (1998)
SQWLI	Subjective Quality of Working Life Index	主观工作质量指数(捷克)	Vinopal (2012)
DGBI	DGB Good Work Index	好工作指数(德国)	Mussmann (2009)
WCI	Work Climate Index	工作景气指数(奥地利)	Preinfalk, Michenthaler & Wasserbacher (2006), Michenthaler (2006)
IQL	Indicators of Quality of the Labour Market	劳动力市场质量指数(西班牙)	Caprile & Potrony (2006)

续表

简称	英文名	中文译名	作者/机构
QWF	Quality of Work in Flanders	工作质量（比利时佛兰德斯）	Flanders Social and Economic Council（2009）
Tangian	Tangian's Proposal	—	Tangian（2007）
GBJI	Good and Bad Jobs Index	好工作坏工作指数	Ritter and Anker（2002）
ICQE	Index of the Characteristics Related to the Quality of Employment	与就业相关特征指数（智利）	Sehnbruch（2004）

参考文献

〔美〕鲍哈斯，乔治，2010，《劳动经济学》，夏业良译，中国人民大学出版社。

〔美〕布雷弗曼，哈里，1978，《劳动与垄断资本：二十世纪中劳动的退化》，方生、朱基俊、吴忆萱等译，商务印书馆。

蔡昉，2017，《读懂中国经济：大国拐点与转型路径》，中信出版集团。

陈强，2014，《高级计量经济学及Stata应用（第二版）》，高等教育出版社。

杜本峰，2008，《事件史分析及其应用》，经济科学出版社。

〔美〕福勒，弗洛德，2010，《调查问卷的设计与评估》，蒋逸民等译，重庆大学出版社。

〔美〕郭申阳、马克·弗雷泽，2012，《倾向值分析：统计方法与应用》，郭志刚、巫锡炜等译，重庆大学出版社。

国家统计局，2014，《中国统计年鉴2014》，中国统计出版社。

〔美〕汉密尔顿，劳伦斯，2011，《应用STATA做统计分析》，郭志刚等译，重庆大学出版社。

〔美〕郝令昕、丹尼尔·奈曼，2012，《评估不平等》，巫锡炜译，格致出版社。

何晓群，2008，《多元统计分析》，中国人民大学出版社。

〔美〕赫尔雷格尔、斯洛克姆、伍德曼，2001，《组织行为学》，俞文钊、丁彪等译，华东师范大学出版社。

黄宗智，2010，《中国的隐性农业革命》，法律出版社。

〔美〕杰卡德，詹姆斯、罗伯特·图里西，2011，《多元回归中的交互作用》，蒋勤译，格致出版社、上海人民出版社。

李骏，2016，《中国高学历劳动者的教育匹配与收入回报》，《社会》第3期。

陆学艺主编，2004，《当代中国社会流动》，社会科学文献出版社。

〔美〕罗宾斯，斯蒂芬，1997，《组织行为学》，孙建敏、李原等译，中国人民大学出版社。

马克思、恩格斯，2012，《德意志意识形态》，见《马克思恩格斯选集（第一卷）》，人民出版社。

〔美〕梅奥，乔治，2013，《工业文明的人类问题》，陆小斌译，电子工业出版社。

〔美〕米尔斯，赖特，1986，《白领——美国的中产阶级》，浙江人民出版社。

〔美〕纽斯特罗姆，约翰、基斯·戴维斯，2000，《组织行为学》，陈兴珠、罗继等译，经济科学出版社。

〔美〕佩特曼，卡罗尔，2012，《参与和民主理论》，陈尧译，上海世纪出版集团。

邱皓政，2008，《潜在类别模型的原理与技术》，教育科学出版社。

〔美〕斯科特，理查德、杰拉尔德·戴维斯，2011，《组织理论》，高俊山译，中国人民大学出版社。

〔美〕斯佩克特，保罗，2010，《工业与组织心理学》，孟慧等译，机械工业出版社。

〔美〕威廉姆森，奥利弗，2002，《资本主义经济制度》，段毅才、王伟译，商务印书馆。

温忠麟、刘红云、侯杰泰，2012，《调节效应和中介效应分析》，教育科学出版社。

〔美〕伊兰伯格，罗纳德、罗伯特·史密斯，2007，《现代劳动经济学：理论与公共政策》，潘功胜、刘昕译，中国人民大学出版社。

周雪光，2015，《国家与生活机遇：中国城市中的再分配与分层（1949-1994）》，郝大海等译，中国人民大学出版社。

Acemoglu, Daron, 2001, Good Jobs versus Bad Jobs, *Journal of Labor Economics*, Vol. 19, No. 1.

Adamchik, Vera A. & Arjun S. Bedi, 2000, Wage Differentials between the Public and the Private Sectors: Evidence from an Economy in Transition, *Labour Economics*, Vol. 7.

Adamchik, Vera A. & Thomas J. Hyclak, 2013, The Evolution of Regional Wage Differentials in a Transition Economy: Evidence from Poland, *Global Journal of Business Research*, Vol. 7, No. 5.

Alba-Remirez, Alfonso, 1993, Mismatch in the Spanish Labor Market: Overeducation?, *The Journal of Human Resources*, Vol. 28, No. 2.

Althauser, Robert P. & Arne L. Kalleberg, 1981, Firms, Occupations and the Structure of Labor Markets: A Conceptual Analysis, In I. Berg (Eds.), *Sociological Perspectives on Labor Markets*, New York: Academic Press.

Althauser, Robert P., 1989, Internal Labor Markets, *Annual Review of Sociology*, Vol. 15.

Anderson, Kathryn H., John S. Butler & Frank A. Sloan, 1987, Labor Market Segmentation: A Cluster Analysis of Job Groupings and Barriers to Entry, *Southern Economic Journal*, Vol. 53, No. 3.

Anker, Richard, Igor Chernyshev, Philippe Egger, Farhad Mehran & Joseph Ritter, 2003, Measuring Decent Work with Statistical Indicators, *International Labour Review*, Vol. 142, No. 2.

Anton, Jose-Ignacio, Enrique Fernandez-Macias & Rafael Munoz de Bustillo, 2012, Identifying Bad Jobs across Europe, In Chris Warhurst, Francoise Carre, Patricia Findlay & Chris Tilly (Eds.), *Are Bad Jobs Inevitable? Trends, Determinants and Responses to Job Quality in the Twenty-First Century*, New York: Palgrave

Macmillan.

Appelbaum, Eileen, Thomas Bailey, Peter Berg & Arne L. Kalleberg, 2002, *Manufacturing Advantage: Why High-Performance Work Systems Pay Off*, Ithaca: Cornell University Press.

Averitt, R. T., 1968, *The Dual Economy: The Dynamics of American Industry Structure*, New York: Norton.

Avirgan, T., L. J. Bivens & S. Gammage, 2005, *Good Jobs, Bad Jobs, No Jobs: Labor Markets and Informal Work in Egypt, El Salvador, India Russia, and South Africa*, Washington: Economic Policy Institute.

Bacharach, Samuel & Michael Aiken, 1979, The Impact of Alienation, Meaninglessness, and Meritocracy on Supervisor and Subordinate Satisfaction, *Social Forces*, Vol. 57, No. 3.

Baker, George & Bengt Holmstrom, 1995, Internal Labor Markets: Too Many Theories, Too Few Facts, *The American Economic Review*, Vol. 85, No. 2.

Balser, Deborah, 2002, Agency in Organizational Inequality: Organizational Behavior and Individual Perceptions of Discrimination, *Work and Occupations*, Vol. 29, No. 2.

Baron, James N. & Jeffrey Pfeffer, 1994, The Social Psychology of Organizations and Inequality, *Social Psychology Quarterly*, Vol. 57, No. 3.

Becchio, Robert, 1980, Individual Differences as a Moderator of the Job Quality-Job Satisfaction Relationship: Evidence from a National Sample, *Organizational Behavior and Human Performance*, Vol. 26.

Beck, E. M., Patrick M. Horan & Charles M. Tolbert, 1978, Stratification in a Dual Economy: A Sectoral Model of Earnings Determination, *American Sociological Review*, Vol. 43, No. 5.

Becker, Gary S., 1964, *Human Capital*, New York: Columbia University Press.

Becker, Gary S., 1985, Human Capital, Effort, and the Sexual Division of Labor, *Journal of Labor Economics*, Vol. 3, No. 1.

Berg, Peter, Eileen Appelbaum, Tom Bailey & Arne L. Kalleberg, 2004, Contesting Time: International Comparisons of Employee Control of Working Time, *Industrial and Labor Relations Review*, Vol. 57, No. 3.

Bernhard-Oettel, Claudia, Magnus Sverke & Hans De Witte, 2005, Comparing Three Alternative Types of Employment with Permanent Full-Time Work: How Do Employment Contract and Perceived Job Conditions Relate to Health Complaints?, *Work & Stress*, Vol. 19, No. 4.

Bescond, D., A. Chataignier & F. Mehran, 2003, Seven Indicators to Measure Decent Work: An International Comparison, *International Labour Review*, Vol. 142, No. 2.

Beynon, H. & R. M. Blackburn, 1972, *Perceptions of Work*, Cambridge: Cambridge University Press.

Bibb, Robert & William H. Form, 1977, The Effects of Industrial, Occupational, and Sex Stratification on Wages in Blue-Collar Markets, *Social Forces*, Vol. 55, No. 4.

Birkelund, Gunn Elisabeth, Leo A. Goodman & David Rose, 1996, The Latent Structure of Job Characteristics of Men and Women, *The American Journal of Sociology*, Vol. 102, No. 1.

Blauner, Robert, 1964, *Alienation and Freedom: The Factory Worker and His Industry*, Chicago: University of Chicago Press.

Blossfeld, Hans-Peter & Karl Ulrich Mayer, 1988, Labor Market Segmentation in the Federal Republic of Germany: An Empirical Study of Segmentation Theories from a Life Course Perspective, *European Sociological Review*, Vol. 4, No. 2.

Blossfeld, Hans-Peter, 1986, Career Opportunities in the Federal Republic of Germany: A Dynamic Approach to the Study of Life-Course, Cohort, and Period Effects, *European Sociological Review*, Vol. 2, No. 3.

Blossfeld, Hans-Peter, Katrin Golsch & Gotz Rohwer, 2007, *Event History Analysis with Stata*, New York: Lawrence Erlbaum Associates.

Blyton, Paul & Peter Turnbull, 2004, *The Dynamics of Employee Relations*, New York: Palgrave Macmillan.

Boisvert, Maurice, 1977, The Quality of Working Life: An Analysis, *Human Relations*, Vol. 30, No. 2.

Bokemeier, Janet L. & William B. Lacy, 1987, Job Values, Rewards, and Work Conditions as Factors in Job Satisfaction among Men and Women, *The Sociological Quarterly*, Vol. 28, No. 2.

Bolweg, Joep F., 1976, *Job Design and Industrial Democracy*, Leiden: Martinus Nijhoff.

Bonnet, F., J. B. Figueiredo & G. Standing, 2003, A Family of Decent Work Indexes, *International Labour Review*, Vol. 142, No. 2.

Boxall, Peter & Jonathan Winterton, 2015, Which Conditions Foster High-Involvement Work Processes? A Synthesis of the Literature and Agenda for Research, *Economic and Industrial Democracy*.

Brass, Daniel, 1981, Structural Relationships, Job Characteristics, and Worker Satisfaction and Performance, *Administrative Science Quarterly*, Vol. 26, No. 3.

Braverman, Harry, 1974, *Labor and Monopoly Capital: The Degradation of Work in the Twentieth Century*, New York: Monthly Review Press.

Brief, Arthur & Ramon Aldag, 1978, The Job Characteristic Inventory: An Examination, *The Academy of Management Journal*,

Vol. 21, No. 4.

Brisbois, R., 2003, How Canada Stacks Up: The Quality of Work—An International Perspective, *Canadian Policy Research Networks research Paper*, No. 23.

Brough, Paula & Amanda Biggs, 2013, Job Demands × Job Control Interaction Effects Do Occupation-Specific Job Demands Increase Their Occurrence?, *Stress Health*, Vol. 31.

Brown, Andrew, Andy Charlwood & David Spencer, 2012, Not All That It Might Seem: Why Job Satisfaction Is Worth Studying Despite It Being a Poor Summary Measure of Job Quality, *Work, Employment & Society*, Vol. 26, No. 5.

Brown, Andrew, Andy Charlwood, Chris Forde & David Spencer, 2007, Job Quality and the Economics of New Labour: A Critical Appraisal Using Subjective Survey Data, *Cambridge Journal of Economics*, Vol. 31.

Brown, Andrew, Andy Charlwood, Chris Forde & David Spencer, 2009, Is Job Satisfaction U-Shaped in Wages?, Working Paper.

Budd, John & David Spenner, 2014, Worker Well-Being and the Importance of Work: Bridging the Gap, *European Journal of Industrial Relations*, Vol. 21, No. 2.

Bulow, Jeremy I. & Lawrence H. Summers, 1986, A Theory of Dual Labor Markets with Application to Industrial Policy, Discrimination, and Keynesian Unemployment, *Journal of Labor Economics*, Vol. 4, No. 3.

Burawoy, Michael, 1979, *Manufacturing Consent: Changes in the Labor Process under Monopoly Capitalism*, Chicago: The University of Chicago Press.

Burawoy, Michael, 1985, *The Politics of Production: Factory Regimes under Capitalism and Socialism*, London: Verso.

Busck, Ole, Herman Knudsen & Jens Lind, 2010, The Transformation of Employee Participation: Consequences for the Work Environment, *Economic and Industrial Democracy*, Vol. 31, No. 3.

Bustillo, Rafael, Enrique Fernandez-Macias, Jose-Ignacio Anton & Fernando Esteve, 2011, *Measuring More Than Money: The Social Economics of Job Quality*, Edward Elgar Publishing Limited, Cheltenham, UK.

Camp, Scott, 1994, Assessing the Effects of Organizational Commitment and Job Satisfaction on Turnover: An Event History Approach, *The Prison Journal*, Vol. 74, No. 3.

Cappelli, Peter, 1995, Rethinking Empolyment, *British Journal of Industrial Relations*, Vol. 33, No. 4.

Cappelli, Peter, 1999, *Employment Practices and Business Strategy*, New York: Oxford University Press.

Caprile, M. & J. Potrony, 2006, "IQT: Objetivos y metodología", in *Anuario Sociolaboral de la UGT de Catalunya 2005*, Barcelona: UGT and CRESC, Vol. Ⅱ.

Carlson, Howard, 1980, A Model of Quality of Work Life As a Developmental Process, in W. W. Burke & L. D. Goodstein (Eds.), *Trends and Issues in OD: Current Theory and Practice*, San Diego: University Associates.

Carnevale, David & Jo Marie Rios, 1995, How Employees Assess the Quality of Physical Work Settings, *Public Productivity & Management Review*, Vol. 18, No. 3.

Carroll, Glenn R. & Karl Ulrich Mayer, 1986, Job-Shift Patterns in the Federal Republic of Germany: The Effects of Social Class, Industrial Sector, and Organizational Size, *American Sociological Review*, Vol. 51, No. 3.

Champlin, Dell, 1995, Understanding Job Quality in an Era of Structural Change: What Can Economics Learn from Industrial Relations?, *Journal of Economics Issues*, Vol. 29, No. 3.

Champoux, Joseph, 1991, A Multivariate Test of the Job Characteristics Theory of Work Motivation, *Journal of Organizational Behavior*, Vol. 12, No. 5.

Chan, Tak Wing & John H. Goldthorpe, 2007, Class and Status: The Conceptual Distinction and Its Empirical Relevance, *American Sociological Review*, Vol. 72.

Cheng, Yuan & Arne L. Kalleberg, 1996, Employee Job Performance in Britain and the United States, *Sociology*, Vol. 30, No. 1.

Cherns, Albert, 1975, Perspectives on the Quality of Working Life, *Journal of Occupational Psychology*, Vol. 8, No. 1/2.

Chirumbolo, Antonio & Alessandra Areni, 2010, Job Insecurity Influence on Job Performance and Mental Health: Testing the Moderating Effect of the Need for Closure, *Economic and Industrial Democracy*, Vol. 31, No. 2.

Chisholm, Rupert, 1992, Quality of Working Life: A Crucial Management Perspective for the Year 2000, *Journal of Health and Human Resources Administration*, Vol. 15, No. 1.

Clark, Andrew & Andrew Oswald, 1995, Stasification and Comparision Income, Working Paper.

Clark, Andrew, 2011, The Organisational Commitment of Workers in OECD Countries, *Management Revue*, Vol. 22, No. 1.

Clark, Andrew, 1996, Job Satisfaction in Britain, *British Journal of Industrial Relations*, Vol. 34, No. 2.

Clark, Andrew, 2005, Your Money or Your Life: Changing Job Quality in OECD Countries, *British Journal of Industrial Relations*, Vol. 43, No. 3.

Clark, Andrew, Andrew Oswald & Peter Warr, 1996, Is Job Satisfaction U-Shaped in Age? *Journal of Occupational and Organizational Psychology*, Vol. 69.

Cooke, Gordon, Jimmy Donaghey & Isik Zeytinoglu, 2013, The Nuanced Nature of Work Quality: Evidence from Rural Newfoundland and Ireland, *Human Relations*, Vol. 66, No. 4.

Cooper, Cary L., 2009, The Transition from the Quality of Working Life to Organizational Behavior: The First Two Decades, *Journal of Organizational Behavior*, Vol. 30, No. 1.

Corby, S. & C. Stanworth, 2009, A Price Worth Paying? Women and Work-Choice, Constraint or Satisficing, *Equal Opportunities International*, Vol. 28, No. 2.

Coverman, Shelley, 1983, Gender, Domestic Labor Time and Wage Inequality, *American Sociological Review*, Vol. 48.

Coyle-Shapiro, Jacqueline, 2009, Continuity and Change: Three Decades at Job, *Journal of Organizational Behavior*, Vol. 30, No. 1.

Dahrendorf, Ralf, 1959, *Class and Class Conflict in Industrial Society*, London: Routledge.

Davis, Gerald, 2010, Job Design Meets Organizational Sociology, *Journal of Organizational Behavior*, Vol. 31.

Davis, Kingsley & Wilbert E. Moore, 1945, Some Principles of Stratification, *American Sociological Review*, Vol. 10, No. 2.

Davis, L. E. & Charles Sullivan, 1980, A Labour-Management Contract and Quality of Working Life, *Journal of Occupational Behaviour*, Vol. 1, No. 1.

Davis, L. E. & A. B. Cherns (Eds.), 1975, *The Quality of Working Life*, Vol. 2, New York: The Free Press.

De Jonge, Jan & Wilmar Schaufeli, 1998, Job Characteristics and Employee Well-Being: A Test of Warr's Vitamin Model in Health Care Workers Using Structural Equation Modelling, *Journal of Or-*

ganizational Behavior, Vol. 19, No. 4.

Delamotte, Yves & Kenneth Walker, 1976, Humanization of Work and the Quality of Working Life — Trends and Issues, *International Journal of Sociology*, Vol. 6, No. 1.

Dickens, William T. & Kevin Lang, 1985, A Test of Dual Labor Market Theory, *The American Economic Review*, Vol. 75, No. 4.

Dieckhoff, Martina, 2011, The Effect of Unemployment on Subsequent Job Quality in Europe: A Comparative Study of Four Countries, *Acta Sociologica*, Vol. 54, No. 3.

DiPrete, Thomas, 1987, Horizontal and Vertical Mobility in Organizations, *Administrative Science Quarterly*, Vol. 32, No. 3.

Doeringer, P. & M. Piore, 1971, *Internal Labor Markets and Manpower Analysis*, Lexington, MA: Lexington.

Drohnic, Sonja, Barbara Beham & Patrick Prag, 2010, Good Job, Good Life? Working Conditions and Quality of Life in Europe, *Social Indicators Research*, Vol. 99, No. 2.

Dubin, R. & C. Tausky, 1965, Career Anchorage: Managerial Mobility Motivation, *American Sociological Review*, Vol. 30.

Dunham, Randall, Ramon Aldag & Arthur Brief, 1977, Dimensionality of Task Design as Measured by the Job Diagnostic Survey, *The Academy of Management Journal*, Vol. 20, No. 2.

Dustmann, Christian & Arthur Van Soest, 1998, Public and Private Sector Wages of Male Workers in Germany, *European Economic Review*, Vol. 42.

Eden, D., 1975, Organizational Membership vs. Self-Employment: Another Blow to the American Dream, *Organizational Behavior and Human Performance*, Vol. 13.

Edwards, Richard, 1975, Stages in Corporate Stability and the Risks of Corporate Failure, *The Journal of Economic History*, Vol. 35,

No. 2.

Edwards, Richard, 1979, *Contested Terrain: The Transformation of the Workplace in the Twentieth Century*, New York: Basic Books, Inc.

Efraty, David & M. Joseph Sirgy, 1990, The Effects of Quality of Working Life (QWL) on Employee Behavioral Responses, *Social Indicators Research*, Vol. 22, No. 1.

Eisenberger, R., S. Armeli, B. Rexwinkel, P. D. Lynch & L. Rhoades, 2001, Reciprocation of Perceived Organizational Support, *Journal of Applied Psychology*, Vol. 86.

Elden, M., 1974, What Do Workers, Managers, and Union Officials Want to Know about Work Redesign Experiment, *Norway: Work Research Institutes*.

Eliason, Scott R., 1995, An Extension of the Sorensen-Kalleberg Theory of the Labor Market Matching and Attainment Processes, *American Sociological Review*, Vol. 60, No. 2.

Elizur, Dov & Samuel Shye, 1990, Quality of Work Life and Its Relation to Quality of Life, *Applied Psychology: An International Review*, Vol. 39, No. 3.

Emery, Fred E. & Einar Thorsrud, 1976, *Democracy at Work: The Report of the Norwegian Industrial Democracy Program*, Leiden: Martinus Nijhoff.

Erikson, Robert & John H. Goldthorpe, 1992, *The Constant Flux: A Study of Class Mobility in Industrial Societies*, Oxford: Clarendon Press.

Eurofound, 2012, *Trends in Job Quality in Europe*, Luxembourg: Publications Office of the European Union.

Eurofound, 2017, *Sixth European Working Conditions Survey-Overview Report* (2017 update), Luxembourg: Publications Office of the

European Union.

European Commission, 2008, *Employment in Europe 2008*, Brussels: European Commission.

Evans, Geoffrey & Colin Mills, 1998, Identifying Class Structure: A Latent Class Analysis of the Criterion-Related and Construct Validity of Goldthorpe Class Schema, *European Sociological Review*, Vol. 14, No. 1.

Fantasia, Rick, Dan Clawson & Gregory Graham, 1988, A Critical View of Worker Participation in American Industry, *Work and Occupations*, Vol. 15, No. 4.

Faunce, William A., 1965, Automation and the Division of Labor, *Social Problems*, Vol. 13.

Faunce, William A., 1968, *Problems of an Industrial Society*, New York: McGraw-Hill.

Fellman, Gordon, 1971, Book Review, *American Sociological Review*, Vol. 36, No. 1.

Felstead, Alan, Duncan Gallie & Francis Green, 2002, Work Skills in Britain 1986 – 2001, https://orca.cf.ac.uk/68043/2/WSB1.pdf.

Fernandez-Macias, Enrique, 2012, Job Polarization in Europe? Changes in the Employment Structure and Job Quality, 1995 – 2007, *Work and Occupations*, Vol. 39, No. 2.

Ferratt, Thomas, 1981, Overall Job Satisfaction: Is It a Linear Function of Facet Satisfaction?, *Human Relations*, Vol. 34, No. 6.

Findlay, Patricia, Arne L. Kalleberg & Chris Warhurst, 2013, The Challenge of Job Quality, *Human Relations*, Vol. 66, No. 4.

Flanders Social and Economic Council, 2009, Quality of Work in Flanders 2004 – 2007, Paper Presented at the ETUI Conference 2009, 18 – 19 March, Brussels.

Fletcher, Ben & Fiona Jones, 1993, A Refutation of Karasek's Demand-Discretion Model of Occupational Stress with a Range of Dependent Measures, *Journal of Organizational Behavior*, Vol. 14, No. 4.

Freeman, R. B., 1978, Job Satisfaction As an Economic Variable, *American Economic Review*, Vol. 68, No. 2.

Frege, Carola & John Godard, 2014, Varieties of Capitalism and Job Quality: The Attainment of Civic Principles at Work in the United States and Germany, *American Sociological Review*, Vol. 79, No. 5.

Frey, Bruno S. & Alois Stutzer, 2002, *Happiness and Economics: How the Economy and Institutions Affect Human Well-Being*, Princeton: Princeton University Press.

Friedman, Andrew L., 1977, *Industry and Labour*, London: The Macmillan Press Ltd.

Gaag, Jacques Van Der & Wim Vijverberg, 1988, A Switching Regression Model for Wage Determinants in the Public and Private Sectors of a Developing Country, *The Review of Economics and Statistics*, Vol. 70, No. 2.

Gallie, Duncan & Carolyn Vogler, 1990, Labour Market Deprivation, Welfare and Collectivism, *European Journal of Sociology*, Vol. 31, No. 1.

Gallie, Duncan & Helen Russell, 2009, Work-Family Conflict and Working Conditions in Western Europe, *Social Indicators Research*, Vol. 93, No. 3.

Gallie, Duncan & Ying Zhou, 2011, The Changing Job Skills of Female Part-Time Workers, *Human Resource Management Journal*, Vol. 21, No. 1.

Gallie, Duncan, 1979, Social Radicalism in the French and British Working Classes: Some Points of Comparison, *The British Journal of Sociology*, Vol. 30, No. 4.

Gallie, Duncan, 1982, The Agrarian Roots of Working-Class Radicalism: An Assessment of the Mann-Giddens Thesis, *British Journal of Political Science*, Vol. 12, No. 2.

Gallie, Duncan, 1991, Patterns of Skill Change: Upskilling, Deskilling or the Polarization of Skills?, *Work, Employment & Society*, Vol. 5, No. 3.

Gallie, Duncan, 1994, Are the Unemployed an Underclass? Some Evidence from the Social Change and Economic Life Initiative, *Sociology*, Vol. 28, No. 3.

Gallie, Duncan, 2003, The Quality of Working Life: Is Scandinavia Different?, *European Sociological Review*, Vol. 19, No. 1.

Gallie, Duncan, 2007a, Production Regimes and the Quality of Employment in Europe, *Annual Review of Sociology*, Vol. 33.

Gallie, Duncan, 2007b, Welfare Regimes, Employment Systems and Job Preference Orientations, *European Sociological Review*, Vol. 23, No. 3.

Gallie, Duncan, 2010, Remembering Mike Rose, *Work, Employment & Society*, Vol. 24, No. 2.

Gallie, Duncan, 2013a, Direct Participation and the Quality of Work, *Human Relations*, Vol. 66, No. 4.

Gallie, Duncan, 2013b, *Economic Crisis, Quality of Work, & Social Integration: The European Experience*, Oxford: Oxford University Press.

Gallie, Duncan, Alan Felstead & Francis Green, 2004, Changing Patterns of Task Discretion in Britain, *Work, Employment & Society*, Vol. 8, No. 2.

Gallie, Duncan, Alan Felstead & Francis Green, 2012, Job Preferences and the Intrinsic Quality of Work the Changing Attitudes of

British Employees 1992 – 2006, *Work, Employment & Society*, Vol. 26, No. 5.

Gallie, Duncan, Dobrinka Kostova & Pavel Kuchar, 1999, Employment Experience and Organisational Commitment: An East-West European Comparison, *Work, Employment & Society*, Vol. 13, No. 4.

Gani, A. & Riyaz Ahmad, 1995, Correlates of Quality of Work Life: An Analytical Study, *Indian Journal of Industrial Relations*, Vol. 31, No. 1.

Gardell, Bertil, 1977, Autonomy and Participation at Work, *Human Relations*, Vol. 30.

Gazioglu, Saziye & Aysit Tansel, 2006, Job Satisfaction in Britain Individual and Job Related Factors, *Applied Economics*, Vol. 38.

Gecas, Viktor & Monica A. Seff, 1989, Social Class, Occupational Conditions, and Self-Esteem, *Sociological Perspectives*, Vol. 32, No. 3.

Ghai, D., 2003, Decent Work: Concept and Indicators, *International Labour Review*, Vol. 142, No. 2.

Giddens, Anthony, 1973, *The Class Structure of the Advanced Societies*, London: Hutchinson.

Goldthorpe, John H., 1966, Attitudes and Behaviour of Car Assembly Workers: A Deviant Case and a Theoretical Critique, *The British Journal of Sociology*, Vol. 17, No. 3.

Goldthorpe, John H., 1980, *Social Mobility and Class Structure in Modern Britain*, Oxford: Clarendon Press.

Goldthorpe, John H., 2007, Social Class and the Differentiation of Employment Contracts, In John H. Goldthorpe, *On Sociology, Volume Two: Illustration and Retrospect*, Stanford: Stanford University Press.

Goldthorpe, John H., David Lockwood, Frank Bechhofer & Jennifer Platt, 1968a, *The Affluent Worker: Industrial Attitudes and Behaviour*, Oxford: Oxford University Press.

Goldthorpe, John H., David Lockwood, Frank Bechhofer & Jennifer Platt, 1968b, *The Affluent Worker: Political Attitudes and Behaviour*, Oxford: Oxford University Press.

Goldthorpe, John H., David Lockwood, Frank Bechhofer & Jennifer Platt, 1969, *The Affluent Worker in the Class Structure*, Oxford: Oxford University Press.

Golembiewski, Robert & Samuel Yeager, 1978, Testing the Applicability of the JDI to Various Demographic Groupings, *The Academy of Management Journal*, Vol. 21, No. 3.

Golembiewski, Robert, K. Billingsley & Samuel Yeager, 1976, Measuring Change and Persistence in Human Affairs: Types of Change Generated by OD Designs, *Journal of Applied Behavioural Science*, Vol. 12.

Gordon, D. M., 1972, *Theories of Poverty and Underemployment*, Lexington: D. C. Health.

Grant, Adam M., Yitzhak Fried, Sharon K. Parker & Michael Frese, 2010, Putting Job Design in Context: Introduction to the Special Issue, *Journal of Organizational Behavior*, Vol. 31.

Green, Anne & Ilias Livanos, 2015, Involuntary Non-Standard Employment in Europe, *European Urban and Regional Studies*.

Green, Francis, 2006, *Demanding Work: The Paradox of Job Quality in the Affluent Economy*, Princeton: Princeton University Press.

Greenhaus, Jeffrey, Karen Collins & Jason Shaw, 2003, The Relation between Work-Family Balance and Quality of Life, *Journal of Vocational Behavior*, Vol. 63.

Griffin, Ricky, Gregory Moorhead, Bruce Johnson & Lawrence Chonko, 1980, The Empirical Dimensionality of the Job Characteristic Inventory, *The Academy of Management Journal*, Vol. 23, No. 4.

Hachen, David, 1990, Three Models of Job Mobility in Labor Markets, *Work and Occupations*, Vol. 17, No. 3.

Hackman, J. Richard & Edward Lawler, 1971, Employee Reaction to Job Characteristics, *Journal of Applied Psychology Monograph*, Vol. 55, No. 3.

Hackman, J. Richard & Greg Oldham, 1974, Job Diagnostic Survey: An Instrument for the Diagnosis of Jobs and the Evaluation of Job Redesign Projects, National Technical Information Service U. S. Department of Commerce.

Hackman, J. Richard & Greg Oldham, 1975, Development of the Job Diagnostic Survey, *Journal of Applied Psychology*, Vol. 60, No. 2.

Hakim, Catherine, 1991, Grateful Slaves and Self-Made Women: Fact and Fantasy in Women's Work Orientations, *European Sociological Review*, Vol. 7, No. 2.

Halaby, Charles & David Weakliem, 1993, Ownership and Authority in the Earnings Function: Nonnested Tests of Alternative Specifications, *American Sociological Review*, Vol. 58, No. 1.

Hall, D. T. & F. Gordon, 1973, Career Choices of Married Women: Effects on Conflict, Role Behaviour and Satisfaction, *Journal of Applied Psychology*, Vol. 58.

Hall, Peter & David Soskice, 2001, *Varieties of Capitalism: The Institutional Foundations of Comparative Advantage*, Oxford: Oxford University Press.

Hamilton, Randy, 1976, First Western Conference on Municipal Productivity and Quality of Working Life "Partners for Productivity", *Public Productivity Review*, Vol. 1, No. 5.

Handel, Michael, 2003, Skills Mismatch in the Labor Market, *Annual Review of Sociology*, Vol. 29.

Handel, Michael, 2005, Trends in Perceived Job Quality, 1989 to 1998, *Work and Occupations*, Vol. 32, No. 1.

Hartog, Joop & Hessel Oosterbeek, 1993, Public and Private Sector Wages in the Netherlands, *European Economic Review*, Vol. 37.

Hartog, Joop, 2000, Over-Education and Earnings: Where Are We, Where Should We Go?, *Economics of Education Review*, Vol. 19.

Hauff, Sven & Stefan Kirchner, 2014, Job Quality between Institutional Differences and Convergence, *The German Journal of Industrial Relations*, Vol. 21, No. 4.

Hauptmeier, M., 2011, Reassessing Markets and Employment Relations, In P. Blyton, E. Heery & P. Turnbull (Eds.), *Reassessing the Employment Relationship*, Basingstoke: Palgrave Macmillan.

Heckman, James J., 1979, Sample Selection Bias as a Specification Error, *Econometrica*, Vol. 47.

Hedstrom, Peter, 1988, *Structures of Inequality: A Study of Stratification within Work Organizations*, Stockholm: Swedish Institute for Social Research.

Herr, Raphael M., Jos A. Bosch, Adrian Loerbroks, Annelies E. M. Van Vianen, Marc N. Jarczok, Joachim E. Fischer & Burkhard Schmidt, 2015, Three Job Stress Models and Their Relationship with Musculoskeletal Pain in Blue-and White-Collar Workers, *Journal of Psychosomatic Research*, Vol. 79.

Hodson, Randy & Robert L. Kaufman, 1981, Circularity in the Dual Economy: Comment on Tolbert, Horan, and Beck, *American Journal of Sociology*, Vol. 86, No. 4.

Hodson, Randy, 1978, Labor in the Monopoly, Competitive, and State Sectors of Production, *Politics and Society*, Vol. 8.

Hodson, Randy, 1984, Companies, Industries, and the Measurement of Economic Segmentation, *American Sociological Review*, Vol. 49, No. 3.

Hodson, Randy, 1991, Workplace Behaviours: Good Soldiers, Smooth Operators and Saboteurs, *Work and Occupations*, Vol. 18, No. 3.

Hodson, Randy, 1996, Dignity in the Workplace under Participative Management: Alienation and Freedom Revisited, *American Sociological Review*, Vol. 61, No. 5.

Hodson, Randy, Sandy Welsh, Sabine Rieble, Cheryl Jamison & Sean Creighton, 1993, Is Worker Solidarity Undermined by Autonomy and Participation? Patterns from the Ethnographic Literature, *American Sociological Review*, Vol. 58, No. 3.

Hofstede, G., 1979, Humanization of Work: The Role of Values in a Third Industrial Revoluation, In C. L. Cooper & E. Mumford (Eds.), *The Quality of Working Life in Eastern and Western Europe*, London: Associated Business Press.

Holman, David, 2013, Job Types and Job Quality in Europe, *Human Relations*, Vol. 66, No. 4.

Horn, Robert, 1976, Quality of Working Life: The Social Indicator Approach, *The Journal of Industrial Relations*.

Hotchkiss, Julie L., 1991, The Definition of Part-Time Employment: A Switching Regression Model with Unknown Sample Selection, *International Economic Review*, Vol. 32, No. 4.

Houseman, Susan, Arne L. Kalleberg & George Erickcek, 2003, The Role of Temporary Agency Employment in Tight Labor Markets, *Industrial and Labor Relations Review*, Vol. 57, No. 1.

Hugues, Karen, 1989, Office Automation: A Review of the Literature, *Industrial Relations*, Vol. 44, No. 3.

Hyman, Jeff & Bob Mason, 1995, *Managing Employee Involvement and Participation*, London: Sage.

Inanc, Hande, Ying Zhou, Duncan Gallie, Alan Felstead & Francis Green, 2015, Direct Participation and Employee Learning at Work, *Work and Occupations*, Vol. 42, No. 4.

Ironson, G. H., P. C. Smith, M. T. Brannick, W. M. Gibson & K. B. Paul, 1989, Construction of a Job in General Scale: A Comparison of Global, Composite, and Specific Measures, *Journal of Applied Psychology*, Vol. 74, No. 2.

Jackson, A. & P. Kumar, 1998, Measuring and Monitoring the Quality of Jobs and the Work Environment in Canada, paper presented at the CSLS Conference on the State of Living Standards and the Quality of Life in Canada, 30 – 31, October Ottawa.

James, Susan, Chris Warhurst, Gerbrarnd Tholen & Johanna Commander, 2013, What We Know and What We Need to Know about Graduate Skills, *Work, Employment & Society*, Vol. 27, No. 6.

Jarvholm, Bengt, Maria Albino, Gunn Johansson & Eskil Wadensjo, 2009, Perspectives of Working Life Research, *Scandinavian Journal of Work, Environment & Health*, Vol. 35, No. 5.

Jencks, Christopher, Lauri Perman & Lee Rainwater, 1988, What Is a Good Job? A New Measure of Labor-Market Success, *American Journal of Sociology*, Vol. 93, No. 6.

Johnson, Jeffrey & Ellen Hall, 1988, Job Strain, Work Place Social Support, and Cardiovascular Disease: A Cross-Sectional Study of a Random Sample of the Swedish Working Population, *American Journal of Public Health*, Vol. 78, No. 10.

Jonge, Jan De, Natasja Van Vegchel, Akihito Shimazu, Wilmar Schaufeli & Christian Dormann, 2010, A Longitudinal Test of the Demand-Control Model Using Specific Job Demands and Specific Job Control, *International Journal of Behavioral Medicine*, Vol. 17.

Jovanovic, Branko & Michael M. Lokshin, 2004, Wage Differentials between the State and Private Sectors in Moscow, *Review of Income and Wealth*, Series 50, No. 1.

Jung, Kenneth, Anthony Dalessio & Steven Johnson, 1986, Stability of the Factor Structure of the Job Descriptive Index, *The Academy of Management Journal*, Vol. 29, No. 3.

Kalleberg, Arne L. & Jorn Rognes, 2000, Employment Relations in Norway: Some Dimensions and Correlates, *Journal of Organizational Behavior*, Vol. 21, No. 3.

Kalleberg, Arne L. & Stephen Vaisey, 2005, Pathways to a Good Job: Perceived Work Quality among the Machinists in North America, *British Journal of Industrial Relations*, Vol. 43, No. 3.

Kalleberg, Arne L. & Aage B. Sorensen, 1979, The Sociology of Labor Markets, *Annual Review of Sociology*, Vol. 5.

Kalleberg, Arne L. & Arne Mastekaasa, 1994, Firm Internal Labor Markets and Organizational Commitment in Norway and the United States, *Acta Sociologica*, Vol. 37, No. 3.

Kalleberg, Arne L. & Larry J. Griffin, 1978, Positional Sources of Inequality in Job Satisfaction, *Work and Occupations*, Vol. 5.

Kalleberg, Arne L. & Larry J. Griffin, 1980, Class, Occupation, and Inequality in Job Rewards, *The American Journal of Sociology*, Vol. 85, No. 4.

Kalleberg, Arne L., 1975, *Work Values, Job Rewards and Job Satisfaction: A Theory of the Quality of Work Experience*, unpublished Ph. D. dissertation, University of Wisconsin.

Kalleberg, Arne L., 1994, Studying Employers and Their Employees:

Comparative Approaches, *Acta Sociologica*, Vol. 37, No. 3.

Kalleberg, Arne L., 1977, Work Values and Job Rewards: A Theory of Job Satisfaction, *American Sociological Review*, Vol. 42, No. 1.

Kalleberg, Arne L., 2000, Nonstandard Employment Relations: Part-Time, Temporary and Contract Work, *Annual Review of Sociology*, Vol. 26.

Kalleberg, Arne L., 2007, *The Mismatched Worker*, New York: W. W. Norton & Company.

Kalleberg, Arne L., 2008, The Mismatched Worker: When People Don't Fit Their Jobs, *Academy of Management Perspectives*, Vol. 22, No. 1.

Kalleberg, Arne L., 2009, Precarious Work, Insecure Workers: Employment Relations in Transition, *American Sociological Review*, Vol. 74, No. 1.

Kalleberg, Arne L., 2011, God Job, Bad Job: The Rise of Polarized and Precarious Employment Systems in the United States, 1970s to 2000s, Russell Sage Foundation, New York.

Kalleberg, Arne L., 2012, Job Quality and Precarious Work: Clarifications, Controversies, and Challenges, *Work and Occupations*, Vol. 39, No. 4.

Kalleberg, Arne L., Barbara Reskin & Ken Hudson, 2000, Bad Jobs in America: Standard and Nonstandard Employment Relations and Job Quality in the United States, *American Sociological Review*, Vol. 65, No. 2.

Kalleberg, Arne L., Michael Wallace & Robert P. Althauser, 1981, Economic Segmentation, Worker Power, and Income Inequality, *American Journal of Sociology*, Vol. 87, No. 3.

Kalleberg, Arne L., Torstein Nesheim & Karen Olsen, 2009, Is Participation Good or Bad for Workers? Effects of Autonomy, Consultation and Teamwork on Stress Among Workers in Norway, *Acta Sociologica*, Vol. 52, No. 2.

Karasek, R. A., 1979, Job Demands, Job Decision Latitude, and Mental Strain: Implications for Job Redesign, *Administrative Science Quarterly*, Vol. 24, No. 2.

Karasek, R. A. & T. Theorell, 1990, *Healthy Work: Stress, Productivity and the Reconstruction of Working Life*, New York: Basic Books.

Kattenbach, Ralph & Jacqueline O'Reilly, 2011, Introduction: New Perspectives on the Quality of Working Life, *Management Revue*, Vol. 22, No. 2.

Katz, Harry, Thomas Kochan & Kenneth Gobeille, 1983, Industrial Relations Performance, Economic Performance, and QWL Programs: An Interplant Analysis, *Industrial and Labor Relations Review*, Vol. 37, No. 1.

Katz, Ralph, 1978, Job Longevity as a Situational Factor in Job Satisfaction, *Administrative Science Quarterly*, Vol. 23, No. 2.

Katzell, R., 1964, Personal Values, Job Satisfaction and Job Behavior, In H. Burrow (Eds.), *Man in a World of Work*, Boston: Houghton Mifflin.

Kelliher, Clare & Deirdre Anderson, 2008, For Better or for Worse? An Analysis of How Flexible Working Practices Influence Employees' Perceptions of Job Quality, *The International Journal of Human Resource Management*, Vol. 19, No. 3.

Kerr, Clark, John T. Dunlop, Frederick H. Harbison & Charles A. Myers, 1973, *Industrialism and Industrial Man: The Problems of Labour and The Management of Economic Growth*, London: Penguin.

Kiernan, W. E. & K. Knutson, 1990, Quality of Work Life, in R. L.

Schalock & M. J. Begab (Eds.), *Quality of Life: Perspectives and Issues*, Washington: American Association of Mental Retardation.

Kilduff, Martin & Daniel Brass, 2010, Job Design: A Social Network Perspective, *Journal of Organizational Behavior*, Vol. 31.

Kim, Chang Hwan & Arthur Sakamoto, 2008, Does Inequality Increase Productivity? Evidence From U. S. Manufacturing Industries, 1979 to 1996, *Work and Occupations*, Vol. 35, No. 1.

Knoke, David & Arne L. Kalleberg, 1994, Job Training in U. S. Organizations, *American Sociological Review*, Vol. 59, No. 4.

Knox, Angela, Chris Warhurst & Barbara Pocock, 2011, Job Quality Matters, *Journal of Industrial Relations*, Vol. 53, No. 1.

Knudsen, Herman, Ole Busck & Jens Lind, 2011, Work Environment Quality: The Role of Workplace Participation and Democracy, *Work, Employment and Society*, Vol. 25, No. 3.

Kochan, T. A., D. B. Lipsky & L. Dyer, 1974, *Collective Bargaining and the Quality of Working Life: The Views of Local Union Activities*. Proceedings: The Twenty-Seventh Annual Winter Meeting.

Kohn, Melvin L. & Carmi Schooler, 1982, Job Conditions and Personality: A Longitudinal Assessment of Their Reciprocal Effects, *The American Journal of Sociology*, Vol. 87, No. 6.

Kohn, Melvin L. & Carmi Schooler, 1969, Class, Occupation, and Orientation, *American Sociological Review*, Vol. 34, No. 5.

Kohn, Melvin L. & Carmi Schooler, 1973, Occupational Experience and Psychological Functioning: An Assessment of Reciprocal Effects, *American Sociological Review*, Vol. 38, No. 1.

Kohn, Melvin L. & Carmi Schooler, 1978, The Reciprocal Effects of the Substantive Complexity of Work and Intellectual Flexibility: A Longitudinal Assessment, *The American Journal of Sociology*, Vol. 84, No. 1.

Kohn, Melvin L. & Carmi Schooler, 1982, Job Conditions and Personality: A Longitudinal Assessment of Their Reciprocal Effects, *The American Journal of Sociology*, Vol. 87, No. 6.

Kohn, Melvin L., 1969, *Class and Conformity: A Study in Values*, Homewood: The Dorsey Press.

Korczynski, Mark, Randy Hodson & Paul Edwards (Eds.), 2006, *Social Theory at Work*, Oxford: Oxford University Press.

Lambert, Susan, 1990, Processes Linking Work and Family: A Critical Review and Research Agenda, *Human Relations*, Vol. 43, No. 3.

Landsbergis, Paul A., 1988, Occupational Stress Among Health Care Workers: A Test of the Job Demands-Control Model, *Journal of Organizational Behavior*, Vol. 9, No. 3.

Lawler, Edward, 1975, Measuring the Psychological Quality of Working Life: The Why and How of It, In L. E. Davis & A. B. Cherns (Eds.), *The Quality of Working Life*, Vol. 1., New York: The Free Press.

Lazear, Edward, 1990, Job Security Provisions and Employment, *The Quarterly of Journal of Economics*, Vol. 105, No. 3.

Lee, Ching Kwan & Yelizavetta Kofman, 2012, The Politics of Precarity: Views Beyond the United States, *Work and Occupations*, Vol. 39, No. 4.

Leschke, J. & A. Watt, 2008, Job Quality in Europe, Working Paper.

Leschke, J., A. Watt & M. Finn, 2008, Putting a Number on Job Quality? Constructing a European Job Quality Index, ETUI-REHS Working Paper.

Levine, Mark, 1983, Self-Developed QWL Measures, *Journal of Occupational Behaviour*, Vol. 4, No. 1.

Levine, Mark, James C. Taylor & Louis Davis, 1984, Defining Quality of Working Life, *Human Relations*, Vol. 37, No. 1.

Levy-Garboura, Louis & Claude Montmarquette, 1997, Reported Job Satisfaction: What Does It Mean?, Cirano: Working Paper.

Lin, T. H. & C. M. Dayton, 1997, Model Selection Information Criteria for Non-Nested Latent Class Models, *Journal of Educational and Behavioral Statistics*, Vol. 22, No. 3.

Lincoln, James R. & Arne L. Kalleberg, 1990, *Culture, Control, and Commitment: A Study of Work Organization and Work Attitudes in the United States and Japan*, New York: Cambridge University Press.

Locke, E., 1976, The Nature and Causes of Job Satisfaction, in Marvin Dunnette (Eds.), *Handbook of Industrial and Organizational Psychology*, Chicago: Rand McNally College Pub. Co.

Locke, E., 1969, What is Job Satisfaction?, *Organizational Behavior and Human Performance*, Vol. 4.

Lockwood, David, 1958, *The Blackcoated Worker: A Study in Class Consciousness*, London: George Allen & Unwin Ltd.

Logan, John Allen, 1996, Opportunity and Choice in Socially Structured Labor Markets, *American Journal of Sociology*, Vol. 102, No. 1.

Lokshin, Michael M. & Branko Jovanovic, 2003, Wage Differentials and State-Private Sector Employment Choice in Yugoslavia, *Economics of Transition*, Vol. 11, No. 3.

Lord, George F. & William W. Falk, 1982, An Exploratory Analysis of Individualist versus Structuralist Explanations of Income, *Social Forces*, Vol. 59, No. 2.

Loscocoo, Karyn & Anne Roschelle, 1991, Influences on the Quality of Work and Nonwork Life: Two Decades in Review, *Journal of*

Vocational Behavior, Vol. 39.

Loughlin, Catherine & Robert Murray, 2013, Employment Status Congruence and Job Quality, *Human Relations*, Vol. 66, No. 4.

MacDermid, Shelley M., Margaret Williams, Stephen Marks & Gabriela Heilbrun, 1994, Is Small Beautiful? Work-Family Tension, Work Conditions, and Organizational Size, *Family Relations*, Vol. 43, No. 2.

Maddala, G. S., 1983, *Limited-Dependent and Qualitative Variables in Economitrics*, Cambridge: Cambridge University Press.

Mannheim, Bilha & Meira Schiffrin, 1984, Family Structure, Job Characteristics, Rewards and Strains as Related to Work-Role Centrality of Employed and Self-Employed Professional Women with Children, *Journal of Occupational Behaviour*, Vol. 5, No. 2.

Marsden, Peter, 1985, Latent Structure Models for Relationally Defined Social Classes, *American Journal of Sociology*, Vol. 90, No. 5.

Martel, Jean-Pierre & Gilles Dupuis, 2006, Quality of Work Life: Theoretical and Methodological Problems, and Presentation of a New Model and Measuring Instrument, *Social Indicators Research*, Vol. 77, No. 2.

Matiaske, Wenzel & Gerd Grozinger, 2011, Introduction: Job Satisfaction Revisited, *Management Revue*, Vol. 22, No. 1.

Matiaske, Wenzel & Susanner Royer, 2005, What Makes a Job Good or Poor?, *Management Revue*, Vol. 16, No. 4.

Mayer, Karl Ulrich & Glenn R. Carroll, 1987, Jobs and Classes: Structural Constraints on Career Mobility, *European Sociological Review*, Vol. 3, No. 1.

McGovern, Patrick, Deborah Smeaton & Stephen Hill, 2004, Bad Jobs in Britain: Nonstandard Employment and Job Quality, *Work and Occupations*, Vol. 31, No. 2.

Meagher, Gabrielle, Marta Szebehely & Jane Mears, 2016, How Institutions Matter for Job Characteristics, Quality and Experiences: A Comparison of Home Care Work for Older People in Australia and Sweden, Work, *Employment and Society.*

Meyer, John P., Natalie J. Allen & Catherine A. Smith, 1993, Commitment to Organizations and Occpations: Extension and Test of a Three-Component Conceptualization, *Journal of Applied Psychology*, Vol. 78.

Michenthaler, G., 2006, The Austrian Work Climate Index, paper presented at the European Working Conditions Seminar on Job Satisfaction, 9 – 10, November Helsinki.

Miller, H. E. & J. R. Terborg, 1979, Job Attitudes of Part-Time and Full-Time Employees, *Journal of Applied Psychology*, Vol. 64.

Miller, Joanne, 1980, Individual and Occupational Determinants of Job Satisfaction: A Focus on Gender Difference, *Sociology of Work and Occupations*, Vol. 7, No. 3.

Mirvis, Philip & Edward Lawler, 1984, Accounting for the Quality of Work Life, *Journal of Occupational Behaviour*, Vol. 5, No. 3.

Mobley, W., R. Griffeth, H. Hand & B. Megline, 1979, Review and Conceptual Analysis of the Employee Turnover Process, *Psychological Bulletin*, Vol. 86.

Mottaz, Clifford J., 1987, An Analysis of the Relationship between Work Satisfaction and Organizational Commitment, *The Sociological Quarterly*, Vol. 28, No. 4.

Mottaz, Clifford J., 1981, Some Determinants of Work Alienation, *The Sociological Quarterly*, Vol. 22, No. 4.

Mouw, Ted & Arne L. Kalleberg, 2010a, Do Changes in Job Mobility Explain the Growth of Wage Inequality among Men in the United

States, 1977 - 2005, *Social Forces*, Vol. 88, No. 5.

Mouw, Ted & Arne L. Kalleberg, 2010b, Occupations and the Structure of Wage Inequality in the United States, 1980s to 2000s, *American Sociological Review*, Vol. 75, No. 3.

Mowday, Richard T., Richard M. Steers & Lyman W. Porter, 1979, The Measurement of Organizational Commitment, *Journal of Vocational Behavior*, Vol. 14.

Mueller, Charles & Elaine McDuff, 2002, "Good" Jobs and "Bad" Jobs: Differences in the Clergy Employment Relationship, *Review of Religious Research*, Vol. 44, No. 2.

Mussmann, F., 2009, The German "Good-Work" Index (DGB-Index Gute Arbeit), paper presented at the ETUI Conference, Brussels.

Naaz, Human, 1998, Development of a Scale for the Measurement of Job Characteristics, *Indian Journal of Industrial Relations*, Vol. 34, No. 1.

Nadler, David & Edward Lawler, 1983, Quality of Work Life: Perspectives and Directions, *Organizational Dynamics*.

Nadler, David, Martin Hanlon & Edward Lawler, 1980, Factors Influencing the Success of Labour-Management Quality of Work Life Projects, *Journal of Occupational Behaviour*, Vol. 1, No. 1.

Nelson, Edward, 1978, Perceived Control and Work Dissatisfaction, *Humboldt Journal of Social Relations*, Vol. 6, No. 1.

Okaysomerville, Belgin & Dora Scholarios, 2013, Shades of Grey: Understanding Job Quality in Emerging Graduate Occupations, *Human Relations*, Vol. 66, No. 4.

Oldham, Greg & J. Richard Hackman, 2010, Not What It Was and Not What It Will Be: The Future of Job Design Research, *Journal of Organizational Behavior*, Vol. 31.

Olsen, Karen & Arne L. Kalleberg, 2004, Non-Standard Work in Two Different Employment Regimes: Norway and the United States, *Work, Employment & Society*, Vol. 18, No. 2.

Olsen, Karen, Arne L. Kalleberg & Torstein Nesheim, 2010, Perceived Job Quality in the United States, Great Britain, Norway and West Germany, 1989 – 2005, *European Journal of Industrial Relations*, Vol. 16, No. 3.

Oster, Gerry, 1979, A Factor Analytic Test of the Theory of the Dual Economy, *The Review of Economics and Statistics*, Vol. 61, No. 1.

Osterman, Paul, 1975, An Empirical Study of Labor Market Segmentation, *Industrial and Labor Relations Review*, Vol. 28, No. 4.

Osterman, Paul, 2010, Job Design in the Context of the Job Market, *Journal of Organizational Behavior*, Vol. 31.

Osterman, Paul, 2013, Introduction to the Special Issue on Job Quality, *Industrial and Labor Relations Review*, Vol. 66, No. 4.

O'Connor, Edward, Lawrence Peters & Steve Gordon, 1978, The Measurement of Job Satisfaction: Current Practices and Future Considerations, *Journal of Management*, Vol. 4, No. 2.

Padaki, Rupande, 1984, Job Characteristics and Work Motivation: A Test of Job Design Model, *Indian Journal of Industrial Relations*, Vol. 19, No. 4.

Parent-Thirion, A., E. Fernández-Macías, J. Hurley & G. Vermeylen, 2007, *Fourth European Working Conditions Survey*, Dublin: Eurofound.

Park, Albert & Fang Cai, 2011, The Informalization of the Chinese Labor Market, Working Paper.

Pateman, Carole, 1970, *Participation and Democratic Theory*, Cambridge: Cambridge University Press.

Pfeffer, Jeffrey & Yinon Cohen, 1984, Determinants of Internal Labor

Markets in Organizations, *Administrative Science Quarterly*, Vol. 29, No. 4.

Pierce, Jon & Randall Dunham, 1978, The Measurement of Perceived Job Characteristics: The Job Diagnostic Survey versus the Job Characteristics Inventory, *The Academy of Management Journal*, Vol. 21, No. 1.

Pierce, Jon, Donald McTavish & Kjell Knudsen, 1986, The Measurement of Job Characteristics: A Content and Contextual Analytic Look at Scale Validity, *Journal of Occupational Behaviour*, Vol. 7, No. 4.

Piore, Michael, 1975, Notes for a Theory of Labor Market Stratification, In R. Edwards (Eds.), *Labor Market Segmentation*, Lexington: D. C. Health.

Portigal, Alan, 1973, Current Research on the Quality of Working Life, *Industrial Relations*, Vol. 28, No. 4.

Pot, Frank & Ernst Koningsveld, 2009, Quality of Working Life and Organizational Performance-Two Sides of the Same Coin? *Scandinavian Journal of Work, Environment & Health*, Vol. 35, No. 6.

Preinfalk, H., G. Michenthaler, & H. Wasserbacher, 2006, The Austrian Work Climate Index, presentation to the Research Seminar of the European Foundation for the Improvement of Living and Working Conditions.

Quilty, L. C., M. Van Ameringen, C. Mancini, J. Oakman & P. Farvolden, 2003, Quality of Life and Anxiety Disorders, *Journal of Anxiety Disorders*, Vol. 17.

Quinn, Robert & Linda Shepard, 1974, The 1972 – 1973 Quality of Employment Survey, Institute for Social Research the University of Michigan.

Quinn, Robert, Thomas Mangione & Stanley Seashore, 1975, The

1972 – 1973 Quality of Employment Survey, Institute for Social Research the University of Michigan.

Quinn, Robert, G. L. Staines, & M. R. McCullough, 1974, *Job Satisfaction: Is There a Trend?*, Washington, DC: Manpower Research Monograph No. 30, U. S. Government Printing Office.

Rahkonen, Ossi, Mikko Laaksonen, Pekka Martikainen, Eva Roos & Eero Lahelma, 2006, Job Control, Job Demands, or Social Class: The Impact of Working Conditions on the Relation between social Class and Health, *Journal of Epidemiology and Community Health*, Vol. 60, No. 1.

Rankin, Tom, 1990, *New Forms of Work Organization*, Toronto: University of Toronto Press.

Ransom, Michael R., 1987, The Labor Supply of Married Men: A Switching Regressions Model, *Journal of Labor Economics*, Vol. 5, No. 1.

Rice, Ronald & Carolyn Aydin, 1991, Attitudes Toward New Organizational Technology: Network Proximity as a Mechanism for Social Information Processing, *Administrative Science Quarterly*, Vol. 36, No. 2.

Ritter, J. A. & R. Anker, 2002, Good Jobs, Bad Jobs: Workers' Evaluations in Five Countries, *International Labour Review*, Vol. 141, No. 4.

Roberts, Kenneth, 1978, Book Reviews, *The British Journal of Sociology*, Vol. 29, No. 3.

Robinson, J. P., 1976, Some Approaches to Examining Quality of Employment Indicators for Disaggregate Segments of the Work Force, In A. D. Biderman & T. F. Drury (Eds.), *Measuring Work Quality for Social Reporting*, New York: John Wiley & Sons.

Robinson, Robert V. & Jonathan Kelley, 1979, Class As Conceived By Marx and Dahrendorf: Effects on Income Inequality and Politics in the United States and Great Britain, *American Sociological Review*, Vol. 44, No. 1.

Rose, Michael, 2003, Good Deal, Bad Deal? Job Satisfaction in Occupations, *Work, Employment & Society*, Vol. 17, No. 3.

Rosenfeld, Rachel A., 1992, Job Mobility and Career Processes, *Annual Review of Sociology*, Vol. 18.

Rosenthal, Neal, 1989, More Than Wages at Issue in Job Quality Debate, *Monthly Labor Review*, Vol. 112, No. 12.

Rothausen, Teresa, Jorge Gonzalez & Andrea Griffin, 2009, Are All the Parts There Everywhere? Facet Job Satisfaction in the United States and the Philippines, *Asia Pacific Journal of Management*, Vol. 26.

Rousseau, Denise, 1979, Assessment of Technology in Organizations: Closed versus Open Systems Approaches, *The Academy of Management Review*, Vol. 4, No. 4.

Royuela, Vicente, Jordi Lopez-Tamayo & Jordi Surinach, 2008, The Institutional vs. the Academic Definition of the Quality of Work Life. What Is the Focus of the European Commission?, *Social Indicators Research*, Vol. 86, No. 3.

Rozen, Marvin, 1982, Job Quality, Labor Market Disequilibrium, and Some Macroeconomic Implications, *Journal of Economic Issues*, Vol. 16, No. 3.

Rubery, Jill & Damian Grimshaw, 2001, ICTs and Employment: The Problem of Job Quality, *International Labour Review*, Vol. 140, No. 2.

Sakamoto, Arthur & Meichu D. Chen, 1991, Inequality and Attainment in a Dual Labor Market, *American Sociological Review*,

Vol. 56, No. 3.

Salamon, Michael, 1998, *Industrial Relations: Theory and Practice*, Harlow: Prentice Hall.

Sashkin, Marshall & W. W. Burke, 1987, Organizational Development in the 1980's, *Journal of Management*, Vol. 13, No. 2.

Scarpello, Vida & John Campbell, 1983, Job Satisfaction: Are All the Parts There?, *Personnel Psychology*, Vol. 36.

Schwalbe, Michael, 1985, Autonomy in Work and Self-Esteem, *The Sociological Quarterly*, Vol. 26, No. 4.

Seashore, Stanley & Thomas Taber, 1975, Job Satisfaction Indicators and Their Correlates, *American Behavioral Scientist*, Vol. 18, No. 3.

Seashore, Stanley, 1975, Defining and Measuring the Quality of Working Life, In L. E. Davis & A. B. Cherns (Eds.), *The Quality of Working Life*, volume one, New York: The Free Press.

Seashore, Stanley, 1974, Job Satisfaction as an Indicator of the Quality of Employment, *Social Indicator Research*, Vol. 1, No. 2.

Sehnbruch, K., 2004, From the Quantity to the Quality of Employment: An Application of the Capability Approach to the Chilean Labour Market, Center for Latin American Studies Working Paper No. 9.

Sengupta, Sukanya, Paul Edwards & Chin-Ju Tsai, 2009, The Good, the Bad, and the Ordinary: Work Identities in "Good" and "Bad" Jobs in the United Kingdom, *Work and Occupations*, Vol. 36, No. 1.

Shepard, Jon & James Hougland, 1978, Contingency Theory: "Complex Man" or "Complex Organization", *The Academy of Management Review*, Vol. 3, No. 3.

Shepard, Jon, 1970, Functional Specialization, Alienation, and Job

Satisfaction, *Industrial and Labor Relations Review*, Vol. 23, No. 2.

Shepard, Jon, 1973, Technology, Division of Labor, and Alienation, *The Pacific Sociological Review*, Vol. 16, No. 1.

Shepard, Jon, 1977, Technology, Alienation, and Job Satisfaction, *Annual Review of Sociology*, Vol. 3.

Sheppard, Harold, 1975, Some Indicators of Quality of Working Life: A Simplified Approach to Measurement, in L. E. Davis & A. B. Cherns (Eds.), *The Quality of Working Life*, Vol. 2, New York: The Free Press.

Sheppard, Harold, 1973, Asking the Right Questions on Job Satisfaction, *Monthly Labor Review*, Vol. 96, No. 4.

Siebern-Thomas, Frank, 2005, Job Quality in European Labour Markets, In Stephen Bazen, Claudio Lucifora & Wiemer Salverda (Eds.), *Job Quality and Employer Behaviour*, New York: Palgrave Macmillan.

Siegrist, Johannes & Andreas Rodel, 2006, Work Stress and Health Risk Behavior, *Scandinavian Journal of Work, Environment & Health*, Vol. 32, No. 6.

Simon, Herbert A., 1951, A Formal Theory of the Employment Relationship, *Econometrica*, Vol. 19, No. 3.

Sims, Henry, Andrew Szilagyi & Robert Keller, 1976, The Measurement of Job Characteristics, *The Academy of Management Journal*, Vol. 19, No. 2.

Sirgy, M. J., D. Efraty, P. Siegel & Lee Dong-jin, 2001, A New Measure of Quality of Work Life (QWL) based on Need Satisfaction and Spillover Theories, *Social Indicators Research*, Vol. 55.

Sivapragasam, P. & R. P. Raya, 2014, Exploring the Link between Job Quality and Employee Well-Being: An Empirical Study, *Asia-Pa-*

cific *Journal of Management Research and Innovation*, Vol. 10, No. 4.

Skvoretz, John, 1984, The Logic of Opportunity and Mobility, *Social Forces*, Vol. 63, No. 1.

Smith, D. Randall & Andrew Abbott, 1983, A Labor Market Perspective on the Mobility of College Football Coaches, *Social Forces*, Vol. 61, No. 4.

Smith, D. Randall & Elliot Noma, 1985, Scaling Labor Markets: An Approach to Segmentation Research, *Sociological Perspectives*, Vol. 28, No. 2.

Smith, Michael R., 1990, What Is New in "New Structuralist" Analyses of Earnings?, *American Sociological Review*, Vol. 55, No. 6.

Smith, P. C., L. M. Kendall & C. L. Hulin, 1969, *Measurement of Satisfaction in Work and Retirement*, Chicago: Rand-McNally.

Smith, P. C., L. M. Kendall & C. L. Hulin, 1985, The Job Descriptive Index, *Psychology Department, Bowling Green State University*.

Solinger, D., 2001, Why We Cannot Count the "Unemployed"?, *The China Quarterly*, Vol. 167.

Sorensen, Aage B. & Arne L. Kalleberg, 1981a, An Outline of a Theory of the Matching of Persons to Jobs, In Ivar Berg (Eds.), *Sociological Perspectives on Labor Markets*, New York: Academic Press.

Sorensen, Aage B. & Nancy Brandon Tuma, 1981b, Labor Market Structures and Job Mobility, In Robert Robinson (Eds.), *Research in Social Strtification and Mobility*, Vol. 1, Greenwich: JAI Press.

Sorensen, Aage B., 1977, The Structure of Inequality and the Process of Attainment, *American Sociological Review*, Vol. 42, No. 6.

Sorensen, Aage B., 1983, Processes of Allocation to Open and Closed Positions in Social Structure, *Zeitschrift fur Soziologie*, Vol. 12, No. 3.

Sorensen, Aage B., 1990, Throwing the Sociologists Out? A Reply to Smith, *American Sociological Review*, Vol. 55, No. 6.

Soskice, David, 1999, Divergent Production Regimes: Coordinated and Uncoordinated Market Economies in the 1980s and 1990s, In H. Kitschelt, P. Lange, G. Marks & J. D. Stephens (Eds.), *Continuity and Change in Contemporary Capitalism*, Cambridge: Cambridge University Press.

Soskice, David, 2005, Varieties of Capitalism and Cross-National Gender Differences, *Social Politics*, Vol. 12, No. 2.

Spaeth, Joe L., 1985, Job Powers and Earnings, *American Sociological Review*, Vol. 50, No. 5.

Spector, Paul E., 1986, Perceived Control by Employees: A Meta-Analysis of Studies Concerning Autonomy and Participation at Work, *Human Relations*, Vol. 39, No. 11.

Staples, Clifford L., Michael L. Schwalbe & Viktor Gecas, 1984, Social Class, Occupational Conditions, and Efficacy-Based Self-Esteem, *Sociological Perspectives*, Vol. 27, No. 1.

Stewman, Shelby & Suresh L. Konda, 1983, Careers and Organizational Labor Markets: Demographic Models of Organizational Behavior, *American Journal of Sociology*, Vol. 88, No. 4.

Stier, Haya & Meir Yaish, 2014, Occupational Segregation and Gender Inequality in Job Quality: A Multi-Level Approach, *Work, Employment & Society*, Vol. 28, No. 2.

Stinchcombe, Arthur L., 1959, Bureaucratic and Craft Administration of Production: A Comparative Study, *Administrative Science Quarterly*, Vol. 4, No. 2.

Stolzenberg, Ross M., 1975, Occupations, Labor Markets and the Process of Wage Attainment, *American Sociological Review*, Vol. 40, No. 5.

Stolzenberg, Ross M., 1978, Bringing the Boss Back In: Employer Size, Employee Schooling, and Socioeconomic Achievement, *American Sociological Review*, Vol. 43, No. 6.

Tangian, A., 2007, Is work in Europe decent? A Study based on the 4th European Survey of Working Conditions 2005, Hans Bockler Foundation WSI Discussion Paper 157, Dusseldorf.

Tausky, Curt, 1969, Book Review, *American Sociological Review*, Vol. 34, No. 2.

Taylor, James C., 1974, Concepts and Problems in Studies of the Quality of Working Life, Graduate School of Management UCLA.

Taylor, James C., 1978, An Empirical Examination of the Dimensions of Quality of Working Life, Institute of Industrial Relations UCLA.

Taylor, James C., 1973, Concepts and Problems in Studies of the Quality of Working Life, California University, Los Angeles. Graduate School of Management.

Thompson, P., 1989, *The Nature of Work*, London: Macmillan.

Thorscrud, Einar, 1978, Democracy At Work and Perspectives on the Quality of Working Life in Scandinavia, *International Studies of Management & Organization*, Vol. 8, No. 1/2.

Thorsrud, Einar & Fred Emery, 1970, Industrial Democracy in Norway, *Industrial Relations*.

Tichy, Noel, 1978, Introduction: Managing Organizational Change, *International Studies of Management & Organization*, Vol. 8, No. 1/2.

Ting, Shueh-Chin, 2011, The Effect of Internal Marketing on Organizational Commitment: Job Involvement and Job Satisfaction as Mediators, *Educational Administration Quarterly*, Vol. 47, No. 2.

Tolbert, Charles, Patrick M. Horan & E. M. Beck, 1980, The Structure of Economic Segmentation: A Dual Economy Approach, *The American Journal of Sociology*, Vol. 85, No. 5.

Trist, E. & William A. Westley, 1981, *La qualite de la vie au travail dans la fonction publique federale*, Ottawa: Travail Canada.

Tuma, Nancy Brandon, 1976, Rewards, Resources, and the Rate of Mobility: A Nonstationary Multivariate Stochastic Model, *American Sociological Review*, Vol. 41, No. 2.

Turcotte, P. R., 1988, QVT: La Qualite de Vie au Travail: Une Voie vers L'Excellence.

Vecchio, Robert, 1980, Worker Alienation as a Moderator of the Job Quality-Job Satisfaction Relationship: The Case of Racial Differences, *The Academy of Management Journal*, Vol. 23, No. 3.

Vidal, Matt, 2007, Lean Production, Worker Empowerment, and Job Satisfaction: A Qualitative Analysis and Critique, *Critical Sociology*, Vol. 33.

Vidal, Matt, 2013, Low-Autonomy Work and Bad Jobs in Postfordist Capitalism, *Human Relations*, Vol. 66, No. 4.

Vinopal, J., 2012, The Discussion of Subjective Quality of Working Life Indicators, *Sociologia*, Vol. 44, No. 3.

Vinopal, J., 2009, The Instrument for Empirical Surveying of Subjectively Perceived Quality of Life, paper presented at the conference Working Conditions and Health and Safety Surveys in Europe: Stocktaking, Challenges and Perspectives, European Trade-Union Institute, Brussels.

Vroom, V., 1964, *Work and Motivation*, New York: Wiley.

Wagner, Joachim, 1997, Firm Size and Job Quality: A Survey of the Evidence from Germany, *Small Business Economics*, Vol. 9,

No. 5.

Wall, Toby D. & Joe A. Lischeron, 1977, *Worker Participation*, London: McGraw-Hill.

Wall, Toby D., Paul Jackson, Sean Mullarkey & Sharon Parker, 1996, The Demands-Control Model of Job Strain: A More Specific Test, *Journal of Occupational and Organizational Psychology*, Vol. 69.

Wallace, Michael, Kevin T. Leicht & Don Sherman Grant, 1993, Positional Power, Class, and Individual Earnings Inequality: Advancing New Structuralist Explanations, *The Sociological Quarterly*, Vol. 34, No. 1.

Walton, R. E., 1975, Criteria for Quality of Working Life, In L. E. Davis & A. B. Cherns (Eds.), *The Quality of Working Life*, Vol. 1, New York: The Free Press.

Wang, Qian, Qingxiong Weng, James McElroy, Neal Ashkanasy, Filip Lievens, 2014, Organizational Career Growth and Subsequent Voice Behavior: The Role of Affective Commitment and Gender, *Journal of Vocational Behavior*, Vol. 84.

Warhurst, Chris, Francoise Carre, Patricia Findlay & Chris Tilly, 2012, *Are Bad Jobs Inevitable? Trends, Determinants and Responses to Job Quality in the Twenty-First Century*, New York: Palgrave Macmillan.

Warr, Peter, 1990, The Measurement of Well-Being and Other Aspects of Mental Health, *Journal of Occupational Psychology*, Vol. 63.

Warr, Peter, John Cook & Toby Wall, 1979, Scales for the Measurement of Some Work Attitudes and Aspects of Psychological Well-Being, *Journal of Occupational Psychology*, Vol. 52.

Weakliem, David L., 1989, The Employment Contract: A Test of the

Transaction Cost Theory, *Sociological Forum*, Vol. 4, No. 2.

Weaver, C. N., 1978, Sex Differences in the Determinants of Job Satisfaction, *Academy of Management Journal*, Vol. 21.

Wedderburn, Dorothy & Christine Craig, 1969, Relative Deprivation in Work, Paper presented to the British Association for the Advancement of Science, Exeter.

Wedderburn, Dorothy & Rosemary Crompton, 1972, *Workers' Attitudes and Technology*, Cambridge: Cambridge University Press.

Wenger, Jeffrey & Arne L. Kalleberg, 2006, Employers' Flexibility and Employment Volatility: An Analysis of the U. S. Personnel Supply Industry, 1972 – 2000, *The American Journal of Economics and Sociology*, Vol. 65, No. 2.

Westley, William A., 1979, Problems and Solution in the Quality of Working Life, *Human Relations*, Vol. 32.

White, J. Kenneth & Robert Ruh, 1973, Effects of Personal Values on the Relationship between Participation and Job Attitudes, *Administrative Science Quarterly*, Vol. 18, No. 4.

White, J. Kenneth, 1978, Individual Differences and the Job Quality-Worker Response Relationship: Review, Integration, and Comments, *The Academy of Management Review*, Vol. 3, No. 2.

Whyte, William F., 1978, Book Reviews, *American Journal of Sociology*, Vol. 83, No. 4.

Williamson, Oliver E., Michael L. Wachter & Jeffrey E. Harris, 1975, Understanding the Employment Relation: The Analysis of Idiosyncratic Exchange, *The Bell Journal of Economics*, Vol. 6, No. 1.

Witte, James C. & Arne L. Kalleberg, 1995, Matching Training and Jobs: The Fit between Vocational Education and Employment in the German Labour Market, *European Sociological Review*, Vol. 11, No. 3.

Woodward, Joan, 1958, *Management and Technology*, London: HMSO.

Woodward, Joan, 1965, *Industrial Organization: Theory and Practice*, Oxford: Oxford University Press.

Wright, Erik Olin & Luca Perrone, 1977, Marxist Class Categories and Income Inequality, *American Sociological Review*, Vol. 42, No. 1.

Wright, Erik Olin & Rachel E. Dwyer, 2003, The Patterns of Job Expansions in the USA: A Comparison of the 1960s and 1990s, *Socio-Economic Review*, Vol. 1.

Wright, Erik Olin, 1979, *Class Structure and Income Determination*, New York: Academic Press.

Wright, Erik Olin, 1985, *Classes*, London: Verso.

Yeager, Samuel, 1981, Dimensionality of the Job Descriptive Index, *The Academy of Management Journal*, Vol. 24, No. 1.

Yoshida, Koichi & Mitsunori Torihara, 1977, Redesigning Jobs for a Better Quality of Working Life, *International Labour Review*, Vol. 116, No. 2.

Zeytinoglu, Isik & Gordon Cooke, 2008, Non-Standard Employment and Promotions: A within Genders Analysis, *Journal of Industrial Relations*, Vol. 50, No. 2.

Zhou, Xueguang, Nancy Brandon Tuma & Phyllis Moen, 1997, Institutional Change and Job-Shift Patterns in Urban China, 1949 to 1994, *American Sociological Review*, Vol. 62, No. 3.

Zimbalist, A., 1979, *Case Studies on the Labor Process*, New York: Monthly Review Press.

图书在版编目（CIP）数据

工作质量与雇佣关系：对中国城市受雇人口的考察／陈建伟著. -- 北京：社会科学文献出版社，2020.9
（中国工作环境研究丛书）
ISBN 978-7-5201-7305-6

Ⅰ.①工… Ⅱ.①陈… Ⅲ.①雇佣劳动-劳动关系-研究-中国 Ⅳ.①F249.26

中国版本图书馆 CIP 数据核字（2020）第 176009 号

中国工作环境研究丛书
工作质量与雇佣关系
——对中国城市受雇人口的考察

著　　者／陈建伟

出 版 人／谢寿光
责任编辑／易　卉
文稿编辑／王红平

出　　版／社会科学文献出版社·群学出版分社（010）59366453
　　　　　地址：北京市北三环中路甲 29 号院华龙大厦　邮编：100029
　　　　　网址：www.ssap.com.cn

发　　行／市场营销中心（010）59367081　59367083
印　　装／三河市尚艺印装有限公司

规　　格／开　本：787mm×1092mm　1/16
　　　　　印　张：19.5　字　数：260 千字
版　　次／2020 年 9 月第 1 版　2020 年 9 月第 1 次印刷
书　　号／ISBN 978-7-5201-7305-6
定　　价／128.00 元

本书如有印装质量问题，请与读者服务中心（010-59367028）联系

▲ 版权所有 翻印必究